Uma imersão na
computação através da sua
evolução histórica
COM ALGORITMOS
Elementos de Programação
para Físicos, Cientistas e Engenheiros
**Da Computação Primitiva
à Charles Babbage**

Uma imersão na computação através da sua evolução histórica
COM ALGORITMOS
Elementos de Programação para Físicos, Cientistas e Engenheiros
Da Computação Primitiva à Charles Babbage

Regiane Aparecida Ragi Pereira

2024

Copyright © 2023 Regiane Aparecida Ragi Pereira
1ª Edição

Direção editorial: José Roberto Marinho

Capa: Fabrício Ribeiro
Revisor técnico: Murilo Araujo Romero

Edição revisada segundo o Novo Acordo Ortográfico da Língua Portuguesa

Dados Internacionais de Catalogação na publicação (CIP)
(Câmara Brasileira do Livro, SP, Brasil)

Pereira, Regiane Aparecida Ragi
Uma imersão na computação através da sua evolução histórica com algoritmos: elementos de programação para físicos, cientistas e engenheiros da computação primitiva à Charles Babbage: volume 1 / Regiane Aparecida Ragi Pereira. – São Paulo: Livraria da Física, 2023.

Bibliografia.
ISBN 978-65-5563-400-6

1. Babbage, Charles, 1791-1871 2. Ciência da computação - História 3. Linguagem de programação (Computadores) 4. Modelos matemáticos I. Título.

23-182159   CDD-004

Índices para catálogo sistemático:
1. Ciência da computação 004

Tábata Alves da Silva - Bibliotecária - CRB-8/9253

Todos os direitos reservados. Nenhuma parte desta obra poderá ser reproduzida sejam quais forem os meios empregados sem a permissão da Editora.
Aos infratores aplicam-se as sanções previstas nos artigos 102, 104, 106 e 107 da Lei Nº 9.610, de 19 de fevereiro de 1998

Editora Livraria da Física
www.livrariadafisica.com.br
(11) 3815-8688 | Loja do Instituto de Física da USP
(11) 3936-3413 | Editora

Este livro é dedicado a todos os estudantes, de todos os tempos, que têm por ideal, aprender sempre, e sempre mais.

Sumário

Introdução 9
    A confusão entre o termo computação e a imagem do computador moderno 9
    Desfazendo a confusão 9
    Explicando o conteúdo deste livro 9
    A introdução ao Pensamento Computacional 10
    O problema em somente apertar botão 10
    O uso de plataformas computacionais modernas como recurso didático 10
    Sobre os assuntos tratados em cada capítulo 11

Capítulo 1 – A Computação Primitiva 15
    Discussões iniciais 15
    As primeiras contagens 18
    Algoritmo 19
    Tábuas de contagem e o ábaco 22
    Tabelas Matemáticas na Antiguidade 24
    Um computador na Grécia Antiga? 26
    A introdução da aritmética hindu-arábica 27
    O Sistema Decimal e o SNVP 28
    Tabelas Matemáticas Modernas 31
    O Método da Prosthaphaeresis 38
    Notações Numéricas 41
    Que formato usar? 47

Capítulo 2 - A Revolução dos Logaritmos 55
    John Napier e os logaritmos 55
    Henry Briggs e suas tabelas de logaritmos 57
    A concepção do Método dos Logaritmos de Napier 58
    Cálculo dos Logaritmos usando-se Tabelas de Logaritmos 60
    Algoritmo para Multiplicação e Divisão usando-se Logaritmos 63
    A régua de Gunter 64
    A régua de cálculo 68
    Por que estudamos os logaritmos? 75
    Ossos de Napier 75

Capítulo 3 – A Revolução das Máquinas Mecânicas 83
    Quem viu a Calculadora Mecânica de Schickard? 83

A Pascaline 86

Elaboração do Pensamento Computacional 87

Dividir e conquistar 89

Subtração pelo Método do Complemento dos Nove 92

Leibniz e sua máquina de calcular mecânica 98

E logo surgiram os Imitadores 99

Capítulo 4 – Leibniz e o sistema de numeração binário 103
Redescobrindo Leibniz 104

Representações numéricas e sistemas de numeração 104

Contagem decimal 106

O Sistema Binário 107

Contagem Binária 107

Conversões Binário-Decimal 108

Conversões Decimal-Binário 109

A aritmética binaria de Leibniz 110

Exemplos práticos de sistemas binários no contexto moderno 111

Máquina binária de somar de bolinha de gude de Leibniz 114

Capítulo 5 – O legado de Charles Babbage 119
O problema dos erros nas Tabelas Matemáticas e Babbage 120

A modelagem matemática de problemas 121

Modelando a realidade – problemas lineares 123

Construindo Tabelas Matemáticas pelo método convencional 138

Construindo Tabelas Matemáticas pelo Método das Diferenças Constantes 140

Por que Babbage queria uma calculadora para funções polinomiais? 147

A Máquina Diferencial 1 153

A Máquina Analítica 156

Máquina Diferencial 2 173

Calculadora x Computador 174

Bibliografia 179

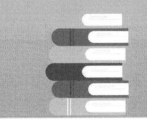

Introdução

A confusão entre o termo computação e a imagem do computador moderno

Desde o princípio de sua caminhada pelo planeta, homens e mulheres se depararam com problemas de computação, ainda que, nos primórdios, possamos agrupá-los na denominação computação primitiva. Em contraste, a computação dos tempos modernos engloba inúmeros processos matemáticos complexos, questões relacionadas ao armazenamento de dados, acesso, tratamento de dados etc., num contexto muito mais amplo e significativo. Na atualidade, a computação está muito presente em nossas vidas, enraizada em nossos costumes, e fazendo parte de inúmeras tarefas do cotidiano. Talvez por essa razão, muitas pessoas, erroneamente, associam a palavra computação, apenas, com a imagem de um computador moderno. Mas isso é um equívoco, pois a execução de tarefas que possam ser identificadas como "computacionais" é imensamente mais antiga. Ainda que nos tempos atuais possa parecer estranho falar em computação sem pensar em laptops, smartphones, tablets etc., é exatamente isso que intencionamos neste livro, mostrando que o termo computação vai muito além de circuitos e processadores eletrônicos, embora, obviamente, esteja fortemente identificado com eles. Pretendemos nesse livro desfazer essa associação. Mas como?

Desfazendo a confusão

O termo computação é muito geral, abrangendo um amplo espectro de atividades, e que teve sua origem nas necessidades matemáticas do cotidiano das sociedades antigas, ao realizarem operações aritméticas básicas, para as mais diversas finalidades, no período da computação primitiva. Ao longo do tempo, o conceito evoluiu, até as formas mais complexas de computação moderna, resultando nas facilidades tecnológicas que conhecemos na atualidade. Entender o alcance do seu significado ajuda a desfazer a confusão, em geral, estabelecida. No decorrer da sua evolução histórica, diferentes formas de computação foram desenvolvidas por homens e mulheres, em vista das limitações impostas pelo estágio tecnológico em que se encontravam, em cada momento histórico. O entendimento de como se deu essa evolução nos permite compreender melhor o seu significado, em seus mais diversos matizes.

Explicando o conteúdo deste livro

Neste livro, discutimos a evolução histórica da Computação, visando colocar em foco diversos temas importantes, os quais podem se constituir no conteúdo de um curso de Elementos para Programação, ou seja, um conjunto de assuntos reunidos, que fornecem uma preparação para em curso mais específico em Linguagens de Programação, e auxiliam no desenvolvimento das habilidades necessárias para a atividade de programar. Quando consideramos a evolução histórica da Computação, tendo em conta o período anterior à disponibilidade dos computacionais modernos, percebemos que muitas das ferramentas de cálculo desenvolvidas no passado para resolver problemas matemáticos, tornam-se bons exemplos em problema que podem ser estudados para proposição de soluções por meio de algoritmos. Como muitas das ferramentas de computação, apresentadas ao longo dos capítulos, favorecem processos de cognição e permitem uma participação ativa de quem efetua os cálculos, aproveitamos para introduzir um dos tópicos mais importantes requeridos em cursos de Programação, o desenvolvimento do pensamento computacional, com inúmeros exemplos, os quais permitem mais fácil familiarização com os procedimentos de matematizar problemas, e construir algoritmos.

A introdução ao Pensamento Computacional

Num primeiro estágio da elaboração do pensamento, aprendemos o que outras pessoas fizeram. Depois, com o exercício e a prática constante, formamos nossa própria forma de elaborar soluções. Quanto mais colecionarmos esquemas mentais de resolução de problemas, dispondo de fontes variadas do conhecimento, mais aumentamos nosso repertorio-base e fortalecemos nossa capacidade de resolver problemas. Neste livro, para alcançar os objetivos de traçar uma proposta eficiente para o desenvolvimento do pensamento computacional, baseamo-nos em estratégias que estimulam o desenvolvimento do pensamento lógico, reforçando a percepção de que a análise de problemas matemáticos, e o estudo de propostas e técnicas de como enfrentá-los, nos ajudam nessa direção.

O problema em somente apertar botão

Os dispositivos eletrônicos da atualidade por vezes podem parecer um milagre tecnológico, e o seu desenvolvimento possibilitou criações nunca imaginadas antes. Todavia, o seu uso na educação precisa ser cautelosamente orquestrado, inclusive nas temáticas de matemática e computação, onde alguns temas importantes podem, por vezes, ficar obscurecidos por tantos recursos computacionais. Para estarmos aptos a propor soluções para os mais variados problemas que surgem a vida acadêmica ou profissional, precisamos, antes de tudo, aprender a organizar o pensamento. Pensar matematicamente. Pensar computacionalmente. Um cuidado, porém, é necessário. A utilização irrefletida de um software, com o mero apertar de teclas nas telas de computadores e celulares, sem reflexão sobre os processos matemáticos envolvidos, nem sempre desenvolve as capacidades de cada um e não favorece o desenvolvimento da intuição, da lógica e da criatividade, tão necessárias. Embora tarefas automatizadas (o "apertar botão") possam ter relevância em diversas situações e lugares, devemos ter em mente que o desenvolvimento do pensamento matemático e computacional, se dá, preferencialmente, a partir da prática frequente de rotinas matemáticas na resolução de problemas. Por isso, devemos sempre estar atentos ao usar os recursos computacionais na educação, tirando o máximo proveito dessas ferramentas, de forma a fortalecer os processos de ensino-aprendizagem, da lógica e do raciocínio estruturado.

O uso de plataformas computacionais modernas como recurso didático

As plataformas computacionais modernas, tais como Maplesoft, Mathematica, MatLAB, Geogebra, etc., disponíveis atualmente para a realização de cálculos computacionais, em geral, permitem uma interação muito fácil com o usuário, por meio do uso de uma notação muito próxima daquela que comumente empregaríamos nos cálculos à mão. Por esta razão, eles se transformam em uma excelente ferramenta de iniciação para cursos de programação mais avançados, ao mesmo tempo em que podem auxiliar no processo de ensino-aprendizagem de diversos conteúdos, das disciplinas dos cursos de graduação e pós-graduação, em física, química, biologia, arqueologia, matemática, administração, engenharia etc. Além disso, caso seja necessário, muitas destas plataformas também dispõe da possibilidade de programação numérica, num ambiente muito mais amigável, possibilitando que tanto a computação algébrica como a computação numérica possam ser utilizadas, de forma intuitiva, no mesmo ambiente computacional. Facilitada por uma plataforma computacional amigável e interativa, a realização de cálculos, tanto simbólicos (algébricos), quanto numéricos, por meio dessas ferramentas motivam e tornam as aulas amais dinâmicas e interessantes. Dependendo dos objetivos propostos, linguagens computacionais, tais como, Fortran Pascal, C, Java, Python, etc., podem ser adotadas em paralelo. Neste livro, para efeitos ilustrativos, usamos o Maplesoft como ferramenta de computação algébrica. Entretanto, o professor ou o estudante, podem utilizar a plataforma computacional que for mais conveniente para os objetivos do cursos. Os problemas desta obra são elaborados para serem resolvidos indiferentemente da plataforma computacional escolhida.

Sobre os assuntos tratados em cada capítulo
Para finalizar, discorremos, a seguir, sobre os assuntos tratados nesse volume, em cada capítulo, de forma resumida.

Capítulo 1 – A Computação Primitiva
No Capítulo 1, vamos discutir a computação nos tempos primitivos, desde o período Paleolítico, com o surgimento das primeiras operações aritméticas nas atividades cotidianas, exemplificando este desenvolvimento com base em amostras de objetos, em exposição em museus e universidades, em todo o mundo. Nesta excursão histórica, na medida em que homens e mulheres foram evoluindo em suas tarefas intelectuais, foi progressivamente surgindo a necessidade de aprimorar os métodos de cálculo. Neste sentido, a introdução da aritmética Hindu-Arábica, nos séculos VI ou VII, levou a Humanidade a um novo patamar intelectual, permitindo o desenvolvimento de tabelas matemáticas mais avançadas e permitindo a extraordinária concepção do método da Prosthapharaesis (MP). Enquanto discutimos a evolução histórica, aproveitamos para introduzir o conteúdo básico de um curso de Elementos para Programação, destacando diversos tópicos importantes, que constituem num pré-requisito auxiliar de formação para uma disciplina em linguagens de programação. Buscando atingir esse objetivo, neste capítulo, introduzimos alguns tópicos importantes: a concepção de algoritmo, o conceito de sistema de numeração de valor posicional (SNVP) e notações numéricas. Ao longo do capítulo, exemplos permitem entender o mecanismo por trás de algumas das ferramentas matemáticas apresentadas. Em seguida, o foco passa ao algoritmo correspondente ao método da Prosthapharaesis (MP), que apresentamos em detalhes e aplicamos, em diversos exemplos. Como recurso adicional, é possível lançar mão de ferramentas computacionais modernas para resolver os problemas propostos ao longo do capítulo. Conforme mencionado anteriormente, neste livro optamos por usar o Maplesoft como ferramenta de computação algébrica. Entretanto, quaisquer outras plataformas similares são também adequadas.

Capítulo 2 – A Revolução dos Logaritmos
O capítulo 2 discute a concepção de uma ferramenta matemática ainda mais extraordinária do que o método da Prosthapharaesis (MP), o método dos logaritmos de Napier (MLN), proposto por John Napier (1550-1617). O método é baseado no uso de algoritmos para realizar operações aritméticas, incluindo quaisquer multiplicações e divisões, por meio de tabelas de logaritmos. No capítulo, discutimos como essa ferramenta matemática poderosa originou um instrumento de computação mecânica espetacular, a Régua de Cálculo, que se tornou um dispositivo essencial, para cientistas e engenheiros, por centenas de anos, até o advento das calculadoras eletrônicas. Finalmente, apresentamos um outro dispositivo muito importante para o desenvolvimento histórico da computação, introduzido, também, por Napier (1550-1617), nos seus últimos anos de vida, os Ossos de Napier, estudando o algoritmo empregado nesta invenção. Assim como no capítulo anterior, todos os algoritmos estudados podem ser implementados como exercícios de programação.

Capítulo 3 – A Revolução das Máquinas Mecânicas
No capítulo 3, vamos discutir a invenção das primeiras máquinas mecânicas voltadas para a realização de cálculos aritméticos: a máquina de calcular de Schickard e a Pascaline de Pascal. Essas máquinas, embora ainda muito incipientes, trazem um aspecto muito importante do desenvolvimento tecnológico: a percepção de que seria possível usar uma máquina para executar tarefas matemáticas. Neste contexto, introduzimos a forma de organização daquilo que pode ser chamado de pensamento computacional, uma forma de atacar e resolver problemas, dividindo-os em tarefas menores, para tornar mais fácil atingir uma solução. Com base nessa premissa, exemplificamos como Pascal implementou a operação de subtração na Pascaline. Ao invés de executar a subtração pelo usual método do complemento dos nove (SMCN), Pascal transformou a operação de subtração, complicada para ser executada em sua máquina, em uma forma simples de operação aditiva. Para finalizar o capítulo, discutimos também como o calculador escalonado (*stepped reckoner*, na literatura em

inglês) de Leibniz, foi, por mais de duzentos anos, a referência para que os fabricantes de calculadoras mecânicas pudessem atender a demanda por formas eficientes de cálculo aritmético, trazidas pela expansão da indústria e do comércio bem como pelo crescimento populacional e dos níveis de escolaridade.

Capítulo 4 - Redescobrindo Leibniz

No Capítulo 4, discutimos a contribuição de Gottfried Wilhelm Leibniz (1646-1716), para o desenvolvimento da matemática binária, contribuição esta que ficou por muito tempo esquecida, sendo redescoberta apenas muito recentemente. Neste capítulo, em um tributo ao trabalho de Leibniz, vamos discutir de que forma ele formalizou o sistema de numeração binário, em um artigo científico denominado *"Explication de l'Arithmétique Binaire"*. Neste artigo Leibniz apresentou a aritmética binária, a qual ele acreditava apresentar vantagens sobre o sistema de numeração decimal. Leibniz estava certo, estando cerca de trezentos anos adiantado, uma vez que o sistema numérico binário se tornou um dos desenvolvimentos mais importantes da história da tecnologia, sendo fundamental para o início da tecnologia de computação eletrônica. Aproveitamos os temas tratados e discutimos também os seguintes tópicos: representações numéricas e sistemas de numeração, o sistema binário, conversões decimal-binário, binário-decimal e aritmética binária, incluindo operações aritméticas de adição, subtração, multiplicação e divisão. Exemplos práticos de sistemas binários, no contexto moderno, também são discutidos.

Capítulo 5 - O Legado de Charles Babbage

No Capítulo 5, vamos discutir as necessidades matemáticas que surgiram como resultado dos grandes desenvolvimentos trazidos pela Revolução Industrial. No século XIX, a tecnologia disponível nas fábricas da Europa e América do Norte já era capaz de produzir calculadoras mecânicas eficientes, para realização das operações aritméticas básicas. Todavia, um outro tipo de necessidade matemática surgia: a produção de tabelas matemáticas. Neste contexto, discutimos a problemática de produzir tabelas matemáticas a partir de processos puramente manuais, o que inevitavelmente gerava alguns valores com erros. Um personagem central aqui se destaca, o britânico Charles Babbage, que trabalhou em projetos de automação do processo de produção de tabelas matemáticas, realizando contribuições muito significativas para o campo da computação. Babbage inventou três mecanismos, a máquina diferencial 1, a máquina analítica e a máquina diferencial 2, listadas aqui na ordem sequencial em que foram criadas, representando as diferentes fases de evolução de suas ideias. Discorremos brevemente sobre cada uma dessas máquinas, ao longo do capítulo. Neste capítulo também discutimos o avanço tecnológico que as máquinas de Babbage representaram, frente as máquinas mecânicas de cálculo aritmético desenvolvidas até sua época. Enquanto apresentamos a evolução histórica da computação, aproveitamos para introduzir uma discussão sobre a modelagem matemática de problemas e a importância do uso de funções polinomiais para a resolução de problemas diversos. Neste Volume, estamos interessados, particularmente, em dois tipos de problemas: os que envolvem solução analítica exata, os quais vamos abordar neste capítulo, e aqueles que abrangem solução analítica aproximada, que serão estudados no Capítulo 6. Os problemas cuja solução só pode ser obtida por métodos numéricos, serão tratados no Volume 2. Também, contrastamos dois tipos de procedimentos usados para calcular (ou tabelar) funções polinomiais: (1) um procedimento matemático executado de forma manual, ou convencional, com (2) um procedimento matemático, chamado método das diferenças constantes (MDC), que pode ser automatizado e implementado por uma máquina. Um algoritmo para o MDC é apresentado e exemplos de aplicação do MDC para tabelar funções polinomiais são discutidos. Adicionalmente, discutimos também porque Babbage buscou tão intensamente construir uma calculadora de funções polinomiais. Em seguida, lançamos mão de uma ferramenta matemática muito importante para cálculos de inúmeras funções matemáticas transcendentais, mesmo num contexto onde estão ausentes os recursos computacionais modernos: as Séries de Newton-Taylor. Por último, mas não menos importante, discutimos as contribuições de uma outra personagem muito influente para o desenvolvimento da computação, a matemática Ada Lovelace, que aponta, com propriedade, os elementos de programação pertinentes à máquina analítica de Babbage. Com esse ponto de partida, conduzimos nossas discussões sobre recursos de programação, destacando estruturas de controle sequencial, condicional e de *looping*, presentes tanto na computação moderna quanto na máquina de computação de Babbage. Exemplos diversos, abrangendo várias aplicações e usando essas estruturas, são estudados e algoritmos são desenvolvidos.

Capítulo 1 – A Computação Primitiva

Neste capítulo, vamos discutir a computação nos tempos primitivos, desde o período Paleolítico, com o surgimento das primeiras contagens nas atividades diárias, exemplificando estas atividades com base em amostras de objetos disponíveis em museus e universidades, ao redor do mundo. Nesta excursão histórica, na medida em que o ser humano foi evoluindo em suas tarefas intelectuais, descrevemos a necessidade de aprimorar os métodos de cálculo. A introdução da aritmética Hindu-Arábica na Índia no século VI ou VII, levou a Humanidade a um novo patamar, permitindo o desenvolvimento de tabelas matemáticas mais avançadas e levando à extraordinária concepção do método da Prosthapharaesis (MP). Simultaneamente, introduzimos a ideia de algoritmo e os conceitos de sistema de numeração de valor posicional (SNVP) e notações numéricas. Suplementamos o capítulo com exemplos simples, que permitem entender a operação algumas das ferramentas matemáticas apresentadas. Paralelamente, como recurso adicional, lançamos mão de ferramentas computacionais modernas, hoje tão vastamente disponíveis para resolver problemas em física, ciências e engenharia. Neste livro optamos por utilizar o Maplesoft, porém, o estudante ou o professor, podem escolher a plataforma computacional que desejarem, para servir de suporte no decorrer dos tópicos abordados.

Ao completar este capítulo, você estará apto a:

- Explicar o que denominamos Computação Primitiva.
- Experimentar técnicas matemáticas para contornar as dificuldades de realização de cálculos computacionais sem a utilização das ferramentas computacionais modernas.
- Entender as várias razões para o desenvolvimento da computação.
- Compreender o nosso passado histórico-matemático, e como esse conhecimento pode nos trazer *insights* interessantes, com aplicabilidade no mundo moderno.
- Descrever os dispositivos de cálculo mais comumente disponíveis no período da Computação Primitiva.
- Compreender o salto intelectual que representou a introdução da aritmética hindu-arábica no período da computação primitiva.
- Aprender a utilizar tabelas matemáticas.
- Construir algoritmos para diversos tipos de problemas, incluindo o algoritmo do método da Prosthapharesis.
- Compreender a concepção do Método da Prosthapharesis, e seu papel no desenvolvimento computação.
- Compreender com profundidade o sistema decimal, o sistema de numeração de valor posicional e as diferentes notações numéricas.

Discussões iniciais

A dificuldade natural do ser humano na realização das operações aritméticas básicas, especificamente, a multiplicação, motivaram, desde há muito tempo, homens e mulheres, a procurarem por formas de aprimorar as técnicas de cálculo. Isto faz com que ser humano pareça ter sido quase que programado para evoluir constantemente, e como resultado, busca, de forma contínua, por melhores condições, em diversas áreas de sua vida. No início, preocupado com a sua própria sobrevivência, desenvolveu ferramentas que garantissem mais segurança e suprissem as necessidades mais prementes. Ao longo de sua evolução, foi sofisticando cada vez mais as suas necessidades. Nos tempos modernos, a humanidade nem mesmo se dá conta de como foi o início dessa jornada pelo planeta. Em todo esse cenário, as atividades de computação estiveram presentes, e, o seu desenvolvimento trouxe para nós, nos dias atuais, progressos inimagináveis. Curioso observar que a sede de aprimorar sua condição de vida, permanece, invariavelmente, em todos os períodos da humanidade, e poderíamos dizer que a força motriz, que moveu o ser humano, dando os primeiros passos no estágio da computação primitiva, é a mesma que o impulsiona, atualmente, buscando, por facilidades computacionais, cada vez mais avançadas. De todo modo, o ponto de partida para o desenrolar de muitos desenvolvimentos computacionais, foi a dificuldade de realização da multiplicação, uma operação aritmética muito presente nas atividades diárias, e que exige esforço considerável, principalmente em situações que precisam ser realizadas repetidamente. Para termos uma ideia melhor do que queremos dizer, considere o Exemplo 1.

Exemplo 1

Suponha, que se deseje efetuar a seguinte multiplicação, 36×12, usando as ferramentas matemáticas aprendidas na escola elementar. Faça essa multiplicação em uma folha de papel, à mão, e depois retorne ao texto, para reflexões subsequentes. PARE A LEITURA AQUI.

Apesar da simplicidade da questão, ela nos remete a algumas reflexões com respeito à computação. O resultado dessa multiplicação é 432. Quanto tempo, em geral, levamos para concluir um cômputo, como este, à mão? Pode-se levar tempos típicos, de 10 a 15 segundos. Na verdade, esse cálculo é bem rápido. Todavia, imagine ter que realizar um número imenso de cálculos desse tipo, num único dia, num banco, escritório, laboratório, ou mesmo no comércio. Uma pessoa qualquer, nos tempos modernos, teria ideia da quantidade de operações aritméticas que são realizadas numa simples consulta de um extrato bancário? Sem o auxílio de equipamentos de computação eficiente, esses trabalhos seriam realizados de forma muito lenta, próprio, de um estágio de computação primitiva. Além disso, dada a natureza humana, esse tipo de trabalho logo se torna muito sujeito a erros, infelizmente, inevitáveis. E, quando os números envolvidos na multiplicação são muito grandes, o cenário é ainda. Considere, agora, o Exemplo 2.

Exemplo 2

Cronometre o tempo que leva para calcular, à mão, a seguinte multiplicação:
$$456.723.435 \times 12.345.679.$$
Tente efetuá-la, antes de prosseguir com o texto, e depois, retorne, para reflexões subsequentes. PARE A LEITURA AQUI.
(a) Houve erros durante o processo?
(b) Estime o número de operações mentais necessárias para a realização desse cálculo.
(c) Quanto tempo leva um computador moderno para fazer essa mesma operação?

O valor dessa multiplicação é 5.638.560.920.287.365. Mais de cinco quatrilhões. Além de representar uma tarefa muito cansativa, atividades computacionais como a apresentada no Exemplo 2, podem consumir tempo excessivo de realização. Ademais, as taxas de erros envolvidas nesse tipo de tarefa são muito altas, uma vez que, o ser humano não lida muito bem, com tarefas que são, ou muito longas, e/ou muito repetitivas. No entanto, apesar de tudo isso e , talvez, por estarmos imersos num mundo de constantes inovações tecnológicas, não nos damos conta, que um dia, a realização de operações aritméticas básicas, fora, de fato, um problema. Essa percepção, todavia, é importante, para que compreendamos, como o mundo de hoje, chegou até o estágio atual, o que não foi senão baseado nas escolhas que fizemos no passado. E se queremos promover grandes empreendimentos no futuro, precisamos fazer as escolhas certas no momento presente, aprendendo com os erros e acertos do passado.

Figura 1 - Dificuldade natural do ser humano com as operações aritméticas básicas.

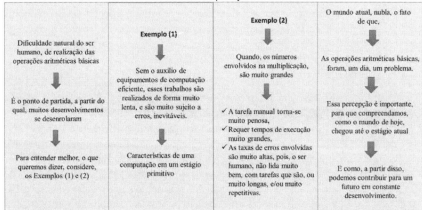

Fonte: Própria (2022)

Neste tópico, um questionamento comum, surge: Para que estudarmos questões simples relacionadas à computação, já, há tanto tempo, superadas? Afinal, nossos dispositivos eletrônicos não fazem tudo em uma fração de segundos? Lamentavelmente, temos a tendência natural de descartar o passado, como se o passado, fosse algo totalmente sem importância. Mas, contrariamente, é possível aprender muito com ele, até mesmo com insucessos, pois tal conhecimento nos permite evitar errar novamente, e nos dão a chance de explorar novos caminhos, ainda não visitados. Muitos conhecimentos foram perdidos ao longo da história da Humanidade. Conhecimentos estes que poderiam nos ajudar a olhar para direções diferentes. Compreender o passado no preparara para enfrentar novos desafios, nos torna aptos a propor nossas próprias soluções para os mais diversos problemas com os quais nos defrontamos e expande nossos horizontes. A Figura 1 procura sintetizar essas reflexões. A multiplicação proposta no Exemplo 2, encontra-se desenvolvida na Figura 2. Este exemplo simples tem o objetivo de nos ajudar a entender os problemas que as pessoas que viveram nos séculos passados enfrentavam, por não possuírem a tecnologia que dispomos na atualidade. Do ponto de vista cronológico, não faz muito tempo que os avanços tecnológicos modernos entraram em cena. As pessoas dos tempos antigos não possuíam os nossos recursos computacionais modernos mas, apesar disso, encontravam inspiração nas dificuldades e buscavam soluções.

Muitas dessas pessoas sonhavam em um dia inventar uma máquina, capaz de efetuar as contas matemáticas que eram tão difíceis de se fazer manualmente. Essas pessoas no fundo sonhavam com o nosso computador moderno, mas nem imaginavam como isso podia acontecer. Certamente, um cidadão do século XV jamais sonharia com um IPAD e todas as suas funcionalidades, porque não dispunha

Figura 2 - Multiplicação

```
      456723435
    x  12345679
      4110510915
      197064045+
     2740340610++
     2283617175+++
     1826893740++++
     1370170305+++++
      913446870++++++
      456723435+++++++
     5638560920287365
```

Fonte: Própria (2022)

do grau de amadurecimento intelectual requerido para tal concepção. No entanto, o trabalho constante, e o decorrer do tempo, permitiram o desenvolvimento tecnológico que tanto apreciamos na atualidade. Todas essas reflexões, por fim, nos levam à uma última questão: Se continuarmos trabalhando, persistentemente, o que será que existirá no futuro, que não podemos nem sonhar, nos dias de hoje? O que o futuro nos reserva ? Com relação ao futuro, é incerto, embora, certamente, ferramentas de Inteligência Artificial estarão cada vez mais presentes. De outro lado, o passado tem um imenso banco de dados a ser explorado.

As primeiras contagens

Desde muito cedo, homens e mulheres se viram envolvidos em tarefas que envolviam contagens em seus negócios diários, e, para a realização desses pequenos cálculos nos primeiros tempos, possivelmente, usavam seus próprios dedos. Ainda que essa atividade primitiva não fosse a matemática em sua essência, é certamente parte dos primeiros sinais de sua expressão. Em sociedades muito antigas, praticamente não se desenvolvera uma sensibilidade abstrata quanto às quantidades numéricas, embora, instintivamente, tanto homens quanto mulheres primitivos, conhecessem muito bem a diferença entre um e dois antílopes[1]. Estudos antropológicos revelam não ser incomum encontrar ainda hoje tribos que só têm designações para um, dois, e muitos, e outras tribos, ainda, que só têm palavras para números até cinco. O salto intelectual da noção concreta da diferença entre duas quantidades para a invenção de uma representação simbólica ou o desenvolvimento de uma palavra para representar a ideia abstrata de um numeral, bem como a concepção de que os números são conjuntos de dígitos que significam quantidades, é uma evolução que demorou muito para ocorrer, e, de fato, só aconteceu depois que a sociedade desenvolveu a agricultura, pecuária e o comércio. As primeiras evidências de que a Humanidade pensa em números para realizar contagens vêm a partir de estudos de objetos encontrados em diversas partes do mundo durante trabalhos de escavações ou pesquisas submarinas, em que são encontradas ruínas de antigas civilizações. Alguns desses objetos, feitos à base de ossos ou de pedras, podem ser antigos instrumentos para cálculos matemáticos. Algumas destas ferramentas chegam a datar até mesmo do período Paleolítico[2].

Em 1950, Jean de Heinzelin de Braucourt (1920-1998), enquanto explorava um assentamento que houvera sido soterrado por uma erupção vulcânica, encontrou na área de Ishango, nas cabeceiras do rio Nilo, na África, um artefato que recebeu o nome de Osso Ishango. Especialistas acreditam se tratar de uma possível ferramenta matemática usada para a realização de procedimentos matemáticos simples, datada de cerca de 20 000 anos atrás. O artefato, construído a partir de um pedaço de osso marrom escuro, se assemelha muito a uma régua, contendo ranhuras que foram interpretadas como marcas de contagem (QRCode 2).

QRCode 2 - Ishango. (1)

SCAN QR-CODE

---

[1] De fato, a necessidade de sobrevivência do ser humano é a mola propulsora para o progresso em todas as épocas da Humanidade, e é ela quem vai orquestrar todo o desenvolvimento pelo qual passamos até os dias atuais.
[2] Também conhecido como a Idade da Pedra Lascada, é o primeiro período da Pré-história, compreendido entre 2.7 milhões de anos e 10.000 anos atrás.

Todavia, também, há aqueles que não descartam a possibilidade de que essas marcas sejam apenas arranhões para criar uma melhor aderência na alça da ferramenta, e neste caso, não existiria nenhuma relação com a matemática. De todo modo, muitos ainda acreditam na sua relação com a matemática de alguma forma e, portanto, o Osso Ishango (2) se encontra em exposição permanente no Museu de Ciências Naturais da Bélgica, em Bruxelas. Assim como o Osso Ishango, há muitos outros artefatos que foram encontrados em diversas partes do mundo, e que, de alguma maneira, guardam alguma possível relação com a matemática. Vários destes podem ser encontrados em museus de ciências e universidades ao redor do mundo, e alguns museus disponibilizam seu acervo de forma virtual, ao alcance de um clique (QRCode 2).

Trata-se de um tema rico de pesquisa que pode se abrir cada vez mais e nos trazer revelações sobre a cultura do nosso passado longínquo, tendo em vista os inúmeros métodos de investigação não-invasivos que vem se desenvolvendo, na atualidade:

QRCode 3 – Arqueologia (4).

SCAN QR-CODE

> "O desenvolvimento de métodos não-invasivos para documentar nossa herança cultural é um dos grandes desafios do nosso tempo e só pode ser alcançado através da mais alta tecnologia", disse o professor Wolfgang Neubauer, diretor do Instituto Ludwig Boltzmann. (3).

Um desses exemplos se relaciona aos monumentos megalíticos de Stonehenge, na Inglaterra, localidade onde as descobertas ainda crescem continuamente (QRCode 3). Há evidências de que se trata de um monumental dispositivo pré-histórico de contagem do tempo, um verdadeiro computador neolítico (5). Outro caso de interesse é o Dólmen de Guadalperal (6), situado em Cáceres e muitas vezes denominado o Stonehenge espanhol. Trata-se um monumento megalítico, datado para o período entre o III e o II milênio a. C., somente visível em épocas de seca, quando o nível das águas permite. Dólmens são monumentos megalíticos tumulares coletivos de construção humana. Contudo, frequentemente, além de restos mortais, têm sido encontrados também vários objetos, armas e utensílios, em materiais como pedra, cerâmica e ossos.

Algoritmo

Neste ponto, gostaríamos de introduzir uma ferramenta muito importante na área de ciência da computação, e das ciências em geral: o algoritmo. Ao contrário do que se pode imaginar à primeira vista, algoritmo não é um termo moderno, mas é um recurso usado desde a Antiguidade, e será extensivamente empregado neste livro.

Definição 1
> Um algoritmo pode ser entendido como um roteiro, uma descrição detalhada de um processo, um conjunto de instruções passo a passo, que tem por objetivo final resolver um problema. Em um algoritmo, cada instrução deve ser seguida rigorosamente, obedecendo uma ordem de execução, previamente estabelecida.

Diariamente, somos confrontados com algoritmos: receitas culinárias, prescrições de medicamentos, manuais de dispositivos, regras matemáticas etc. Frequentemente, associa-se ao algoritmo a idéia de uma receita culinária, pela maior facilidade de compreensão, que essa imagem oferece. Para entendermos melhor o que são algoritmos, vamos, em seguida, apresentar alguns exemplos.

Exemplo 3

Escreva um algoritmo que descreva a preparação de um copo de leite com baunilha e açúcar.

Algoritmo 1

Passo	Descrição
1	Dissolva, 2 colheres de sopa, de leite em pó, em um copo com água.
2	Acrescente uma colher de sopa de açúcar.
3	Acrescente 2 gotas de baunilha.

Tal como o Exemplo 3, existem inúmeros outros em nossas vidas. Amarrar cadarços, fazer uma xícara de chá, se vestir, ou, preparar uma refeição. Todos esses são exemplos em que, ainda que não percebamos, seguimos um algoritmo. Outro exemplo, é a descrição de comprar pão na padaria, o qual é apresentado no Exemplo 4.

Exemplo 4

Escreva um algoritmo que descreva a atividade de ir comprar pão na padaria.

Algoritmo 2

Passo	Descrição
1	Pegue a carteira.
2	Vá para a padaria.
3	Escolha os produtos desejados.
4	Pague o preço das compras.
5	Traga o pão para casa.

Note que, em um algoritmo, a ordem das instruções é muito importante e deve ser cuidadosamente obedecida. Por exemplo, suponha que o processo de comprar pão na padaria apresente uma sequência diferente, como o mostrado no Exemplo 5.

Exemplo 5

Qual o resultado esperado, caso a ordem de execução, na atividade de pegar pão na padaria, seja executado na sequência a seguir:

Algoritmo 3

Passo	Descrição
1	Pague o preço das compras.
2	Escolha os produtos desejados.
3	Traga o pão para casa.
4	Pegue a carteira.
5	Vá para a padaria.

A sequência apresentada não tem sentido lógico e o resultado esperado, que é pegar pão na padaria, não será alcançado. Atenção: Quanto mais preciso e sem ambiguidade for um algoritmo, mais eficientemente, um algoritmo pode ser implementado, isto é, concretizado. Naturalmente, algoritmos também podem ser criados para resolver problemas matemáticos. Veja o exemplo a seguir.

Exemplo 6

Escreva um algoritmo que descreva as operações matemáticas necessárias para avaliar a expressão abaixo:

$$\frac{\left(\frac{3x}{5} + 500\right)^2}{2}$$

Algoritmo 4

Passo	Descrição
1	Divida um número, x por 5
2	Multiplique o resultado por 3
3	Some 500
4	Eleve ao quadrado
5	Divida o resultado por dois

Um outro exemplo de algoritmo é aquele associado a uma prática muito comum do cotidiano, o uso de uma régua.

Exemplo 7

Considere uma régua, um dos instrumentos de medida mais comuns utilizados pela maioria das pessoas. A régua pode ser utilizada para medir o comprimento de objetos, por exemplo. Mas, como utilizar uma régua para efetuar medidas? Existe uma sequência, passo a passo, que pode ser elaborada, de modo a guiar alguém, que eventualmente desconheça a sua utilização, a usá-la? Construa um algoritmo que permita, a qualquer um, utilizar essa ferramenta.

Podemos afirmar que existe uma sequência de etapas que podem ser enumeradas, as quais, se seguidas na ordem em que são apresentadas, levam uma pessoa a medir qualquer objeto cujas dimensões estejam de acordo com as dimensões da régua utilizada. Uma possibilidade de roteiro para a execução dessa tarefa seria a sequência de passos descritas no Algoritmo 5.

Algoritmo 5

Passo	Descrição
1	Coloque a extremidade, à esquerda da régua, com uma marcação para o número zero, 0, no início do objeto.
2	Utilizando suas mãos, e mantendo a marcação do zero da régua coincidindo com a extremidade do objeto, rotacione a régua de modo que ela fique paralela ao comprimento do objeto que se deseja medir. A extremidade oposta do objeto irá coincidir com alguma outra marcação na régua.
3	Leia esse número, ele corresponde ao comprimento do objeto.

Exemplo 8

Experimente fazer melhor. Construa, você próprio, um algoritmo que permita, a qualquer um, utilizar uma régua.

Algoritmo 6

Passo	Descrição
1	
2	
3	

Este roteiro poderia ser chamado de algoritmo de medição usando uma régua, ou algo semelhante. O Osso Ishango, discutido anteriormente, veja QRCode 4, uma peça de osso paleolítica, com ranhuras esculpidas em três colunas ao longo do comprimento da ferramenta, lembra muito uma régua comum. De fato, todos os dispositivos inventados pelo homem, por mais simples que pareçam, encerram um algorítmo de utilização. Mas, se não conhecermos esse algorítimo, é muito difícil. Compreender o algoritmo relacionado aos artefatos arqueológicos encontrados é um trabalho complexo, mas que pode trazer muitas descobertas importantes, novas formas de ver o mundo e enfrentar problemas.

QRCode 4 - Ishango (7).

SCAN QR-CODE

Tábuas de contagem e o ábaco

Depois que homens e mulheres deixaram seus hábitos nômades de caçadores-coletores e passaram a viver em sociedade de localização permanente, a história registra o desenvolvimento da agricultura e da pecuária, a partir do qual a disponibilidade de métodos de contagens se torna cada vez mais essencial, seja para a contagem do tempo, com a delimitação das épocas de plantio e de colheita, seja para as contagens de controle dos rebanhos. Nesse cenário, inicia-se a busca por diferentes formas de auxiliar os cálculos, inventando-se artifícios aritméticos e algoritmos simples, para auxiliar nas tarefas cotidianas. Um desses exemplos são as antigas tábuas de contagens. Uma amostra delas foi encontrada em escavações arqueológicas, em 1846, na ilha grega de Salamis. Veja QRCode 5. Há evidências de que pequenas pedrinhas arredondadas, denominadas contas, eram usadas para efetuar contagens. Algumas das amostras mais antigas dessas contas são encontradas em ruínas na região da antiga Mesopotâmia (correspondendo em larga medida ao Iraque atual). O termo, fazer contas, permaneceu até os dias de hoje, para situações quando queremos nos referir a fazer contas matemáticas, embora não usemos mais essas pedrinhas. Tábuas de contagem são consideradas os dispositivos de contagem mais antigos, depois, naturalmente, dos próprios dedos. Muito tempo depois do surgimento das tábuas de contagens, talvez uns 5.000 anos atrás, possivelmente também na Mesopotâmia, o ábaco foi inventado (8). Não o ábaco como conhecemos hoje, mas sim a sua forma mais primitiva, com linhas desenhadas no chão ou com entalhes pouco profundos em placas cerâmicas, onde pequenas pedrinhas, as contas, ou pedaços de ossos, eram usados para contagem, conforme a Figura 3-a. Ábacos rudimentares, atribuídos a civilização Suméria, também na Mesopotâmia, foram datados para o período entre 2700 a.C. e 2300 a.C. Uma vez que, o grau de sofisticação matemática exigido nas tarefas diárias nos tempos antigos era muito elementar, esses sistemas rudimentares de contagem eram mais do que suficientes para as tarefas diárias. De resto, o ábaco não requeria nenhum conhecimento matemático prévio, e por isso, foi muito útil, principalmente considerando que não existiam, ainda, nem o conceito de zero, nem o conceito de posição de lugar numérico para unidades, dezenas, centenas etc.

Ademais, como o ábaco é um instrumento de fácil utilização, qualquer um aprendia facilmente a manipulá-lo, podendo usá-lo no comércio e nos negócios em geral, para realizar todo tipo de cálculo necessário.

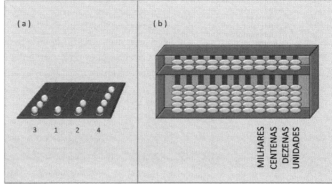

Figura 3 - Formas de ábaco.

Fonte: Própria (2022)

No ábaco, como pode ser visto na Figura 3-b, as fileiras, ou as colunas, representam as unidades, dezenas, centenas, milhares, e assim por diante, e as contas, isto é, as pedrinhas usadas no mecanismo, representavam os números. Os povos antigos, egípcios, romanos etc., tinham, cada um, seu próprio sistema numeração. Mas, para a utilização do ábaco, isto não importa. Uma das características mais importantes do ábaco é que ele independe do sistema de numeração utilizado, tornando-o extremamente atraente para uso geral. Por exemplo, o sistema de números romanos, muito difundido no mundo ocidental, até mesmo nos dias de hoje, não é adequado para a realização de contas matemáticas simples.

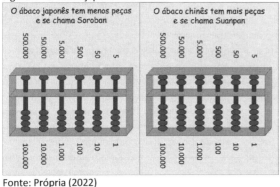

Figura 4 - O ábaco japonês e o chinês.

Fonte: Própria (2022)

QRCode 5 - Salamis (5)

SCAN QR-CODE

No entanto, as pessoas que precisavam realizar algum tipo de contagem podiam efetuar seus cálculos no ábaco, e guardar os resultados desses cálculos em seus pergaminhos, papiros ou tábuas de argila, usando os símbolos do sistema de numeração disponível em sua sociedade específica. De fato, é interessante notar também que o ábaco podia ser usado inclusive por pessoas não alfabetizadas, razão pela qual mesmo aqueles sem estudos formais, como mercadores ou comerciantes, podiam usá-lo para realizar as contas envolvidas em seus negócios. O uso do ábaco se estendeu por muito tempo, somente caindo em desuso depois que ferramentas de cálculo mais atraentes foram desenvolvidas. A versão moderna que conhecemos do ábaco guarda uma grande semelhança com o ábaco primitivo. As formas mais conhecidas de ábaco, que chegaram aos dias atuais, são o ábaco chinês e o ábaco japonês. O ábaco chinês tem mais peças, foi desenvolvido provavelmente no século XIX, e se chama Suanpan. O ábaco japonês tem menos peças e se chama Soroban. A Figura 4 traz ilustrações de ambos, à direita e esquerda, respectivamente. De um modo geral, no ábaco, os números são representados por esferas achatadas, as contas, que podem correr através de uma barra de metal. O ábaco continua sendo, até os dias de hoje, largamente utilizado como uma ferramenta fundamental no processo de ensino-aprendizagem em alguns países, auxiliando na compreensão do sistema de numeração e das operações aritméticas básicas.

Tabelas Matemáticas na Antiguidade

A Antiguidade é o período da História que convencionalmente se estende até o ano de 476 d.C. Chegou até a nossa era um enorme e diversificado acervo de amostras de Tábuas ou Tabelas Matemáticas e outros registros, ainda para investigação. Estudos nesse campo revelam que a matemática se desenvolveu como resposta às necessidades de organização da sociedade, principalmente porque a evolução da agricultura e da pecuária fez com que as operações aritméticas, adição, subtração, multiplicação e divisão, passassem a ser o pano de fundo das pequenas contabilidades do cotidiano, tais como cobrar impostos, medir lotes de terra, dividir heranças e outras. Especula-se que, na Suméria, essas atividades podem ter acontecido já por volta do sexto milênio a.C.

QRCode 6 - Cuneiformes.

SCAN QR-CODE

As primeiras tabelas matemáticas de multiplicação que se tem notícia foram encontradas em excursões arqueológicas desde o início do século XIX d.C. nesta região da Mesopotâmia, sendo produzidas a partir de tábuas de argila cozida com registros em escrita cuneiforme. Algumas amostras dessas tabelas atualmente fazem parte de coleções que podem ser visitadas em museus e, também, em acervos virtuais disponíveis na Internet, como aquele da Biblioteca Digital Cuneiforme, um projeto em conjunto da Universidade da Califórnia, em Los Angeles, da Universidade de Oxford, na Inglaterra, e do Instituto Max Planck para a História da Ciência, em Berlim. Veja o QRCode 6. Estudos realizados por assiriologistas descobriram tabelas matemáticas escolares, usadas para ensinar matemática e a língua suméria aos escribas. Em particular, a Plimpton 322, que tem esta denominação por representar a amostra número 322 na Coleção GA Plimpton da Universidade de Columbia, é uma das tabelas matemáticas originadas da Mesopotâmia dentre as mais conhecidas e investigadas no mundo. Sua elaboração, em escrita cuneiforme, em torno de 1800 a.C., é atribuída à um escriba. Trata-se de uma tabela matemática com quatro colunas e quinze linhas de números, possivelmente parte de uma tabela bem maior, contendo um registro histórico fascinante, dos triplos pitagóricos, 1.000 anos antes de Pitágoras, demonstrando que civilizações da Mesopotâmia tinham conhecimento do Teorema de Pitágoras, muito antes do seu reconhecido inventor. Muitas investigações cientificas realizadas a partir de Plimpton 322 e amostras semelhantes de tábuas de argila cozida indicam tratar-se de apontamentos para projetos de engenharia da época, ou, ainda, fazer parte de um livro contábil. Ainda há muito a se investigar (9). Como as operações de multiplicação sempre ofereceram muitas dificuldades de realização, desde tempos muito antigos logo percebeu-se, que a confecção de tabelas, ajudava a acelerar a resolução de problemas matemáticos do dia a dia, evitando que os valores que precisavam ser calculados tivessem que ser memorizados ou recalculados repetidamente, todas as vezes que fossem novamente necessários. Assim, tabelas matemáticas eram produzidas para contornar os problemas imediatos, de cálculos rápidos e simples, destinados as necessidades cotidianas básicas. A Tabela 1 ilustra um modelo de tabela de multiplicação, frequentemente, empregados na antiguidade, que, obviamente, devem ser adaptados ao sistema de numeração, da época e lugar, auxiliando os cálculos.

Tabela 1 – Tabela de multiplicação primitiva.   Figura 5 - Quantidades

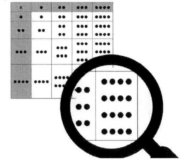

Fonte: Própria (2022)

Basicamente trata-se da mesma sistemática adotada até os dias atuais, com o nosso sistema de numeração moderno. Como os cálculos matemáticos exigidos nas tarefas cotidianas dos tempos mais antigos eram de natureza simples, essas tabelas ou tabuadas mais que suficientes e elas se difundiram de forma ampla. Observe, na Figura 5, como a identificação dos números começa a ficar cada vez mais difícil, à medida que se tornam cada vez maiores. Os Sumérios parecem ter sido os primeiros a atribuir símbolos para representar grupos de objetos, com o objetivo de tornar mais fácil a descrição de números maiores, um grande avanço intelectual para a Humanidade. Outro aspecto muito importante do desenvolvimento da Matemática na região da Mesopotâmia, que merece ser salientado, foi o estabelecimento de um Sistema de Numeração de Valor Posicional (SNVP), em que os dígitos escritos na coluna da esquerda representavam valores maiores, o que tornava o sistema de numeração mais favorável à realização de cálculo matemático manual e mental (10). Diferentemente dos Sumérios e Babilônios, a grande maioria dos povos antigos, Egípcios, Romanos, Gregos etc., não dispunham de um sistema de numeração adequado para a realização de contas mentais ou à mão, pois, não conheciam o conceito de zero, nem o de posição de lugar numérico para unidades, dezenas, centenas, o Sistema de Numeração de Valor Posicional (SNVP). Ainda assim, certamente realizavam contagens em seus negócios diários. Ainda que nenhuma amostra dela tenha sobrevivido, sabe-se que, muito tempo depois dos Babilônios, Pitágoras (572 a.C. – 495 a.C.) também construiu sua própria tabela de multiplicação. A vida de Pitágoras é cercada de mitos e lendas, principalmente porque não nos chegou nenhuma obra escrita por ele próprio, o qual talvez não tenha mesmo escrito nada, embora saibamos que mantinha discípulos. Todo o conhecimento sobre Pitágoras vem de terceiros, das biografias de Diógenes Laércio, Jâmblico, Porfírio, de testemunhos de Heráclito, Heródoto, Empédocles, Íon de Quios e Xenófanes. Aristóteles apenas menciona os pitagóricos, e pouca coisa sobreviveu de Filolau, contemporâneo de Sócrates, e Arquitas, contemporâneo de Platão. Todos eles, juntos, deixaram para nós um pouco de Pitágoras. O funcionamento da tabela de Pitágoras baseia-se no esquema mostrado na Tabela 1, e utiliza os símbolos matemáticos de seu tempo, e lugar. Com o progresso da Matemática, a Astronomia também se desenvolveu para atender as necessidades administrativas sociedades cada vez mais complexas. Uma vez que a Astronomia podia auxiliar na previsão de eclipses e marés e na elaboração de calendários, a Astronomia passou a desempenhar um papel fundamental para sucesso da agricultura, da pecuária, e dos negócios em geral, tornando-se uma ciência muito importante para as nações antigas. A Astronomia já tinha, então, em vinculação muito intensa com a matemática, diferentemente, da visão romântica cultuada por algumas pessoas, que a relacionam com a arte de admirar as estrelas. Neste cenário de estreita vinculação matemática, cálculos trigonométricos passaram a desempenhar um papel central no início dos estudos de Astronomia. De fato, maiores progressos na Astronomia somente foram alcançados no período Helênico, quando avanços no campo da trigonometria favoreceram estudos astronômicos mais sofisticados. Os valores trigonométricos procurados eram obtidos por meio de um método que consistia em aplicar repetidamente identidades trigonométricas, de tal maneira que, novos valores eram obtidos a partir de valores anteriores. Como esses cálculos podiam ser muito demorados, tabelas trigonométricas começaram a ser criadas com a finalidade de diminuir o tempo de computação, pois perdia-se muito tempo nesse processo se não se tivesse à mão tabelas trigonométricas já prontas. Hiparco de Niceia (180 a.C. – 124 a.C.), aparentemente teria compilado a sua própria tabela trigonométrica, com o propósito, entre outros, de calcular a excentricidade das órbitas da Lua e do Sol, o que permitiria prever, com antecipação, datas significativas do calendário de cada ano. Mais uma vez, entretanto, a tabela trigonométrica de Hiparco de Niceia também não sobreviveu, e somente sabemos sobre sua existência a partir de trabalhos de outros estudiosos, que a citam em inúmeras contribuições para a Astronomia. O uso de tabelas trigonométricas difundiu-se amplamente, e elas passaram a serem intensamente usadas, não apenas na Astronomia, mas também na Cartografia, na Engenharia e outras áreas.

Um computador na Grécia Antiga?

Infelizmente, muitos desenvolvimentos científico-tecnológicos da Humanidade se perderam com o tempo e muitos registros históricos desapareceram para sempre. Bibliotecas foram incendiadas, grandes centros culturais destruídos, e muito conhecimento acumulado se perdeu em meio a guerras e catástrofes. Vez ou outra, alguns vestígios desse conhecimento chegam até nós, como o Osso Ishango, as tábuas de argilas cozida, ou as tábuas de contagens. Como flashes na escuridão. Em um caso marcante, em 1901, pescadores de esponja trabalhando perto da ilha grega de Anticítera, se depararam com os restos de um naufrágio, nos quais uma coleção de artefatos cerâmicos, peças de vidro, joias e moedas, puderam ser resgatados (11).

QRCode 7 - Anticítera (11)

SCAN QR-CODE

Em meio a todo esse material, estava um mecanismo que, posteriormente, chamou a atenção de matemáticos e historiadores: a Máquina de Anticítera, que recebeu esse nome devido à localização onde foi encontrada. Estudos permitiram datar o dispositivo, estimando sua fabricação no século II a.C. Veja o QRCode 7. O aparato parecia um grande quebra-cabeças, um conjunto de rodas e engrenagens, com aparência de ter sido vastamente desgastado pelo tempo, e corroído pelo sal do mar, onde permaneceu por um longo período. Muitos tentaram entender o funcionamento do dispositivo, sem chegar a conclusões mais sólida, quase como como crianças que tentam resolver o cubo mágico. Foi um arqueólogo grego, Valerios Stais (1857-1923), que reconheceu no aparato um mecanismo que funcionava para fornecer informações astronômicas, tal como um relógio astronômico antigo. Cerca de 50 anos depois, um físico, matemático e historiador britânico, chamado Derek J. de Solla Price (1922-1983) conduziu estudos mais completos sobre o equipamento, revelando que sua construção se baseava em teorias astronômicas e matemáticas vigentes da Grécia Antiga. Atualmente, há inúmeros estudos envolvendo a Máquina de Anticítera, e ainda há muito o que se entender sobre ela, mas já está estabelecido que trata-se de um dos primeiros computadores analógicos que se tem notícia. Um sistema altamente complexo de engrenagens e eixos, projetado especificamente para calcular posições astronômicas, prever eclipses solares e lunares, e prever datas no calendário, com vários anos de antecedência. Acredita-se que a Máquina de Anticítera permitisse prever as datas dos eventos importantes do mundo helênico, tais como os Jogos Olímpicos. Sem sombra de dúvida, a Máquina de Anticítera é uma obra de engenharia extremamente sofisticada que ficou perdida por longo período, até ser encontrada por coletores de esponjas, e, atualmente, pode ser visitada no acervo permanente Museu Arqueológico Nacional de Atenas, na Grécia. O seu papel na história da ciência ao ponto que alguns pesquisadores consideram reconhecê-lo como o marco zero da computação.

A introdução da aritmética hindu-arábica

Um desenvolvimento notável foi a disseminação da aritmética hindu-arábica, com os algarismos hindu-arábicos, os dez dígitos usuais, 0, 1, 2, 3, 4, 5, 6, 7, 8 e 9, em regiões da Europa e da Ásia, por volta do século XII, embora aparentemente originados na Índia muito antes, no século VI ou VII (8). A matemática hindu-arábica representou um salto intelectual para a humanidade, por oferecer uma notação numérica favorável à realização de cálculos, provocando uma ruptura profunda com os métodos anteriores de contagem, como tábuas de contagens e o ábaco. Ademais, sua importância na matemática é fundamental, pois permitiu o desenvolvimento da álgebra, como um novo campo da matemática. De um modo geral, a introdução da aritmética hindu-arábica possibilitou, também, inúmeros outros desenvolvimentos em muitas outras áreas, com progressos nas ciências e na engenharia. Entretanto, apesar de todo o avanço intelectual trazido com o novo sistema de numeração, a introdução da matemática hindu-arábica no cotidiano da população foi muito conturbada (8). As pessoas tinham muita dificuldade em realizar operações aritméticas básicas, e não entendiam completamente as inovadoras noções recém introduzidas, como o conceito de zero, e de lugar de posição numérica, como unidades, dezenas, centenas etc. A grande maioria das pessoas não compreendia estas notações, as quais eram consideradas demasiadamente estranhas. Até mesmo antagonismos públicos ocorreram entre mercadores.

Não era incomum confundirem a matemática hindu-arábica com magia e de superstição, o que, de certa forma ocorre até mesmo nos dias de hoje, existindo ainda uma certa mistificação, por parte do público leigo, em torno do conhecimento matemático e de seus praticantes. De todo modo, com o tempo, embora muito lentamente, através dos séculos, ema aceitação do sistema de numeração hindu-arábico se estabeleceu.

Tabela 2 - Tabela de Pitágoras.

x	0	1	2	3	4	5	6	7	8	9	10
0	0	0	0	0	0	0	0	0	0	0	0
1	0	1	2	3	4	5	6	7	8	9	10
2	0	2	4	6	8	10	12	14	16	18	20
3	0	3	6	9	12	15	18	21	24	27	30
4	0	4	8	12	16	20	24	28	32	36	40
5	0	5	10	15	20	25	30	35	40	45	50
6	0	6	12	18	24	30	36	42	48	54	60
7	0	7	14	21	28	35	42	49	56	63	70
8	0	8	16	24	32	40	48	56	64	72	80
9	0	9	18	27	36	45	54	63	72	81	90
10	0	10	20	30	40	50	60	70	80	90	100

Fonte: Própria (2022)

A Tabela 2 mostra uma versão moderna da Tabuada de Pitágoras, utilizando os algarismos hindu-arábicos: 0,1, 2, 3, 4, 5, 6, 7, 8 e 9. A realização da operação de multiplicação de dois números sempre representou, para a população em geral, uma tarefa de grande dificuldade, comparativamente, às operações de adição e subtração, pois, para a realização da operação de multiplicação, há a necessidade de consultas frequentes em tabelas de multiplicação. No caso da operação aritmética de divisão, a dificuldade pode ser ainda maior. Em vista de todas as dificuldades encontradas para a realização da aritmética básica, a Tabela de Pitágoras se difundiu, facilitando, em muito, a realização de cálculos matemáticos e segue ainda sendo usada até os dias de hoje em alguns lugares do mundo, como uma ferramenta pedagógica para ensinar aritmética elementar.

O Sistema Decimal e o SNVP

Dado que o sistema decimal emprega dez dígitos, ele é também chamado de sistema de base 10. Qualquer quantidade pode ser expressa por meio dos símbolos desse sistema de numeração, o qual se enquadra na categoria Sistema de Numeração de Valor Posicional (SNVP). O que isso significa? Queremos dizer que o sistema decimal é um sistema no qual o valor do dígito depende da posição que ocupa em um número. Em geral, as civilizações antigas não conheceriam esse recurso, o que impossibilitava a realização de cálculos como conhecemos atualmente. Nos exemplos a seguir, vamos discutir as características do Sistema de Numeração de Valor Posicional.

Exemplo 9

Considere os números, 473, 2304 e 45, na representação decimal. Note que o algarismo 4 representa quantidades diferentes nos três números. Discuta o significado do algarismo 4, em cada número, com base no SNVP.

Como sabido, a posição do dígito 4 no número 473 representa quatro centenas, enquanto, no número 2304, representa quatro unidades. No número 45, a sua posição representa quatro dezenas. Por isso dizemos que o valor do dígito depende da posição, e o sistema decimal é um Sistema de Numeração de Valor Posicional (SNVP). Podemos também dizer, equivalentemente, que o dígito 4 possui pesos diferentes em cada um dos números. É possível expressar essa afirmativa de uma forma mais precisa, representando a posição do dígito 4 na base decimal, como 4.10^2 no caso do número 473, como 4.10^0 no caso do número 2304, e como 4.10^1 no caso do número 45. A Tabela 3 mostra o valor posicional de cada um dos dígitos nos números citados.

Tabela 3 - Valores no Sistema de Numeração de Valor Posicional (SNVP) na base 10.

Número	Milhares (10^3)	Centenas (10^2)	Dezenas (10^1)	Unidades (10^0)
473	-	4	7	3
2304	2	3	0	4
45	-	-	4	5

No número 473, o dígito 4 representa quatro centenas, e possui o maior peso dos três dígitos. Por essa razão nos referimos a ele como o dígito mais significativo deste número. Por outro lado, o dígito 4, no número 2304, é o algarismo menos significativo, e representa quatro unidades. Analogamente, no número 45, o dígito 4 representa 4 dezenas, e é o algarismo mais significativo nesse número. As mesmas considerações realizadas no Exemplo 9, são válidas para os números decimais, centesimais etc. Em seguida, vejamos os Exemplos 10 e 11.

Exemplo 10

Considere o número 18.89 no sistema de representação decimal. Seguindo as mesmas considerações realizadas no Exemplo 9, discuta o significado de cada algarismo nesse número, com base no SNVP.

No número 18.89, como mostrado na Tabela 4, o algarismo, 1, mais à esquerda, corresponde a uma dezena. Na sequência, temos 8 unidades, 8 décimos e 9 centésimos. A vírgula, ou o ponto na notação científica internacional, separa a parte inteira da parte fracionária do número. Neste livro, usamos ponto, ao invés de vírgula.

Tabela 4 - Valor posicional dos dígitos no número 18.83, no SNVP.

Número	Dezenas	Unidades	Ponto	Décimo	Centésimo
18.89	1	8	.	8	9

Uma forma matemática alternativa de expressar o número 18.89, vem a partir da soma dos termos mostrados abaixo:

$$18.89 = 1 \times 10 + 8 \times 1 + 8 \times 0.1 + 9 \times 0.01 \tag{1}$$

Neste formato, podemos perceber facilmente que as várias posições relativas à vírgula decimal, ou ao ponto decimal, possuem pesos que podem também ser expressos por potências de 10. Assim, podemos reescrever o resultado mostrado na Eq. (1) como:

$$1 \times 10^1 + 8 \times 10^0 + 8 \times 10^{-1} + 9 \times 10^{-2} = 18.89$$

Exemplo 11

Considere o número 9863.527 na representação decimal e discuta o significado de cada algarismo nesse número, com base no SNVP.

Como vimos a partir dos exemplos anteriores, qualquer número no sistema de representação decimal sempre pode ser escrito como a soma dos produtos de cada valor do dígito, pelo seu peso, de acordo com a sua posição numérica. Assim, escrevemos:

$$9863.527 = 9 \times 10^3 + 8 \times 10^2 + 6 \times 10^1 + 3 \times 10^0 + 5 \times 10^{-1} + 2 \times 10^{-2} + 7 \times 10^{-3}$$

Note que a vírgula, ou o ponto, separam os expoentes positivos dos expoentes negativos.

Definição 2

> Definimos a representação decimal de um número, x, aquela em que o número pode ser expresso como
> $$x = \ldots + x_3 \times 10^3 + x_2 \times 10^2 + x_1 \times 10^1 + x_0 \times 10^0 + x_{-1} \times 10^{-1} + x_{-2} \times 10^{-2} + x_{-3} \times 10^{-3} + \ldots,$$
> a soma dos produtos de dígitos, x_k, números inteiros, $x_k \in \mathbb{N}$, pelo seu respectivo peso, 10^k, sendo k um inteiro que corresponde a posição numérica do dígito nesse número.

Exemplo 12

Construa um algoritmo que simule a multiplicação entre dois números, 245 × 312, usando a representação de um número no SNVP.

Algoritmo 7

Passo	Descrição
1	Atribua aos valores da multiplicação (ou da divisão) denominações, tais como: x = 245 e y = 312.

2	Escreva os números da multiplicação (ou da divisão), na representação de base 10, no Sistema de Numeração de Valor Posicional (SNVP), escrevendo somas de termos compostos por multiplicações de potências de dez, como apresentada, abaixo: $$x = 2 \times 10^2 + 4 \times 10^1 + 5 \times 10^0$$ $$y = 3 \times 10^2 + 1 \times 10^1 + 2 \times 10^0$$ A Figura 6 mostra uma representação esquemática dos dígitos dos números, 245 e 312, com seus respectivos pesos, dados em função da representação em potências de 10. As potências de dez representam os pesos no SNVP. Figura 6 – Representação dos dígitos dos números 245 e 312, no SNVP. $10^3 \quad 10^2 \quad 10^1 \quad 10^0 \leftarrow$ Pesos $\downarrow \quad \downarrow \quad \downarrow \quad \downarrow$ | 0 | 2 | 4 | 5 | = 245 | | 0 | 3 | 1 | 2 | = 312 | Fonte: Própria (2022)
3	Faça a multiplicação (ou divisão): $x \times y = (2 \times 10^2 + 4 \times 10^1 + 5 \times 10^0) \times (3 \times 10^2 + 1 \times 10^1 + 2 \times 10^0)$ $x \times y = (2 \times 10^2 + 4 \times 10^1 + 5 \times 10^0) \times 3 \times 10^2$ $\quad + (2 \times 10^2 + 4 \times 10^1 + 5 \times 10^0) \times 1 \times 10^1$ $\quad + (2 \times 10^2 + 4 \times 10^1 + 5 \times 10^0) \times 2 \times 10^0$ $x \times y = 73500 + 2450 + 490 = 76440$
4	Compare o resultado obtido no Passo 3, com aquele obtido pelo método convencional, no modo escolar tradicional, como mostrado na Figura 7. Os dois processos usados aqui para multiplicação de dois números são totalmente equivalentes e forneceram o mesmo resultado. Podemos verificar que a forma de cálculo tradicional escolar guarda, implicitamente, a forma de representação dos números no SNVP. Figura 7- Multiplicação de dois números. 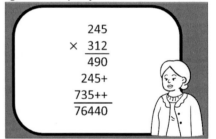 Fonte: Própria (2022)

Para ilustrar e dar suporte a resolução dos problemas e exercícios propostos ao longo desse volume, vamos usar o *software* Maple, como ferramenta de computação algébrica. Todavia, o professor ou o estudante podem escolher o ambiente computacional que julgarem mais convenientes, de acordo com sua experiência ou preferência, pois todos os exemplos são concebidos de maneira a poderem ser implementados em qualquer plataforma computacional. Sendo assim, usando o ambiente computacional que desejar, verifique os resultados do Exemplo 12, e de todos os exemplos do livro, escrevendo programas, com cabeçalho completo e desenvolvimento do programa, e acrescente os comentários que quiser, como mostrado, esquematicamente, no TREINAMENTO COMPUTACIONAL 1.

TREINAMENTO COMPUTACIONAL 1
Use o Maple, ou outro ambiente computacional que preferir.

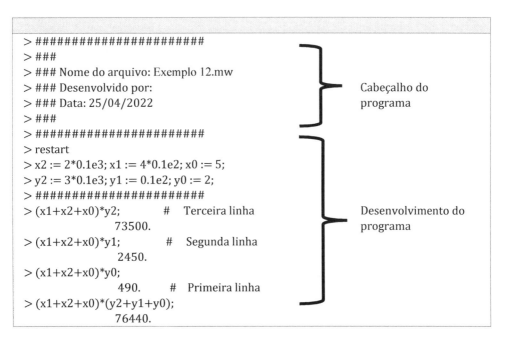

Exemplo 13

Construa um algoritmo, que realize a divisão entre dois números, 245 ÷ 320, usando a representação SNVP, analogamente ao realizado no Exemplo 12.

Para o caso da divisão, proceda de forma análoga ao da multiplicação. Note que 1/320 = 0.003125, e escreva 245 ÷ 320 = 245 × 0.003125.

Tabelas Matemáticas Modernas

A Idade Moderna usualmente é referenciada como o período da História que se situa entre os anos de 1453 d.C. e 1789 d.C., marcada por inúmeros fenômenos sociais, econômicos e políticos, incluindo o advento das grandes navegações marítimas, nos séculos XV a XVII. Depois da introdução da matemática hindu-arábica nas terras da Europa e Ásia, no século XII, houve uma explosão de desenvolvimento em áreas como Astronomia e Cartografia, que estavam relativamente estagnadas. Para que essas áreas, reconhecidamente estratégicas para a era das grandes navegações, passassem pela evolução requerida, foi necessário um desenvolvimento muito grande na tecnologia de fabricação de Tabelas Matemáticas. Em sua versão moderna, agora usando os símbolos da matemática hindu-arábica, as Tabelas Matemáticas eram livros com lista de valores das mais variadas funções matemáticas, de interesse científico e de Engenharia, tais como:

$$sin(x), cos(x), tan(x), sinh(x), tanh(x), x^{1/2}, \frac{1}{x}, \frac{1}{x^2}, \log(x) \text{ etc.}$$

Essas tabelas foram muito importantes em todo o período pré-computação eletrônica, para auxiliar e agilizar os cálculos em geral, evitando a necessidade de calcular repetidamente valores matemáticos, todas as vezes que eles fossem requiridos.

Tabela 5 - Tabela trigonométrica dos ângulos de 1° à 180°.

θ(°)	θ(rad)	sin(θ)	cos(θ)	tan(θ)	θ(°)	θ(rad)	sin(θ)	cos(θ)	tan(θ)
1	0.017	0.017	1.000	0.017	46	0.803	0.719	0.695	1.036
2	0.035	0.035	0.999	0.035	47	0.820	0.731	0.682	1.072
3	0.052	0.052	0.999	0.052	48	0.838	0.743	0.669	1.111
4	0.070	0.070	0.998	0.070	49	0.855	0.755	0.656	1.150
5	0.087	0.087	0.996	0.087	50	0.873	0.766	0.643	1.192
6	0.105	0.105	0.995	0.105	51	0.890	0.777	0.629	1.235
7	0.122	0.122	0.993	0.123	52	0.908	0.788	0.616	1.280
8	0.140	0.139	0.990	0.141	53	0.925	0.799	0.602	1.327
9	0.157	0.156	0.988	0.158	54	0.942	0.809	0.588	1.376
10	0.175	0.174	0.985	0.176	55	0.960	0.819	0.574	1.428
11	0.192	0.191	0.982	0.194	56	0.977	0.829	0.559	1.483
12	0.209	0.208	0.978	0.213	57	0.995	0.839	0.545	1.540
13	0.227	0.225	0.974	0.231	58	1.012	0.848	0.530	1.600
14	0.244	0.242	0.970	0.249	59	1.030	0.857	0.515	1.664
15	0.262	0.259	0.966	0.268	60	1.047	0.866	0.500	1.732
16	0.279	0.276	0.961	0.287	61	1.065	0.875	0.485	1.804
17	0.297	0.292	0.956	0.306	62	1.082	0.883	0.469	1.881
18	0.314	0.309	0.951	0.325	63	1.100	0.891	0.454	1.963
19	0.332	0.326	0.946	0.344	64	1.117	0.899	0.438	2.050
20	0.349	0.342	0.940	0.364	65	1.134	0.906	0.423	2.145
21	0.367	0.358	0.934	0.384	66	1.152	0.914	0.407	2.246
22	0.384	0.375	0.927	0.404	67	1.169	0.921	0.391	2.356
23	0.401	0.391	0.921	0.424	68	1.187	0.927	0.375	2.475
24	0.419	0.407	0.914	0.445	69	1.204	0.934	0.358	2.605
25	0.436	0.423	0.906	0.466	70	1.222	0.940	0.342	2.747
26	0.454	0.438	0.899	0.488	71	1.239	0.946	0.326	2.904
27	0.471	0.454	0.891	0.510	72	1.257	0.951	0.309	3.078
28	0.489	0.469	0.883	0.532	73	1.274	0.956	0.292	3.271
29	0.506	0.485	0.875	0.554	74	1.292	0.961	0.276	3.487
30	0.524	0.500	0.866	0.577	75	1.309	0.966	0.259	3.732
31	0.541	0.515	0.857	0.601	76	1.326	0.970	0.242	4.011
32	0.559	0.530	0.848	0.625	77	1.344	0.974	0.225	4.331
33	0.576	0.545	0.839	0.649	78	1.361	0.978	0.208	4.705
34	0.593	0.559	0.829	0.675	79	1.379	0.982	0.191	5.145
35	0.611	0.574	0.819	0.700	80	1.396	0.985	0.174	5.671
36	0.628	0.588	0.809	0.727	81	1.414	0.988	0.156	6.314
37	0.646	0.602	0.799	0.754	82	1.431	0.990	0.139	7.115
38	0.663	0.616	0.788	0.781	83	1.449	0.993	0.122	8.144
39	0.681	0.629	0.777	0.810	84	1.466	0.995	0.105	9.514
40	0.698	0.643	0.766	0.839	85	1.484	0.996	0.087	11.430
41	0.716	0.656	0.755	0.869	86	1.501	0.998	0.070	14.301
42	0.733	0.669	0.743	0.900	87	1.518	0.999	0.052	9.0810
43	0.750	0.682	0.731	0.933	88	1.536	0.999	0.035	28.636
44	0.768	0.695	0.719	0.966	89	1.553	1.000	0.017	57.290
45	0.785	0.707	0.707	1.000	90	1.570	1.000	0.000	∞

Θ(°)	Θ(rad)	sin(Θ)	cos(Θ)	tan(Θ)	Θ(°)	Θ(rad)	sin(Θ)	cos(Θ)	tan(Θ)
91	1.588	1.000	-0.017	-57.290	136	2.374	0.695	-0.719	-0.966
92	1.606	0.999	-0.035	-28.636	137	2.391	0.682	-0.731	-0.933
93	1.623	0.999	-0.052	-19.081	138	2.409	0.669	-0.743	-0.900
94	1.641	0.998	-0.070	-14.301	139	2.426	0.656	-0.755	-0.869
95	1.658	0.996	-0.087	-11.430	140	2.443	0.643	-0.766	-0.839
96	1.676	0.995	-0.105	-9.514	141	2.461	0.629	-0.777	-0.810
97	1.693	0.993	-0.122	-8.144	142	2.478	0.616	-0.788	-0.781
98	1.710	0.990	-0.139	-7.115	143	2.496	0.602	-0.799	-0.754
99	1.728	0.988	-0.156	-6.314	144	2.513	0.588	-0.809	-0.727
100	1.745	0.985	-0.174	-5.671	145	2.531	0.574	-0.819	-0.700
101	1.763	0.982	-0.191	-5.145	146	2.548	0.559	-0.829	-0.675
102	1.780	0.978	-0.208	-4.705	147	2.566	0.545	-0.839	-0.649
103	1.798	0.974	-0.225	-4.331	148	2.583	0.530	-0.848	-0.625
104	1.815	0.970	-0.242	-4.011	149	2.601	0.515	-0.857	-0.601
105	1.833	0.966	-0.259	-3.732	150	2.618	0.500	-0.866	-0.577
106	1.850	0.961	-0.276	-3.487	151	2.635	0.485	-0.875	-0.554
107	1.868	0.956	-0.292	-3.271	152	2.653	0.469	-0.883	-0.532
108	1.885	0.951	-0.309	-3.078	153	2.670	0.454	-0.891	-0.510
109	1.902	0.946	-0.326	-2.904	154	2.688	0.438	-0.899	-0.488
110	1.920	0.940	-0.342	-2.747	155	2.705	0.423	-0.906	-0.466
111	1.937	0.934	-0.358	-2.605	156	2.723	0.407	-0.914	-0.445
112	1.955	0.927	-0.375	-2.475	157	2.740	0.391	-0.921	-0.424
113	1.972	0.921	-0.391	-2.356	158	2.758	0.375	-0.927	-0.404
114	1.990	0.914	-0.407	-2.246	159	2.775	0.358	-0.934	-0.384
115	2.007	0.906	-0.423	-2.145	160	2.793	0.342	-0.940	-0.364
116	2.025	0.899	-0.438	-2.050	161	2.810	0.326	-0.946	-0.344
117	2.042	0.891	-0.454	-1.963	162	2.827	0.309	-0.951	-0.325
118	2.059	0.883	-0.469	-1.881	163	2.845	0.292	-0.956	-0.306
119	2.077	0.875	-0.485	-1.804	164	2.862	0.276	-0.961	-0.287
120	2.094	0.866	-0.500	-1.732	165	2.880	0.259	-0.966	-0.268
121	2.112	0.857	-0.515	-1.664	166	2.897	0.242	-0.970	-0.249
122	2.129	0.848	-0.530	-1.600	167	2.915	0.225	-0.974	-0.231
123	2.147	0.839	-0.545	-1.540	168	2.932	0.208	-0.978	-0.213
124	2.164	0.829	-0.559	-1.483	169	2.950	0.191	-0.982	-0.194
125	2.182	0.819	-0.574	-1.428	170	2.967	0.174	-0.985	-0.176
126	2.199	0.809	-0.588	-1.376	171	2.985	0.156	-0.988	-0.158
127	2.217	0.799	-0.602	-1.327	172	3.002	0.139	-0.990	-0.141
128	2.234	0.788	-0.616	-1.280	173	3.019	0.122	-0.993	-0.123
129	2.251	0.777	-0.629	-1.235	174	3.037	0.105	-0.995	-0.105
130	2.269	0.766	-0.643	-1.192	175	3.054	0.087	-0.996	-0.087
131	2.286	0.755	-0.656	-1.150	176	3.072	0.070	-0.998	-0.070
132	2.304	0.743	-0.669	-1.111	177	3.089	0.052	-0.999	-0.052
133	2.321	0.731	-0.682	-1.072	178	3.107	0.035	-0.999	-0.035
134	2.339	0.719	-0.695	-1.036	179	3.124	0.017	-1.000	-0.017
135	2.356	0.707	-0.707	-1.000	180	3.142	0.000	-1.000	0.000

A confecção de tabelas tornou-se uma atividade matemática fundamental nesse período e um auxílio computacional muito importante por centenas de anos, acelerando drasticamente a realização de projetos científicos e de Engenharia. Nesse sentido, essas tabelas podem ser consideradas precursoras da computação moderna e do processamento de informações. Antes das calculadoras se tornarem comuns e baratas, na década de 1970, os livros matemáticos escolares continham páginas de tabelas matemáticas para serem usadas em sala de aula, como um recurso didático.

Um exemplo de tabela trigonométrica é o apresentado na Tabela 5. Nela, o ângulo θ é o argumento da função trigonométrica. A Tabela 5 é uma tabela para todos os ângulos, θ, compreendidos no intervalo, 1° ≤ θ ≤ 180°, com um passo de 1°, para as funções sen(θ), cos(θ) e tan(θ). Embora, muitas vezes, nos refiramos aos ângulos, com unidades em graus, para efeito de cálculos, devemos sempre considerar o seu valor em radianos. Por isso, esse valor encontra-se, também, listado na Tabela 5. Para a conversão de graus em radianos, basta usar a equivalência: π rad = 180°. A seguir, vamos apresentar alguns exemplos, simples, de como a Tabela 5 pode ser utilizada para realizar cálculos trigonométricos. Essa habilidade será particularmente importante, no que iremos discutir, mais adiante: o algoritmo do Método da Prosthapharaesis. Por ora, vamos experimentar, no Exemplo 14, a maneira de efetuar cálculos trigonométricos, sem calculadora eletrônica, usando apenas a Tabela 5.

Exemplo 14

Encontre o seno, o cosseno e a tangente dos ângulos abaixo:
a-) 18°   b-) 93°   c-) 141°   d-) 163°   e-) 179°

Buscando-se na Tabela 5 os ângulos pedidos no enunciado, podemos construir a Tabela 6, com os valores dos ângulos, em graus, em radianos, e o valor do seno, cosseno e tangente, dos respectivos ângulos.

Tabela 6 – Tabela Trigonométrica dos ângulos de 18°, 93°, 141°, 163° e 179°.

θ(°)	θ(rad)	sin(θ)	cos(θ)	tan(θ)
18	0.314	0.309	0.951	0.325
93	1.623	0.999	-0.052	-19.081
141	2.461	0.629	-0.777	-0.810
163	2.845	0.292	-0.956	-0.306
179	3.124	0.017	-1.000	-0.017

Exemplo 15

Considerando apenas o seno dos ângulos do Exemplo 14, compare os valores fornecidos pela Tabela 6, com aqueles calculados por uma calculadora eletrônica moderna, para que se possa desenvolver uma noção de quão exatos são os resultados obtidos.

Devemos usar aqui uma forma de comparação entre valores que seja cientificamente aceita, e que permita um entendimento numérico e intuitivo sobre o processo de comparação de um dado valor. Podemos usar a definição de erro relativo, Definição 3, considerando os valores fornecidos por uma calculadora eletrônica como valores exatos, pois se trata de uma excelente aproximação, para a maior parte dos problemas, em geral.

Definição 3

Chamando de valor de referência, $Valor_{REFERÊNCIA}$, algum resultado considerado como base de comparação, e de valor aproximado, $Valor_{APROXIMADO}$, o valor obtido a partir de uma medida experimental, ou um valor teórico obtido a partir de um processo analítico, definimos como erro relativo do valor aproximado, a relação dada por:

$$Erro_{relativo} = \left| \frac{Valor_{REFERÊNCIA} - Valor_{APROXIMADO}}{Valor_{REFERÊNCIA}} \right| \times 100\%$$

Note que os valores das funções trigonométricas mostrados na Tabela 5 são aproximações de resultados com três casas decimais, enquanto os computadores modernos podem alcançar uma precisão muito maior. Por isso, podemos considerar os resultados fornecidos pela calculadora como aproximadamente exatos. Felizmente, para a maior parte das aplicações práticas de interesse, principalmente em Engenharia, duas a três casas decimais já são suficientes para fornecer bons resultados práticos. No entanto, um número reduzido, mas significativo, de aplicações requer que se considere um número maior de casas decimais. Cientes disso, estas tabelas eram elaboradas com um grau de precisão muito maior do que somente as três casas decimais, consideradas na Tabela 5. Contudo, por se tratar apenas um exemplo didático, estamos interessados, aqui, somente, em fornecer ao leitor uma compreensão do mecanismo de tais operações. Para tal, usando a definição de erro relativo, Definição 3, e considerando os ângulos pedidos no enunciado do Exemplo 14, calcule, usando uma calculadora eletrônica, os valores exatos e os respectivos, erros relativos, preenchendo os valores que faltam na Tabela 7.

Tabela 7 – Erro relativo do seno dos ângulos de 18°, 93°, 141°, 163° e 179°.

θ(°)	θ(rad)	Valor$_{aproximado}$ de sin(θ)	Valor$_{exato}$ de sin(θ)	$Erro_{relativo}$(%)
18	0.314	0.309		
93	1.623	0.999		
141	2.461	0.629		
163	2.845	0.292		
179	3.124	0.017		

Algumas áreas da Ciência e da Engenharia requerem o cálculo de ângulos e distâncias, assuntos abordados no âmbito da trigonometria. Numa época sem os recursos computacionais modernos, tabelas trigonométricas eram ferramentas matemáticas essenciais. Criar antecipadamente as tabelas, tendo-as à mão quando necessárias, acelerava a resolução de problemas, e evitava que os valores consultados tivessem que ser recalculados inúmeras vezes. Por isso, eram tão importantes.

Exemplo 16

Suponha que um engenheiro, no passado, em seu trabalho, precisasse encontrar o cosseno de 45.5° e de 72.5°, para efetuar um determinado cálculo matemático, e que só possuísse disponível, uma tabela trigonométrica como a Tabela 5. Construa um algoritmo para explicar como o cosseno desses dois ângulos poderia ser encontrado, se, na tabela disponível, só existissem os valores inteiros dos mesmos. Encontre também, o erro relativo dos valores encontrados, comparando com os resultados fornecidos por uma calculadora eletrônica.

Algoritmo 8

Passo	Descrição
1	Na Tabela 5 podemos encontrar os valores de cosseno para os ângulos de 45° e 46°, como mostrado abaixo, na Tabela 8. Tabela 8 - Tabela Trigonométrica dos ângulos de 45° e 46°. {| θ(°)	θ(rad)	cos(θ) {|---|---|---{| 45	0.785	0.707 {| 46	0.803	0.695
2	A partir desses resultados, podemos estimar uma aproximação para o valor de cos(45.5° = 0.701 rad) considerando a média dos cossenos de 45° e 46°, veja Tabela 8, o que resulta em:

	$$cos(45.5°) = \frac{\cos(45°) + \cos(46°)}{2} = \frac{0.707 + 0.695}{2} = 0.70100$$ $$cos(45.5°) \approx 0.701$$
3	Analogamente, podemos encontrar uma aproximação para o cos(72.5° = 1.265 rad) considerando a média dos cossenos de 72° e 73°, e usando a Tabela 9, o que resulta em: $$cos(72.5°) = \frac{\cos(72°) + \cos(73°)}{2} = \frac{0.292 + 0.309}{2} = 0.30050$$ $$cos(72.5°) \approx 0.300$$ Tabela 9 - Tabela Trigonométrica dos ângulos de 72° e 73°. | θ(°) | θ(rad) | cos(θ) | |---|---|---| | 72 | 1.257 | 0.309 | | 73 | 1.274 | 0.292 |
4	Com os resultados obtidos podemos encontrar o erro relativo envolvido, como mostrado na Tabela 10. Tabela 10 – Erro relativo para o cosseno dos ângulos de 45.5° e 72.5°.

θ(°)	θ(rad)	Valor$_{aproximado}$	Valor$_{exato}$	$Erro_{relativo}$(%)
45.5	0.701	0.701		
72.5	1.265	0.300		

Exemplo 17

A Tabela 5 pode fornecer os valores de cosseno, o seno e tangente, para todos os ângulos de valores inteiros, compreendidos entre 1° e 180°. Entretanto, suponha que, para uma determinada aplicação, como a do Exemplo 16, seja necessário encontrar ângulos intermediários, β, entre dois valores inteiros consecutivos, e que podem ser escritos como

$$β = Θ + 0.5°$$

em que, Θ, é um valor inteiro, compreendido entre 1° e 179°. Escreva um algoritmo, isto é, um método, passo a passo, para calcular o cosseno de qualquer ângulo intermediário entre dois ângulos consecutivos, compreendido entre 1° e 179°. Por último, teste o algoritmo, usando os valores do Exemplo 16.

Algoritmo 9

Passo	Descrição
1	Dado um valor de ângulo β, qualquer, nas condições do exercício, determina-se: $$Θ = β - 0.5°$$
2	Encontra-se na Tabela 5 os valores de cosseno correspondentes aos ângulos, Θ e Θ + 1.
3	Calcula-se a média aritmética entre cos(Θ) e cos(Θ + 1) $$cos(β) = \frac{\cos(Θ) + \cos(Θ + 1)}{2}$$

Para o caso dos ângulos do Exemplo 16, a aplicação do

Algoritmo 9, resulta:

Algoritmo 10

Passo	Descrição	β = 45.5°	β = 72.5°
1	Θ = β - 0.5°	Θ = 45°	Θ = 72°
2	cos(Θ) e cos(Θ + 1).	cos(Θ)= 0.707	cos(Θ)= 0.309

3	$cos(\beta) = \dfrac{\cos(\Theta) + \cos(\Theta + 1)}{2}$	cos(Θ + 1)=0.695 $cos(\beta) = 0.701$	cos(Θ + 1)=0.292 $cos(\beta) = 0.300$

Exemplo 18

Consultando a Tabela 5, encontre A, B e C, tal que,
A = cos⁻¹(0.139)   B = cos⁻¹(0.3)   C = cos⁻¹(0.7)

Conforme já mencionado, as tabelas trigonométricas, na era pré-computador eletrônico, eram ferramentas matemáticas muito úteis, que permitiam resolver diversos problemas. Um desses problemas consiste em computar o valor de argumento, A, de tal forma a corresponder a um determinado valor, w, na relação trigonométrica, $cos(A) = w$. Dito de outra forma, significa, equivalentemente, resolver o problema inverso da função trigonométrica, $A = cos^{-1}(w)$. Funções inversas encontram diversas aplicações práticas de interesse, e por isso, são usadas muitas vezes na rotina de trabalho de cientistas e engenheiros. Por exemplo:

(a) Para conhecer o ângulo de inclinação de uma construção, tal como a torre de Pisa, e determinar se está na iminência de queda;
(b) Para identificar ângulos em construções, como pontes, por exemplo, e criar modelos em escala;
(c) Para calcular o ângulo de elevação do Sol em relação ao solo;
(d) Para calcular o ângulo de elevação ou de depressão de qualquer objeto.
(e) Também, mais recentemente, encontra aplicações no posicionamento eficiente de painéis fotovoltaicos

Em seguida, descrevemos como encontrar A, B e C, usando funções inversas.
Encontrando A
Se buscarmos na Tabela 5 qual valor de argumento, A, faz cos(A), igual a 0.139, encontramos o valor mostrado na Tabela 11, de modo a concluir que:
cos(A = 82° = 1.431 rad) ≈ 0.139.
Assim, A = 82° = 1.431 rad.
Encontrando B
Se buscarmos na Tabela 5 qual valor de argumento, B, que faz cos(B) igual a 0.3, veremos que não é possível encontrar uma identidade. Todavia, encontramos um intervalo, entre os ângulos 72° e 73°, mostrado na Tabela 12, que contêm o valor procurado, B, tal que cos(B) = 0.3. Como já fizemos anteriormente no Exemplo 16, podemos considerar a média aritmética dos cossenos de 72° e 73°, e obter
cos(72.5° = 1.265 rad) ≈ 0.300.
Assim, B = 72.5° = 1.265 rad.
Encontrando C
Analogamente, considerando-se a média dos cossenos de 45° e 46°, podemos encontrar uma boa aproximação para C, da mesma forma que no Exemplo 16, pois
$cos(45.5° = 0.793$ rad) ≈ 0.701.
Assim, C = 45.5° = 0.793 rad.

Tabela 11 - 82°.

A(°)	A(rad)	cos(A)
82	1.431	0.139

Tabela 12 - 72° e 73°.

θ(°)	θ(rad)	cos(θ)
72	1.257	0.309

Tabela 13 - 45° e 46°.

θ(°)	θ(rad)	cos(θ)
45	0.785	0.707

| 73 | 1.274 | 0.292 | | 46 | 0.803 | 0.695 |

O Método da Prosthaphaeresis

Uma técnica matemática muito conhecida e empregada por engenheiros e cientistas, na época das grandes explorações marítimas, foi o Método da Prosthaphaeresis (MP), desenvolvida no início do primeiro milênio por Ahmad ibn Yunus al-Sadafi al-Misri (950-1009), um importante astrônomo e matemático egípcio-muçulmano. Partindo de identidades trigonométricas, este matemático descobriu uma maneira de diminuir o tempo necessário para operações aritméticas básicas, proporcionando uma forma mais rápida de computar os valores de multiplicação e divisão entre dois números. A técnica da Prosthaphaeresis somente chegou a Europa muito tempo depois, no final do século XV, trazido por um matemático de Nuremberg, Johannes Werner (1468-1522). O nome da técnica, Prosthaphaeresis, contém palavras que vêm do grego, prosthesis e apheresis, as quais significam adição e subtração, as duas operações básicas usadas no processo. Veja Figura 8. A aplicação do MP para a multiplicação ou a divisão de quaisquer dois números reduz a tarefa original, de multiplicação ou divisão, a processos simples de adição ou subtração, que são operações matemáticas muito mais simples de realizar.

Figura 8 - Prosthaphaeresis

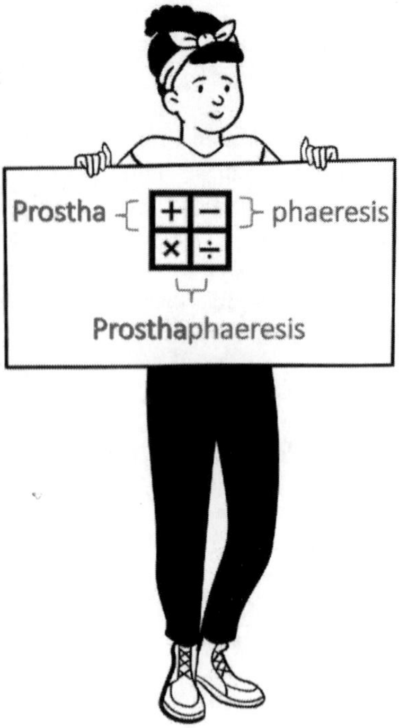

Fonte: Própria (2022)

De fato, o Método da Prosthaphaeresis tem grande importância histórica, sendo, durante muitos séculos, a maneira mais simples conhecida de se efetuar mais rapidamente essas operações matemáticas. Com o tempo, a difusão das novas ideias trazidas com o Método da Prosthaphaeresis (MP), facilitou a elaboração de tabelas especializadas em diversos assuntos: Astronomia, Navegação Celeste, Estatística, entre outras. Uma vez que os cálculos realizados na área da Astronomia, envolvem muitos cálculos trigonométricos, que impõe inúmeras relações matemáticas de multiplicação e divisão, com números, em geral, muito grandes, tais como a massa de planetas e a distância entre corpos celestes, o trabalho dos astrônomos tornava-se muito difícil sem a disponibilidade Tabelas Matemáticas, pré-preparadas, e muitos matemáticos dedicavam suas vidas à composição destas tabelas.

Na época das grandes navegações marítimas, nos séculos XV a XVII, a Astronomia tornou-se uma área ainda mais estratégica para o desenvolvimento econômico, não mais apenas orientando e organizando o calendário da agricultura, pecuária e pequenos negócios, mas, também, para atender as necessidades dos navegadores marítimos. Nesse período, as grandes potências mundiais realizaram esforços significativos na área da Astronomia, pois o sistema de localização dos navios em alto mar dependia da disponibilidade de mapas celestes e de técnicas que usavam instrumentos astronômicos, de forma a relacionar a posição das estrelas com a posição dos navios. Torna-se possível, assim, aferir as coordenadas geográficas, a latitude e a longitude, de um navio em mar aberto, com base na posição dos astros, empregando um processo que envolvia calcular inúmeras multiplicações e divisões, resultantes de inúmeros cálculos trigonométricos. Era então necessário realizar, muito rápido e corretamente, as operações aritméticas básicas, de modo a evitar, até mesmo, naufrágios, razão pela qual, o Método da Prosthaphaeresis foi largamente adotado na época.

* * *

Neste ponto, queremos reforçar que, aprender a resolver problemas de natureza matemática, é uma forma eficiente de aprimorar cada vez mais nossa capacidade de raciocínio lógico, fornecendo treinamento adequado para futuros desenvolvedores, programadores e cientistas. Veja Figura 9.

O algoritmo do Método da Prosthaphaeresis

O Método da Prosthaphaeresis (MP) é de fácil de implementação e baseia-se no uso de identidades trigonométricas, como:

$$2\cos(A)\cos(B) = \cos(A+B) + \cos(A-B).$$

O algoritmo do MP, apresentado no Algoritmo 11, é dividido em três passos simples, com o objetivo final de fornecer, mais rápida e mais facilmente, comparado ao método tradicional, o resultado da operação de multiplicação, ou de divisão, entre dois números, x e y.

Algoritmo 11

Passo	Descrição
1	Atribua os valores que serão multiplicados, $$x \times y$$ às variáveis x e y, e identifique, a partir desses números, outros dois números, A e B, tal que satisfaçam a relação: $$x = \cos(A) \quad e \quad y = \cos(B)$$
2	Encontre, em uma tabela trigonométrica, o cosseno da soma dos argumentos, A e B, $$\cos(A+B),$$ o cosseno da diferença, $$\cos(A-B)$$ e some os resultados: $$\cos(A+B) + \cos(A-B).$$
3	O último passo consiste em dividir por dois, o resultado obtido no passo 2: $$x \times y = \frac{\cos(A+B) + \cos(A-B)}{2}$$

Figura 9 – Aprendendo com o conhecimento acumulado

Fonte: Própria (2022)

Em seguida, vamos apresentar alguns exemplos que mostram, passo a passo, o uso do Método da Prosthapharaesis.

Exemplo 19

Construa um algoritmo para realizar a multiplicação, 0.3×0.7, pelo Método da Prosthaphaeresis (MP).

Sugestão:

Sabemos, a partir da multiplicação tradicional, que 0.3×0.7 é igual a 0.21. Entretanto, nosso objetivo aqui é mostrar como o algoritmo do Método da Prosthaphaeresis (MP) realmente funciona. O algoritmo do MP consiste em três passos, os quais foram apresentados no Algoritmo 11. Note que não estamos preocupados com os valores em si, mas sim em fornecer uma compreensão do mecanismo de cálculo. Por isso, tomamos números pequenos, apenas para fornecer um melhor entendimento da técnica. Neste caso, vamos seguir os três passos do MP, e realizar a multiplicação, 0.3 × 0.7. Os resultados encontram-se detalhados no Algoritmo 12.

Algoritmo 12

Etapa	Procedimento
1	Primeiramente atribuir os números da multiplicação, às variáveis, x e y, que são x = 0.3 e y = 0.7. Em seguida, encontrar em uma tabela trigonométrica, qual valor de argumento A do cosseno equivale a 0.3, e qual argumento B do cosseno equivale a 0.7. Consultando a Tabela 5, podemos estimar alguns valores: cos(A = 1.265 rad) ≈ 0.3 cos(B = 0.793 rad) ≈ 0.7
2	Em seguida, conhecendo os valores de A e B, podemos agora calcular o cosseno da soma e o cosseno da diferença, também consultando a Tabela 5. **Cosseno da soma** cos(A + B) = cos(1.265 + 0.793) = cos(2.058) ≈ −0.47 **Cosseno da diferença** cos(A - B) = cos(1.265 - 0.793) = cos(0.472) ≈ 0.89 **Soma do cosseno da soma, e do cosseno da diferença.** cos(A+B) + cos(A-B) ≈ -0.47 + 0.89 = 0.42
3	Divisão por dois $$\frac{\cos(A+B) + \cos(A-B)}{2} = \frac{0.42}{2} = 0.21$$

Por fim, o resultado da multiplicação pelo MP resulta:
$$x \times y = 0.3 \times 0.7 = 0.21$$

Embora o MP pareça complicado a princípio, em tempos antigos, quando as pessoas não dispunham dos equipamentos digitais que estamos acostumados, o MP representou um grande avanço do ponto de vista prático, na sua época, em comparação com a multiplicação, ou divisão, tradicional.

Notações Numéricas

Neste ponto, apresentaremos o conceito de notação numérica, discutindo também as formatações mais comuns para representar números na base 10. Para tal, vejamos alguns exemplos.

Exemplo 20

Em quantos formatos diferentes, o número 234.56 pode ser representado?

O número 234.56 é expresso dessa forma na sua representação decimal, de acordo com a Definição 2, página 31. Por certo, Os números, compostos por dígitos, carregam em si uma informação, e precisam ser expressos em formatos adequados, de modo a transmitir o seu real significado.

Definição 4

Todo número real, $x \in \mathbb{R}$, na representação decimal, possui diversas formas equivalentes de representação, tal como
$$x = t \times 10^n,$$

em termos de um produto de um número real, t, $t \in \mathbb{R}$, por uma potência de dez, com n um expoente inteiro, $n \in \mathbb{N}$. Diferentes combinações de t e n, devem expressar a mesma quantidade x.

Assim, o número 234.56 pode ser expresso, equivalentemente, de diversas maneiras, ou formatos diferentes, como mostrado na Tabela 14. Todas elas, mantêm íntegra a informação nele contida. Na Tabela 14, os vários formatos são mostrados para diferentes relações entre t e n, os quais satisfazem a Definição 4.

Tabela 14 – Formatos e Notações Numéricas

	Formato	Notação Numérica	t	n
1	23456×10^{-2}	Representação de Inteiro	23456	-2
2	2345.6×10^{-1}	Sem denominação	2345.6	-1
3	234.56×10^{0}	Representação Decimal	234.56	0
4	23.456×10^{1}	Sem denominação	23.456	1
5	2.3456×10^{2}	Notação Científica	2.3456	2
6	0.23456×10^{3}	Representação de Mantissa	0.23456	3

Os formatos mais importantes de representações numéricas, são: a Notação de Inteiro, Representação Decimal, Representação de Mantissa e Notação Científica. A seguir, vamos discutir brevemente cada uma delas.

Definição 5

Definimos, Notação de Inteiro, aquela formatação em que um número real, $x \in \mathbb{R}$, pode ser expresso, em termos de potência de dez, tal que:
$$x = q \times 10^n$$
com, $t = q$, n e q, números inteiros.

No caso do número 234.56, podemos escrevê-lo na Notação de Inteiro, da seguinte forma:
$$x = 23456 \times 10^{-2}$$

Uma outra notação bastante usada em diversos trabalhos de matemática, com amplas aplicações em diversos campos, é a Notação de Mantissa.

Definição 6

Definimos, Notação de Mantissa, aquela formatação em que um número real, $x \in \mathbb{R}$, pode ser expresso, em termos de potência de dez, tal que:
$$x = m \times 10^n$$
com, $t = m$, e m um número real no intervalo, $0 < t < 1$.

No caso do número 234.56, podemos escrevê-lo na Notação de Mantissa, da seguinte forma:
$$x = 0.23456 \times 10^3$$

Vale observar que, para usarmos o Método da Prosthaphaeresis (MP) na multiplicação de dois números, estes devem ser expressos na Notação de Mantissa, sendo portanto, números reais, entre 0 e 1, $0 < t < 1$. Os problemas discutidos a seguir mostram multiplicações e divisões com o MP, que ilustram o uso da Notação de Mantissa.

Exemplo 21

Construa um algoritmo para realizar a multiplicação, 3 x 7, pelo MP.

Esse caso é muito parecido com o do Exemplo 19, a não ser por um detalhe. No algoritmo do MP, Algoritmo 12, x e y correspondem aos números que serão multiplicados, e são definidos como:
$$x = \cos(A) \text{ e } y = \cos(B).$$
Note que, qualquer que seja o valor de A ou B, o cosseno de qualquer argumento real, está sempre compreendido entre -1 e 1, ou seja:
$$-1 \leq \cos(A) \leq 1 \quad \text{e} \quad -1 \leq \cos(B) \leq 1$$

Condição 1

> Para utilizar o MP é necessário garantir que os números da multiplicação, X e Y, encontram-se compreendidos no intervalo entre -1 e 1. Caso positivo, pode-se aplicar o MP diretamente, caso contrário, deve-se expressá-los na Notação de Mantissa, antes de usar o MP.

Logo, para efetuar uma multiplicação entre dois números, X e Y, usando o MP, devemos primeiramente verificar se a Condição 1 é satisfeita, e caso positivo, renomeá-los de x e y, respectivamente, para em seguida, aplicar o MP, Algoritmo 12. Caso a condição não seja satisfeita, devemos efetuar uma adequação do problema, a fim de reduzi-lo a termos, x e y, que estejam compreendidos no intervalo entre -1 e 1. No Algoritmo 13, rearranjamos os números da multiplicação, em termos de números escritos em potências de dez, para garantir tal adequação.

Algoritmo 13

Passo	Descrição
1	Atribuir os termos da multiplicação às variáveis, X e Y. Neste caso, $$X = 3 \text{ e } Y = 7.$$
2	Conferir se os termos da multiplicaçã são números que pertencem ao intervalo, $-1 \leq X \leq 1$ e $-1 \leq Y \leq 1$. Se, sim, escrever, $$x = X \text{ e } y = Y,$$ e usar diretamente o MP, Algoritmo 12. Se não, antes de usar o MP, reescrever os números X e Y no formato da Notação de Mantissa, $$X = 0.3 \times 10^1$$ $$Y = 0.7 \times 10^1$$ e fazer x igual a parte de X, sem a potência de dez. Analogamente para Y. Assim: $$x = 0.3$$ $$y = 0.7$$
3	A multiplicação pode ser efetuada, reescrevendo-se, $X \times Y$, da seguinte forma: $$X \times Y = (x \times 10) \times (y \times 10)$$ $$X \times Y = (x \times y) \times 10^2$$
4	Usar o Algoritmo 12 para encontrar a multiplicação $(x \times y)$. Neste caso, $$x \times y = 0.21$$
5	Finalmente, escrever: $$X \times Y = 21$$

Portanto, antes de utilizar o MP, é necessário, sempre, verificar se os termos da multiplicação, X e Y, estão compreendidos entre -1 e 1, Condição 1. Note que, para realizar esta verificação, aplicamos a estrutura lógica mostrada no Esquema 1.

Esquema 1 – Estrutura lógica de decisão

Se a Condição 1 é satisfeita,	Então,	{	Basta considerar, X = x e Y = y, e aplicar o Algoritmo 12 diretamente.
	Se não,	{	Se X e Y não satisfazem essa condição, devemos, primeiramente, reescrever os números da multiplicação, expressando-os em Notação de Mantissa, de modo a encontrar os termos x e y, para se realizar a multiplicação pelo MP, e só então aplicar o Algoritmo 12.

Estudaremos em mais detalhes, no Capítulo 5, a estrutura lógica delimeada no Esquema 1. Por enquanto, pretendemos apenas chamar a atenção para a existência dessa estrutura lógica, tão importante em cursos de programação, chamada Estrutura Lógica Condicional.

Voltando ao MP, o método é ainda bastante útil, para oferecer uma plataforma de entendimento sobre como trabalhar com algoritmos. Veja a seguir como construir um algoritmo para efetuar uma divisão pelo MP.

Exemplo 22

Construa um algoritmo para utilizar o MP na seguinte operação, $345 \div 270$. Discuta também o erro relativo, para o MP, neste caso.

Algoritmo 14

Passo	Descrição
1	Inicialmente, rearranjar os termos, reescrevendo-os, da seguinte forma: $$\frac{345}{270} = 345 \times \frac{1}{270}$$
2	Encontrar o valor de: $$\frac{1}{270} \sim 0.0037$$
3	Considerar a multiplicação: $$X \times Y = 345 \times 0.0037$$
4	Atribuir os termos da multiplicação, às variáveis, X e Y. Neste caso, $$X = 0.345 \times 10^3$$ $$Y = 0.37 \times 10^{-2}.$$
5	Conferir se os termos da multiplicação já se encontram em Notação de Mantissa. Se, sim, escrever, x = X e y = Y. Se não, reescrever os números X e Y no formato da Notação de Mantissa, e fazer x igual a parte de X, sem a potência de dez. Analogamente para Y. Neste caso, como X e Y, não estão no intervalo, $-1 \leq X \leq 1$ e $-1 \leq Y \leq 1$, temos que reescrevê-los. Assim: $$X = 0.345 \times 10^3 \rightarrow x = 0.345$$ $$Y = 0.37 \times 10^{-2} \rightarrow y = 0.37$$
6	A multiplicação pode ser efetuada, da seguinte maneira: $$X \times Y = (x \times 10^3) \times (y \times 10^{-2})$$ $$X \times Y = (x \times y) \times 10$$
7	Neste ponto, usar o Algoritmo 12 para encontrar a multiplicação $(x \times y)$. Neste caso,

	$x \times y = 0.128$
8	Escrever o resultado da divisão pelo MP $X \times Y = 1.28$ $$\frac{345}{270} = 1.28$$
9	Um valor de referência para essa divisão, fornecido por uma calculadora eletrônica, é dado por: $$\text{Valor}_{\text{REFERÊNCIA}} = \frac{345}{270} \sim 1.277777778$$
10	Cálculo do erro relativo, de acordo com $$Erro_{relativo} = \left|\frac{1.277777778 - 1.28}{1.277777778}\right| \times 100\%$$ $$Erro_{relativo} = 0.17\,\%$$

Comparando ambos os resultados, pode-se dizer que, dependendo do nível de precisão requerido em um determinado trabalho, o resultado encontrado com o MP fornece um resultado bastante adequado. , Ademais, se a tabela trigonométrica utilizada para efetuar as operações contiver um número maior de casas decimais, pode-se alcançar um resultado com muito maior precisão, reduzindo o erro relativo atribuído ao MP. Para tal, um outro tipo de notação muito conhecida é a Notação Científica. De fato, desde a Antiguidade, há relatos de que Arquimedes (287 a.C. – 212 a.C.), já a tivesse usado em seus trabalhos. Devido à sua ampla gama de aplicações, encerramos esse capitulo, discutindo alguns aspectos importantes, para a utilização dessa representação, nos trabalhos de computação.

Definição 7

Definimos, Notação Científica, como aquela formatação em que um número real, $x \in \mathbb{R}$, pode ser expresso em termos de potência de dez, tal que:
$$x = r \times 10^n$$
com, $t = r$, um número real no intervalo, $1 < r < 10$, e n um número inteiro.

No caso do número decimal, 234.56, podemos escrevê-lo na Notação Científica da seguinte maneira:
$$x = 2.3456 \times 10^2$$

Exemplo 23

Considere que um astrônomo precisasse fazer a seguinte multiplicação, Y × Z, pelo MP. Suponha, Y = 0.3 × 10^8 e Z = 700 × 10^{-5}. Escreva um algoritmo para realizar a multiplicação, Y × Z, pelo MP, e forneça o resultado em Notação Científica.

Algoritmo 15

Passo	Descrição
1	Atribuir os termos da multiplicação, às variáveis, X e Y. Neste caso, Y = 0.3 × 10^8 e Z = 700 × 10^{-5}.
2	Conferir se os termos da multiplicação, são números que pertencem ao intervalo, $-1 \leq Y \leq 1$ e $-1 \leq Z \leq 1$. Se, sim, escrever, y = Y e z = Z. Se não, reescrever os números Y e Z no formato da Notação de Mantissa, e fazer y igual a parte de Y, sem a potência de dez. Analogamente para Z.

	Neste caso, como Y e Z, não estão no intervalo, $-1 \leq Y \leq 1$ e $-1 \leq Z \leq 1$, temos que reescrevê-los. Assim: $$Y = 0.3 \times 10^8 \rightarrow y = 0.3$$ $$Z = 0.7 \times 10^{-2} \rightarrow z = 0.7$$
3	A multiplicação pode ser efetuada, escrevendo-se $$Y \times Z = (y \times 10^8) \times (z \times 10^{-2})$$ $$Y \times Z = (y \times z) \times 10^6$$
4	Usar o Algoritmo 12 para encontrar a multiplicação (y × z). Neste caso, $$y \times z = 0.21$$
5	Finalmente, escrever o resultado da multiplicação em Notação Cientifica: $$Y \times Z = 2.1 \times 10^5$$

Exemplo 24

Reunindo o que aprendemos até agora sobre o MP, construa um algoritmo para realizar a seguinte divisão, $0.00234 \div 5786$, e forneça o resultado em Notação Cientifica.

Algoritmo 16

Passo	Descrição
1	Para usar o MP, antes de atribuir os termos da divisão, inicialmente, rearranje os termos, reescrevendo-os, da seguinte forma: $$\frac{0.00234}{5786} = 0.00234 \times \frac{1}{5786}$$
2	Encontrar o valor de: $$\frac{1}{5786} \sim 0.00017.$$
	Considerar o valor da multiplicação: $$X \times Y = \frac{0.00234}{5786} \sim 0.00234 \times 0.00017$$
1	Atribuir os termos da multiplicação, às variáveis, X e Y. Neste caso, $$X = 0.234 \times 10^{-2} \text{ e } Y = 0.17 \times 10^{-3}.$$
2	Conferir se os termos da multiplicação, são números que pertencem ao intervalo, $-1 \leq X \leq 1$ e $-1 \leq Y \leq 1$. Se, sim, escrever, x = X e y = Y. Se não, reescrever os números X e Y no formato da Notação de Mantissa, e fazer x igual a parte de X, sem a potência de dez. Analogamente para Y. Neste caso, como X e Y, não estão no intervalo, $-1 \leq X \leq 1$ e $-1 \leq Y \leq 1$, temos que reescrever. Assim: $$X = 0.234 \times 10^{-2} \rightarrow x = 0.234$$ $$Y = 0.17 \times 10^{-3} \rightarrow y = 0.17$$
3	A multiplicação pode ser efetuada, escrevendo-se: $$X \times Y = (x \times 10^{-2}) \times (y \times 10^{-3})$$ $$X \times Y = (x \times y) \times 10^{-5}$$
4	Usar o Algoritmo 12 para encontrar a multiplicação (x × y). Neste caso: Algoritmo 17 <table><tr><th>Passo</th><th>Descrição</th></tr><tr><td>1</td><td>Primeiramente devemos atribuir os números da multiplicação, que são $$x = 0.234 \text{ e } y = 0.17.$$ $$\cos(A = 1.335 \text{ rad}) \sim 0.234 \text{ e } \cos(B = 1.397 \text{ rad}) \sim 0.17$$</td></tr></table>

	2	Em seguida, conhecendo os valores de A e B, podemos agora calcular o cosseno da soma e o cosseno da diferença, também consultando a Tabela 5.
		Cosseno da soma
		cos(A + B) = cos(1.335+1.397) = cos (2.732) ~ − 0.917
		Cosseno da diferença
		cos(A - B) = cos(1.335-1.397) = cos (-0.062) ~0.998
		Soma do cosseno da soma e do cosseno da diferença
		cos($A+B$) + cos($A-B$) ~ 0.998 - 0.917 ~ 0.081
	3	Divisão por dois $$x \times y = \frac{\cos(A+B) + \cos(A-B)}{2} \sim \frac{0.081}{2} \sim 0.0405$$
		x × y = 0.0405
5	Finalmente, escrever: $$X \times Y = 4.044 \times 10^{-7}$$ $$\frac{345}{270} = 4.044 \times 10^{-7}$$
6	Encontrar o valor de referência, com o resultado fornecido por uma calculadora eletrônica, que resulta: $$\frac{0.00234}{5786} \sim 4.044 \times 10^{-7}$$
7	Comparar o resultado obtido usando-se o MP para a divisão de dois números, 0.00234÷5786, com o valor de referência, fornecido por uma calculadora eletrônica, calculando o erro relativo: $$Erro_{relativo} = 0.14\,\%$$

Que formato usar?

O formato escolhido para representar um número depende essencialmente do tipo de aplicação pretendida. Por exemplo, a Notação Decimal pode se tornar completamente inapropriada em alguns casos, tais como aqueles em que se deseja expressar a constante de Boltzmann, uma constante física que relaciona temperatura e energia de moléculas, que tem um valor muito pequeno, de aproximadamente,

$$0.00000000000000000000001380649 \text{ J·K}^{-1}.$$

ou, ainda, para se expressar a massa da estrela Betelgeuse, na constelação de Orion, que tem uma massa muito grande,

$$21\,880\,000\,000\,000\,000\,000\,000\,000\,000\,000 \text{ kg}.$$

Cientistas e engenheiros se depararam com esse tipo de problema, diariamente. Uma estratégia muito comum, é expressar um número muito grande, ou muito pequeno, por meio da Notação de Mantissa ou da Notação Científica. Usando a Notação Científica, a massa da estrela Betelgeuse é expressa como:

$$2.188 \times 10^{31} \text{ kg},$$

e a constante de Boltzmann, como:

$$1.380649 \times 10^{-23} \text{ J·K}^{-1},$$

uma formatação numérica que facilita a realização das operações aritméticas, o desenvolvimento da intuição e da noção de ordem de magnitude dos valores considerados. Note, especificamente, como esse tipo de representação podia auxiliar os cálculos, numa época sem os recursos computacionais modernos. Apesar de atualmente não termos mais as dificuldades computacionais do passado, a Notação Científica, ainda é vastamente utilizada. Ademais, existem outras notações também frequentemente utilizadas também tal como a Notação em Ponto Flutuante, muito usada em Ciência da Computação, e a Notação de Engenharia, quando o expoente, n, de acordo com a Definição 4, é escolhido de modo que seja sempre um múltiplo de 3, tal como: 0, 3, 6, 9, 12... para que possam ser representados por um prefixo do tipo: quilo, mega, giga...

Para finalizar, vale mencionar que, embora o Método da Prosthaphaeresis tenha representado um enorme avanço técnico e científico para sua época, o método em si se baseia em três passos relativamente laboriosos, fazendo com que apresentasse uma taxa de erro ainda elevada, embora certamente muito menor do que a associada ao cálculo puramente manual. Neste contexto, uma evolução matemática ainda mais significativa, o Método dos Logaritmos de Napier (MLN), será introduzida no próximo capítulo.

Questões, Exercícios, Atividades & Consolidação de Aprendizagem

Para a maioria das questões, pesquise na Internet, em diferentes fontes, para desenvolver suas habilidades e conhecimentos. Habitue-se a registrar cuidadosamente a referência de onde extraiu as informações, usando de preferência as normas mais recentes da ABNT, ou outro padrão que preferir, como aquele do IEEE, por exemplo.

1) Pode-se dizer que a matemática surgiu quando do surgimento das primeiras evidências de contagens, por sociedades antigas? Discuta.

2) Das operações aritméticas básicas, quais são as operações mais trabalhosas, e que tipo de problema isso acarreta?

3) Como se dá o tratamento das informações a partir da Antiguidade? Quanto mudou até os dias de hoje? Discuta e correlacione com a computação moderna.

4) Por que, desde os primeiros, na história da Humanidade, sempre se buscou por maneiras de aliviar o trabalho de cálculo computacional? Discuta.

5) Qual foi o primeiro instrumento de cálculo utilizado pela Humanidade? Discuta.

6) O Osso Ishango seria uma máquina de calcular? Discuta.

7) (a) O ábaco usava qual tipo de sistema de numeração? Babilônico? Romano? Chinês? Hindu-arábico? Explique sua resposta. (b) Descreva como era o ábaco na sua versão primitiva. (c) O ábaco foi um instrumento somente usado na antiguidade? (d) Quais as vantagens e desvantagens do ábaco?

8) Qual a diferença entre o Suanpan e o Soroban?

9) Como podemos saber se as antigas civilizações, na Babilônia, no Egito, ou na Grécia, tinham esse ou aquele conhecimento matemático? Por que é tão importante resgatarmos o conhecimento da Antiguidade para o nosso momento histórico moderno? Faça uma pesquisa sobre artefatos matemáticos encontrados em museus espalhados pelo mundo.

10) Qual a importância da tabuinha de argila, Plimpton 322? O que ela supostamente representava?

11) Publicado no jornal The Guardian, em 24 de agosto de 2017:

"Uma equipe da Universidade de New South Wales, em Sydney, acredita que as quatro colunas e 15 linhas de cuneiformes – recortes em forma de cunha feitos na argila molhada – representam a tabela trigonométrica mais antiga já encontrada no mundo, uma ferramenta de trabalho que poderia ter sido usada no levantamento e no cálculo de como construir templos, palácios e pirâmides. (...) Daniel Mansfield, da escola de Matemática e Estatística da universidade, descreveu o dispositivo (um "tablet" de argila), que permite compreender alguns dos métodos usados na época, como "um trabalho matemático fascinante que demonstra um gênio indubitável" – com potencial aplicação moderna porque a base 60 usada nos cálculos pelos babilônios permite cálculos de frações de forma muito mais precisa do que a base contemporânea 10. (...) Mansfield, que publicou sua pesquisa com seu colega Norman Wildberger na revista História Mathematica, diz que, embora os matemáticos já entendessem há décadas que o tablet demonstraria que o teorema homônimo há muito antecedeu Pitágoras, não havia acordo sobre o uso pretendido do tablet. (...) "A tábua não contém apenas a mais antiga tabela trigonométrica do mundo; é também a única tabela trigonométrica completamente precisa, devido à abordagem babilônica muito diferente da aritmética e geometria. Isso significa que tem grande relevância para o nosso mundo moderno. A matemática babilônica pode estar fora de moda há mais de 3.000 anos, mas tem possíveis aplicações práticas em levantamentos, computação gráfica e educação. Este é um precioso exemplo do mundo antigo nos ensinando algo novo. (...) "Plimpton 322 era uma ferramenta poderosa que pode ter sido usada para levantamento de campos ou para cálculos arquitetônicos na construção de palácios, templos ou pirâmides com degraus", disse Mansfield." " (Para saber mais, use o QRCode 8.)

QRCode 8 – Plimpton 322

SCAN QR-CODE

Discuta os comentários de Dr. Daniel Mansfield e a importância de se estudar a matemática da Antiguidade no mundo moderno.

12) Escreva um texto de divulgação para ser publicado nas redes sociais, sobre a Plimpton 322, envolvendo a computação.

13) Qual a importância da divulgação científica em meios como revistas, jornais, congressos? Discuta.

14) Por que se acredita que a máquina de Anticítera foi uma máquina de calcular? Discuta os aspectos que levam a essa conclusão.

15) Por que em alguns lugares, a Tabuada de Pitágoras ainda é usada para ensinar aritmética elementar, mas não a Tabuada dos Sumérios? Explique.

16) Investigue quais fontes antigas do conhecimento citam a Tabuada de Pitágoras, e trace um caminho possível da divulgação cientifica.

17) Qual dos sistemas foi inventado antes ? O sistema de numeração hindu-arábico ou o ábaco? Justifique sua resposta.

18) Qual a característica do sistema de numeração hindu-arábico que o tornou tão importante ?

19) Quando o sistema de numeração hindu-arábico foi introduzido, ele foi imediatamente bem aceito pela população em geral? Todos reconheceram de imediato a sua eficiência ? Justifique.

20) Encontre na Internet registros históricos de ocorrências, em que confusões públicas foram motivadas por confundirem a matemática hindu-arábica com magia e de superstição, tal como o ocorrido em 1299 entre os mercadores de Florença (8). Produza um material de divulgação com esse conteúdo para ser publicado nas redes sociais.

21) Explique por que, das operações aritméticas básicas, a multiplicação entre dois números é considerada uma das operações mais difíceis? O que pensar sobre a dificuldade de realização da operação de divisão? Discuta.

22) (a) Defina o que é algoritmo. (b) O que é um algoritmo matemático? Dê exemplos. (c) Qual a importância de algoritmos na Ciência da Computação? (d) Para que serve algoritmos?

23) Algoritmos somente são usados na Ciência da Computação e/ou em assuntos que envolvem alta complexidade? Explique.

24) Construa um algoritmo que realize a multiplicação entre dois números. Discuta o caso de números pequenos e de números grandes.

25) Construa um algoritmo que realize a divisão entre dois números.

26) Considere F = tan(Θ). Escreva um algoritmo que calcule o ângulo, Θ, a partir da Tabela 5, e do conhecimento do valor de F.

27) Suponha que, para uma determinada aplicação, seja necessário encontrar o valor do seno, do cosseno e da tangente de ângulos que se encontram entre dois valores inteiros consecutivos fornecidos pela Tabela 5, e que possam ser escritos como, ou, β1 = Θ + 0.25°, ou β2 = Θ + 0.50°, ou, β3 = Θ + 0.75°. Considere, Θ, um valor inteiro, compreendido entre 1° e 179°. Dado um valor de β1 ou β2 ou β3 nas condições do problema, escreva um algoritmo que calcule seu cosseno, seno e tangente. Use para isso, o ambiente computacional de programação, que preferir.

28) (a) Escreva um algoritmo, contendo as etapas necessárias para encontrar o ângulo de elevação do Sol, conhecendo-se a altura, h, de um poste vertical, e o comprimento da sombra do poste, x. (b) Considere a altura do poste, h = 2 metros, e varie, x, em metros, dentro de um intervalo factível. Estude um intervalo, x, apropriado. Esboce um gráfico, à mão, do ângulo de elevação do Sol, em graus, em função do comprimento da sombra do poste, x. Use a Tabela 5 para obter os resultados. Não esqueça de trabalhar com graus e radianos da forma apropriada. (c) Faça também um gráfico, usando a plataforma de computação algébrica que preferir, mostrando os resultados para três alturas diferentes, h = 1.5 metros, 1.75 metros, e 2 metros. Coloque eixos, legendas, título. (d) Discuta as vantagens em utilizar um programa de computação algébrica para realização do estudo gráfico de problemas científicos e de Engenharia.

29) Quais os tipos mais comuns de Tabelas Matemáticas?

30) Como descrever as Tabelas Matemáticas nos tempos pré-computação moderna? Faça uma discussão englobando todos os tipos de tabelas estudados no Capítulo 1.

31) Como eram elaboradas as Tabelas Matemáticas? Como eram calculados os valores contidos na tabelas?

32) Explique o algoritmo para implementação do MP.

33) O algoritmo do MP apresentado no Algoritmo 11, pode ser melhorado? Discuta suas ideias, e baseie seus argumentos usando um ponto de vista científico.

34) Como vimos, a partir da aplicação do método da Prosthaphaeresis para a multiplicação de dois números, resultados aproximados são obtidos. O que seria possível fazer para melhorar os resultados das multiplicações realizadas por tabelas, como a Tabela 5? Discuta a possibilidade de uma tabela com passos menores do que 1°. Você avalia que essa mudança poderia melhorar os resultados. Explique sua resposta.

35) Usando a Tabela 5, faça a multiplicação para os itens abaixo, pelo Método da Prosthapharesis: (a) X = 1250 e Y = 0.321; (b) X = 18795 e Y = 4987432; (c) X = 0.0232 e Y = 32567. Em todos os casos discuta o erro relativo e o erro absoluto. Discuta vantagens e desvantagens em usar um fator de medida ou outro (o erro relativo ou o erro absoluto). Use como referência para os valores exatos os valores fornecidos por um dispositivo de alta precisão, como Maple, Matlab, Excel, Mathematica etc. Discuta as discrepâncias.

36) Usando a Tabela 5 faça a divisão para os itens abaixo, pelo Método da Prosthapharesis: (a) X=1250 e Y = 0.321; (b) X = 18795 e Y = 4987432; (c) X = 0.0232 e Y = 32567. Em todos os casos discuta o erro relativo e o erro absoluto. Discuta vantagens e desvantagens de se usar um fator de medida ou outro (o erro relativo ou o erro absoluto). Use como referência para os valores exatos os valores fornecidos por um dispositivo de alta precisão, como Maple, Matlab, Excel, Mathematica etc. Discuta as discrepâncias.

37) Usando uma plataforma de computação algébrica tal como Maple, Mathematica ou Matlab desenvolva um programa para produzir uma tabela trigonométrica, com resultados para seno(θ), cosseno(θ) e tangente(θ), com θ variando de 1° até 352°, com passo de 27°. Use cabeçalho, e procure dispor os resultados num formato elegante.

38) Discuta a origem do Método da Prosthapharesis e sua importância na época das Grandes Navegações Marítimas.

39) Escreva os números abaixo em Notação Científica (NC), Notação de Engenharia (NE) e em Notação de Ponto Flutuante (NPF):

	NC	NE	NPF
(a)	0.00987		
(b)	1456.98703		
(c)	1.78400980022		
(d)	578566.001493		
(e)	84009098.9076		
(f)	34.987		
(g)	188.9922		
(h)	1.22		
(i)	2345.234×10^5		

40) No Exemplo 2, discutimos a realização do seguinte cálculo: 456.723.435 × 12.345.679. Neste exercício, repita esta operação, agora utilizando o Método da Prosthaphaeresis. Discuta as vantagens do MP e compare o tempo de computação de ambos os métodos, o método manual, tradicional, e o Método da Prosthaphaeresis.

41) (a) Para que serve uma Notação Numérica? (b) Quais são as notações mais usadas em Ciências e Engenharia?

42) Faça um relato de como as notações numéricas foram usadas ao longo da história?

43) Nesta atividade, vamos propor um exercício diferente: atualmente dispomos de um vasto acervo virtual de objetos antigos, disponibilizados por grandes museus e universidades do mundo, a apenas um click de distância. Uma busca rápida nos permite encontrar diversos materiais de interesse. Como exemplo do que pretendemos, considere a pintura a óleo sobre tela do pintor holandês Johannes Vermeer, datada de 1668. Veja o QRCode 9. Esta obra é normalmente mantida no Museu do Louvre em Paris. Encontre na Internet uma fonte que forneça grande resolução dessa imagem para que possa analisá-la cuidadosamente. Note que o autor colocou a data da obra próximo a mão do astrônomo, MDCLXVIII, 1668 em algarismos romanos. Mas essa não é a única informação que podemos tirar da obra. Usando o QRCode 9, pode-se ver o quadro em escala, e, explicado, parte por parte. Se focarmos sobre um fragmento da obra, mais precisamente o lado superior esquerdo, podemos ver um quadro com um grande círculo no meio e dois círculos menores nos cantos superiores.

QRCode 9 – Catálogo de Vermeer

SCAN QR-CODE

O significado desse quadro ainda não é bem compreendido. Existem diversas interpretações possíveis. Uma sugestão está relacionada à possibilidade do quadro representar um computador mecânico, capaz de, a partir da hora atual mostrada num dos relógios pequenos, determinar o horário em qualquer outro local do planeta. Patal, o astrônomo precisaria ser capaz de mover as três hastes no círculo grande do meio, de tal modo a inserir no mecanismo as informações de latitude e longitude de uma localização desejada, naquele exato momento, em relação ao local no qual ele se encontra. Neste caso, o outro relógio menor forneceria o horário em outra cidade. Questão: Faça um levantamento de obras antigas, a partir de sites de universidades ou de museus, e encontre pinturas, ou objetos antigos, tábuas ou quadros que indiquem atuação como instrumentos matemáticos ou de computadores analógicos mecânicos. Identifique nessas obras objetos com tais características. Catalogue e classifique o material. Caracterize o cenário histórico e discuta as possíveis funcionalidades matemáticas dos objetos encontrados. Construa algoritmos que descrevam possíveis utilizações.

44) A Margarita Philosophica, publicada pela primeira vez em 1503, é considerada uma das primeiras enciclopédias de conhecimento geral do mundo, escrita e amplamente ilustrada por Gregor Reisch, um monge alemão do século XVI. O livro é composto por 12 capítulos, abrangendo temas considerados obrigatórios na educação masculina superior daquela época: gramática latina, dialética, retórica, aritmética, música, geometria, astronomia, física, história natural, fisiologia, psicologia e ética.

QRCode 10 – Margarita Philosophica

SCAN QR-CODE

Tratava-se de um livro didático usado amplamente nas universidades da Europa Ocidental, no século XVI, e que poderia ser utilizado por qualquer pessoa interessada em aprender,, embora a redação em latim, restringisse em muito o acesso ao seu conteúdo. Todo o livro Margarita Philosophica, pode ser folheado, e degustado, em suas 617 páginas de conteúdo, incluindo capas etc., usando o QRCode 10. Na página 162, pode-se ver uma gravura, onde Madame Aritmética observa duas pessoas fazendo cálculos. Uma delas, usa a matemática hindu-arábica enquanto a outra usa algum tipo de ábaco. Questão: Descreva o que essa gravura revela sobre a matemática de seu tempo. Pesquise, em Margarita, outras gravuras, pinturas etc., que possam revelar aspectos matemáticos em seu conteúdo, e discuta sua relação com a matemática. Pesquise, também, além de Margarita, outras gravuras, pinturas etc., que revelem aspectos matemáticos em seu conteúdo, e discuta sua relação com a matemática.

45) Por que, estudar matemática antiga, por exemplo, do antigo período babilônico, pode trazer novos *insights* para nos ajudar em nosso mundo moderno? (Para saber mais sobre o assunto, assista à coleção de vídeos, sobre o assunto, no QRCode 11, uma coleção de vídeos do Youtube, do curso, Matemática Babilônica Antiga, curso completo (6 vídeos), uma produção dos professores da Escola de Matemática e Estatística da Universidade de New South Wales, em Sidney, Norman Wildberger e Daniel Mansfield.)

QRCode 11 – Matemática Babilonica

SCAN QR-CODE

46) Stonehenge, em Wiltshire, na Inglaterra, um dos mais famosos monumentos megalíticos do mundo, teria sido, na visão do astrônomo Sir Fred Hoyle e do famoso físico Stephen Hawking, um computador pré-histórico, usado para prever os eclipses do sol e da lua, funcionando como um calendário solar, para ajudar a sociedade que o criou, a contar os dias, semanas e meses (12). Explique como Stonehenge pode ser entendido como um computador, e produza um vídeo para divulgar esse assunto nas redes sociais, com destaque para fornecer um entendimento de como invenções do mundo antigo podem ser úteis para resolver problemas do mundo moderno.

Capítulo 2 - A Revolução dos Logaritmos

Neste capítulo, vamos discutir a concepção de uma ferramenta matemática ainda mais extraordinária do que o Método da Prosthapharaesis (MP), qual seja, o Método dos Logaritmos de Napier (MLN), que revolucionou a forma de calcular, liberando cientistas e engenheiros do tempo gasto com contas aritméticas laboriosas. Especificamente, discutimos como realizar quaisquer operações de multiplicação e divisão usando Tabelas de Logaritmos, e também como essa poderosa ferramenta matemática originou um instrumento de computação mecânica tão espetacular como a Régua de Cálculo. Em seguida, discutimos a importância dos logaritmos e sua vasta aplicabilidade, e, finalmente, apresentamos um outro dispositivo muito importante para o desenvolvimento da computação, também introduzido por Napier, os Ossos de Napier. Paralelamente, diversos algoritmos são propostos como solução para os vários problemas estudados. Todos os algoritmos podem ser implementados em uma plataforma computacional moderna.

Ao completar este capítulo, você estará apto a:

- Compreender qual o papel dos logaritmos na computação.
- Compreender como se deu a concepção dos logaritmos.
- Explicar as vantagens e desvantagens de utilizar os logaritmos ao invés do Método da Prosthapharaesis.
- Construir Tabelas de Logaritmos.
- Usar Tabelas de Logaritmos para demonstrar a multiplicação e a divisão de números, como realizadas nos tempos antigos, compreendendo assim, o algoritmo baseado nos logaritmos.
- Compreender o algoritmo empregado nos Ossos de Napier.
- Compreender como construir uma régua de cálculo a partir do conhecimento de logaritmos.

John Napier e os logaritmos

O Método da Prosthaphaeresis (MP) permaneceu, por muito tempo, sendo a ferramenta matemática mais utilizada entre cientistas e engenheiros para acelerar os cálculos em operações aritméticas. Uma inovação fundamental foi introduzida por John Napier (1550-1617), ou Neper, o Barão de Merchiston. Napier era um abastado senhor de terras, que se dedicava à matemática puramente por hobby e morava num obscuro castelo nas cercanias de Edimburgo (8). Napier iniciou seus estudos na Universidade de Cambridge, e os finalizou, provavelmente, na Universidade de Paris. Os trabalhos de Napier na área de astronomia levaram à concepção de um algoritmo matemático ainda mais sofisticado que o Método da Prosthaphaeresis, o qual ele certamente conhecia, estando também a par dos últimos avanços da matemática de seu tempo.

Diferentemente da crença popular, a esmagadora maioria dos inventores não têm um momento de vislumbre genial, assim, partindo do "nada". Esse entendimento é um tanto simplista, e não retrata com fidelidade o que em geral acontece na maior parte das descobertas e invenções. No entanto, muitas vezes faltam-nos elementos para rastrear um processo de descoberta, pois muitos registros foram perdidos e apagados com o tempo. Sem as facilidades modernas de armazenamento e propagação da informação, a difusão do conhecimento tinha um curto alcance, na forma de folhetos, notas, cartas e jornais de circulação restrita, cujas folhas talvez fossem posteriormente usadas para embalar mercadorias nas peixarias locais.

Mesmo que não seja possível traçar linha evolutiva que leva a uma dada invenção, pode-se dizer que a propagação do conhecimento e mesmo a disseminação de uma tecnologia nova foram, ao longo da história, governadas pela lei física da Difusão. Por esta razão, é muito comum que a lista de responsáveis por novas invenções e descobertas abranja pessoas de diferentes lugares, as quais, a princípio nem sequer se conheciam. No entanto, as suas descobertas são atingidas quase que simultaneamente.

No caso de Napier, ele tinha chegado a uma das grandes descobertas daquele século: os logaritmos. Como já mencionamos anteriormente, naquela época os desenvolvimentos da astronomia eram muito voltados para a navegação marítima, trazendo grande necessidade de cálculo matemático. Acredita-se que Napier estivesse realizando cálculos trigonométricos, talvez até usando o MP, e exausto com o grande volume de trabalho que essa tarefa exigia, buscou substituir a operação de multiplicação por operações simples de adição, e, da mesma forma, a operação de divisão por uma sequência de operações de subtração, que são operações aritméticas muito mais simples, e, portanto, menos passíveis de erro com menos propensão a erros. O resultado deste desenvolvimento, o Método dos Logaritmos de Napier (MLN), apresentava vantagens significativas em relação ao MP, pois utilizava apenas operações de adição e subtração, o que tornava o MLN muito mais atraente.

Neste contexto, retornamos à questão da difusão de informações. Nos dias de hoje, esta difusão ocorre por meio de conferências, livros e periódicos científicos e se dá de forma muito rápida, devido aos recursos da Internet. Todavia, em outras épocas, mais antigas, a difusão do conhecimento ocorria de forma muito precária, e muita coisa se perdeu. Felizmente, Napier compreendia a importância dos registros para divulgação, razão pela qual estamos até hoje discutindo suas ideias. Mais especificamente, em julho de 1614, Napier publicou pequeno livro, no qual explicava o Método dos Logaritmos em suscintas cinquenta e sete páginas, mas incluindo, também, noventa páginas de tabelas. Seu livro, chamado Mirifici Logarithmorum Canonis Descriptio, revolucionou os trabalhos matemáticos do seu tempo, permitindo a realização de cálculos de forma muito mais efetiva do que o MP. Folhei-o através do QRCode 12.

Uma outra obra importante de Napier foi publicada em 1619, após sua morte, por iniciativa do seu filho, Robert Napier (1580-1655). O livro se chamava Mirifici Logarithmorum Canonis Constructio. Robert acreditava que Constructio tinha sido escrito antes da Descriptio, pois, na verdade, Descriptio, parece ser um extrato de Constructio. Constructio é considerado o mais importante de todos os trabalhos de Napier, apresentando de uma maneira mais clara e simples a concepção original dos logaritmos. O método proposto por Napier atraiu grande interesse por parte de muitos estudiosos, seus contemporâneos. Napier, entretanto, provavelmente, não foi o único a chegar a esses resultados.

De fato, estudos históricos apontam que o matemático suíço Joost Bürgi (1552-1632), teria descoberto os logaritmos antes de Napier, já por volta de 1588. Entretanto, as tabelas de Bürgi só surgiram em 1620, em Praga, quando Bürgi trabalhava como assistente de Kepler. Quando Bürgi publicou suas tabelas, as tabelas de Napier já eram conhecidas em toda a Europa, e Napier era reconhecido como o inventor dos logaritmos. O que se sabe hoje, entretanto, é que, ambos trabalhos foram realizados independentemente, mas com o mesmo objetivo, de simplificar os cálculos matemáticos.

QRCode 12 - O livro Mirifici de Napier.

SCAN QR-CODE

Henry Briggs e suas tabelas de logaritmos

O matemático britânico, Henry Briggs (1561-1631) era professor no Gresham College, em Londres. Briggs tomou conhecimento do trabalho de Napier, por meio de uma cópia do Descriptio, no final de 1614. Ainda que percebendo o brilhantismo do trabalho de Napier, Briggs logo notou que, naquele formato, o trabalho alcance alcance. Briggs então resolveu assumir a responsabilidade de calcular os logaritmos para milhares de números naturais, elaborando tabelas de logaritmos e de antilogaritmos, necessárias para a realização de cálculos rápidos de multiplicação e divisão. Briggs popularizou o conceito de logaritmos em suas palestras e começou a trabalhar numa versão modificada das tabelas.

Os logaritmos, tais como Napier os concebeu originalmente, apareceram na forma do que hoje chamamos de logaritmo neperiano, de acordo com o nome de seu inventor. Este logaritmo é também conhecido atualmente como logaritmo natural, o logaritmo de base, e, sendo, e um número irracional, aproximadamente igual a $e \cong 2.718281828...$, utilizado abundantemente no cálculo diferencial e integral, na física, na engenharia e nas ciências, de um modo geral. O logaritmo neperiano é muito importante, pois aparece muito frequentemente nos modelos matemáticos que descrevem os processos naturais, o que explica seu nome alternativo, logaritmo natural. Dessa maneira, o uso desta função torna possível o estudo de fenômenos naturais que evoluem de maneira exponencial.

Em uma de suas visitas a Napier, Briggs propõe a Napier que a base dos logaritmos deveria ser alterada para facilitar o uso, substituindo a base natural neperiana, e, pela base 10. Em seguida, em 1617, Briggs publicou uma pequena tabela com os logaritmos decimais para os números de 1 a 1000, e, sete anos depois, em 1624, uma muito maior de logaritmos, para os números de 2.000 a 29.000 e de 90.000 a 100.000, sempre calculados com 14 casas decimais. Numa época em que a maioria das pessoas tinham muitos problemas com aritmética básica, as tabelas de Briggs se tornaram uma ferramenta matemática crucial. Com o tempo, outros matemáticos foram preenchendo as lacunas das tabelas de Briggs, o que tornou a invenção de Napier uma ferramenta cada vez mais indispensável para navegadores, engenheiros e pesquisadores em geral. A invenção dos logaritmos teve um impacto decisivo no desenvolvimento científico e tecnológico do mundo, no século XVII e além. Um dos cientistas mais notáveis de todos os tempos, o astrônomo Kepler (1571-1630) saudou essa invenção como uma bênção e um alívio para os astrônomos, os quais, a partir dela, poderiam aumentar consideravelmente sua capacidade de computação, o que ele mesmo fez, empregando exaustivamente esta nova ferramenta de cálculo em seus próprios trabalhos.

A concepção do Método dos Logaritmos de Napier

Napier (também conhecido como Neper) inicialmente percebeu que qualquer número, simbolizado por x, sempre poderia ser representado por um outro número, e, o número neperiano, que chamamos base, elevado a um expoente, m, da seguinte forma:

$$x = e^m. \tag{2}$$

Algum tempo depois, Napier concluiu que, qualquer número real poderia ser utilizado como base, b, de tal modo que sempre é possível a representação de um número, na forma

$$x = b^m. \tag{3}$$

Assim, a base, b, podia ser qualquer número, por exemplo, 2, e, 3, 5, 10, etc. Partindo do princípio que qualquer base é válida, para fins práticos o sistema de representação decimal, de base b = 10, é muito mais conveniente do que aquele de base neperiana, $e \cong 2.718281828...$. Então, para verificar a validade da Equação (3), pode-se considerar a Tabela 15, em que busca-se uma representação em uma base, b, elevada a um expoente, m, para os números, x. No caso da representação decimal, b = 10. Na Tabela 15, vemos que o número, x = 1, pode ser escrito como 10 elevado à m = 0. Do mesmo modo, podemos ver que o número, x = 10, nada mais é do que 10 elevado ao expoente m = 1. Analogamente, x = 100 corresponde a base 10 elevada a m = 2, ..., x = 100000 é a base 10 elevada ao expoente m = 5, e assim sucessivamente. De um modo geral, para os números testados na Tabela 15, sempre existe um expoente, m, tal que elevado à base, b = 10, considerada, fornece o número original, x, como prevê a Equação (3). A pergunta natural que se segue é: os números intermediários aos intervalos considerados na Tabela 15, também possuem uma representação no formato da Equação (3)?

Certamente esta foi uma questão que causou algum debate entre os especialistas na época de Napier. Mas, sim, todos eles possuem uma representação semelhante, com a diferença que o expoente, m, neste caso, não é mais um número inteiro, mas sim, um número real. Note que Napier teve a sensibilidade de perceber que essas considerações prometiam levar a um caminho com grandes descobertas, embasado por raciocínio logico e científico. Continuando nessa linha de raciocínio, a Tabela 16, mostra os resultados de números, x, obtidos considerando-se, agora, dez elevado a expoentes, m, fracionários, cuja determinação requer o uso de alguma técnica de extração de raiz de um número.

Tabela 15 - Tabela dos números, x.

x	Representação	Expoente m
1	10^0	0
10	10^1	1
100	10^2	2
1000	10^3	3
10000	10^4	4
100000	10^5	5
...	...	...
...	10^m	m

Tabela 16 - Técnica de extração de raízes.

x	Representação	Expoente m
3.1622	$10^{1/2}$	1/2 = 0.5000
1.7783	$10^{1/4}$	1/4 = 0.2500
1.4678	$10^{1/6}$	1/6 = 0.1667
1.3335	$10^{1/8}$	1/8 = 0.1250
1.2589	$10^{1/10}$	1/10 = 0.1000
1.2115	$10^{1/12}$	1/12 = 0.0833
1.1788	$10^{1/14}$	1/14 = 0.0714
1.1548	$10^{1/16}$	1/16 = 0.0625

Se, nos dias de hoje, esses valores são obtidos de forma muito simples com uma calculadora eletrônica moderna, na época de Napier calcular esses valores não era uma tarefa trivial. Métodos de extração de raízes eram discutidos desde a Antiguidade (13), mas, em geral, envolviam muitas etapas, com muitas operações aritméticas. Por exemplo, a raiz quadrada de 10 poderia ser encontrada, usando algum algoritmo, conhecido, de extração de raízes, de forma que:
$$10^{1/2} = 10^{0.5} = 3.1622,$$
Ou seja, existe um valor de expoente real, m = 0.5, o qual, elevado a essa base, retorna o valor original, $10^{1/2} = 3.1622$. No entanto, imagine ter que construir uma tabela inteira, usando um processo puramente manual como esse. De todo modo, calcular apenas alguns valores, como os apresentados na Tabela 16, já é suficiente para permitir perceber que, de fato, sempre existe um valor de expoente, real, que pode ser usado na base escolhida, de tal modo que o expoente, elevado a essa base, retorne o valor original. Assim, também Napier percebeu que a Equação (3) era sempre válida. Nascia aqui, a concepção de Napier que revolucionou a matemática do século XVII, a invenção de uma das mais importantes ferramentas matemáticas da história da computação, batizada com o nome de logaritmo, e com a seguinte definição moderna:

Definição 8

Definimos o logaritmo numa base, b, de um número, $1 \leq x \leq 10$, com $x \in \mathbb{R}$, a relação
$$log_b(x) = m$$
onde m é o expoente, a que se deve elevar a base, b, para se obter o valor, x, de modo que,
$$x = b^m.$$
Nestas condições, dizemos que o expoente, m, é o logaritmo do número x, e, b e m, são números reais.

Todavia, a forma mostrada acima apresenta uma roupagem mais recente, que não aparece nos trabalhos de Napier, uma vez que, para chegar a este mesmo resultado, Napier empregou um estratagema muito mais complicado. A razão é muito simples, lhe faltavam, na época, elementos de matemática que só foram desenvolvidos muito tempo depois. A forma mais moderna de logaritmos, a qual estamos habituados, vem dos estudos de Leonhard Euler (1707-1783), que a relacionou com a função exponencial, no século XVIII. Ainda que de uma forma muito mais complicada, Napier descobriu que os logaritmos têm propriedades muito úteis. Algumas dessas propriedades são apresentadas na maioria dos livros escolares modernos, como:

$$log_b(A.B) = log_b(A) + log_b(B) \tag{4}$$
$$log_b\left(\frac{A}{B}\right) = log_b(A) - log_b(B) \tag{5}$$
$$log_b(A^n) = n log_b(A) \tag{6}$$

As Equações (4)-(6) representam, respectivamente, as propriedades da multiplicação, da divisão e da potência de logaritmos. No caso dos logaritmos decimais, $b = 10$, é comum desprezar a representação do valor da base, e simplesmente utilizar $log_{10}(A) = log(A)$. Usando as propriedades dos logaritmos, em associação com outras técnicas matemáticas conhecidas, tornava-se possível gerar, sucessivamente, novos resultados a partir do conhecimento prévio de algum valor inicial conhecido. Desta forma é, em princípio, possível aumentar indefinidamente o número de termos da Tabela de Logaritmos, de uma maneira muito menos trabalhosa do que as formas anteriores conhecidas. Um gráfico da função logarítmica, definida para todo, x, real, com x > 0, é mostrado na Figura 10.

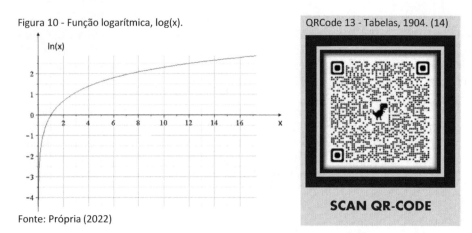

Figura 10 - Função logarítmica, log(x).
Fonte: Própria (2022)

QRCode 13 - Tabelas, 1904. (14)
SCAN QR-CODE

Visite a Tabela Matemática de Logaritmos, com o QRCode 13, no Museu de Ciências em Londres, Book: Mathematical Tables consisting of Logarithms of Numbers 1 to 108000. James Pryde, F.E.I.S. W. & R. Chambers, Science Museum Group Collection, © The Board of Trustees of the Science Museum (14).

Cálculo dos Logaritmos usando-se Tabelas de Logaritmos

Para calcular o logaritmo decimal de um número, x, de base dez, com $b = 10$, o número x, deve estar compreendido no intervalo, $1 < x < 10$, de modo que:
$$\log(x) = m.$$
Nessas condições, o logaritmo decimal de um número x, $\log(x)$, é chamado de mantissa, m, um número compreendido no intervalo, $0 < m < 1$, o qual pode ser obtido consultando a Tabela 17. Veja os exemplos a seguir.

Tabela 17 – Tabela de logaritmos, log(x), para os números, 1 < x < 10.

x	m	x	m	x	m	x	m	x	m
1.0000	0.0000	2.8000	0.4472	4.6000	0.6628	6.4000	0.8062	8.2000	0.9138
1.0450	0.0191	2.8450	0.4541	4.6450	0.6670	6.4450	0.8092	8.2450	0.9162
1.0900	0.0374	2.8900	0.4609	4.6900	0.6712	6.4900	0.8122	8.2900	0.9186
1.1350	0.0550	2.9350	0.4676	4.7350	0.6753	6.5350	0.8152	8.3350	0.9209
1.1800	0.0719	2.9800	0.4742	4.7800	0.6794	6.5800	0.8182	8.3800	0.9232
1.2250	0.0881	3.0250	0.4807	4.8250	0.6835	6.6250	0.8212	8.4250	0.9256
1.2700	0.1038	3.0700	0.4871	4.8700	0.6875	6.6700	0.8241	8.4700	0.9279
1.3150	0.1189	3.1150	0.4935	4.9150	0.6915	6.7150	0.8270	8.5150	0.9302
1.3600	0.1335	3.1600	0.4997	4.9600	0.6955	6.7600	0.8299	8.5600	0.9325
1.4050	0.1477	3.2050	0.5058	5.0050	0.6994	6.8050	0.8328	8.6050	0.9348
1.4500	0.1614	3.2500	0.5119	5.0500	0.7033	6.8500	0.8357	8.6500	0.9370
1.4950	0.1746	3.2950	0.5179	5.0950	0.7071	6.8950	0.8385	8.6950	0.9393
1.5400	0.1875	3.3400	0.5237	5.1400	0.7110	6.9400	0.8414	8.7400	0.9415
1.5850	0.2000	3.3850	0.5296	5.1850	0.7147	6.9850	0.8442	8.7850	0.9437
1.6300	0.2122	3.4300	0.5353	5.2300	0.7185	7.0300	0.8470	8.8300	0.9460
1.6750	0.2240	3.4750	0.5410	5.2750	0.7222	7.0750	0.8497	8.8750	0.9482
1.7200	0.2355	3.5200	0.5465	5.3200	0.7259	7.1200	0.8525	8.9200	0.9504
1.7650	0.2467	3.5650	0.5521	5.3650	0.7296	7.1650	0.8552	8.9650	0.9526
1.8100	0.2577	3.6100	0.5575	5.4100	0.7332	7.2100	0.8579	9.0100	0.9547
1.8550	0.2683	3.6550	0.5629	5.4550	0.7368	7.2550	0.8606	9.0550	0.9569
1.9000	0.2788	3.7000	0.5682	5.5000	0.7404	7.3000	0.8633	9.1000	0.9590
1.9450	0.2889	3.7450	0.5735	5.5450	0.7439	7.3450	0.8660	9.1450	0.9612
1.9900	0.2989	3.7900	0.5786	5.5900	0.7474	7.3900	0.8686	9.1900	0.9633
2.0350	0.3086	3.8350	0.5838	5.6350	0.7509	7.4350	0.8713	9.2350	0.9654
2.0800	0.3181	3.8800	0.5888	5.6800	0.7543	7.4800	0.8739	9.2800	0.9675
2.1250	0.3274	3.9250	0.5938	5.7250	0.7578	7.5250	0.8765	9.3250	0.9696
2.1700	0.3365	3.9700	0.5988	5.7700	0.7612	7.5700	0.8791	9.3700	0.9717
2.2150	0.3454	4.0150	0.6037	5.8150	0.7645	7.6150	0.8817	9.4150	0.9738
2.2600	0.3541	4.0600	0.6085	5.8600	0.7679	7.6600	0.8842	9.4600	0.9759
2.3050	0.3627	4.1050	0.6133	5.9050	0.7712	7.7050	0.8868	9.5050	0.9780
2.3500	0.3711	4.1500	0.6180	5.9500	0.7745	7.7500	0.8893	9.5500	0.9800
2.3950	0.3793	4.1950	0.6227	5.9950	0.7778	7.7950	0.8918	9.5950	0.9820
2.4400	0.3874	4.2400	0.6274	6.0400	0.7810	7.8400	0.8943	9.6400	0.9841
2.4850	0.3953	4.2850	0.6320	6.0850	0.7843	7.8850	0.8968	9.6850	0.9861
2.5300	0.4031	4.3300	0.6365	6.1300	0.7875	7.9300	0.8993	9.7300	0.9881
2.5750	0.4108	4.3750	0.6410	6.1750	0.7906	7.9750	0.9017	9.7750	0.9901
2.6200	0.4183	4.4200	0.6454	6.2200	0.7938	8.0200	0.9042	9.8200	0.9921
2.6650	0.4257	4.4650	0.6498	6.2650	0.7969	8.0650	0.9066	9.8650	0.9941
2.7100	0.4330	4.5100	0.6542	6.3100	0.8000	8.1100	0.9090	9.9100	0.9961
2.7550	0.4401	4.5550	0.6585	6.3550	0.8031	8.1550	0.9114	9.9550	0.9980
2.8000	0.4472	4.6000	0.6628	6.4000	0.8062	8.2000	0.9138	10.000	0.0000

Exemplo 25

Usando a Tabela 17, calcule o logaritmo de:
(a) 6.715   (b) 8.695   (c) 1.315   (d) 1.855   (e) 5.095

Solução:
(a) 0.827   (b) 0.9393   (c) 0.1189   (d) 0.2683   (e) 0.7071

Se, o número, x, para o qual se deseja calcular o logaritmo, não se encontra no intervalo, 1 < x < 10, deve-se primeiramente, reescrever esse número em notação científica, como discutido no Capítulo 1. A aplicação das propriedades dos logaritmos, conjuntamente com o uso da notação científica, permite o cálculo do logaritmo, $log(y)$, dos números, y, fora do intervalo, 1 < y < 10, notadamente quando escrevemos y em termos do produto de um número real, x, por uma potência de 10, tal que:

$$y = x.10^c, \qquad (7)$$
com, x, no intervalo, 1 < x < 10, e c um expoente inteiro. Nessas condições, o logaritmo se torna, simplesmente:
$$log(y) = log(x.10^c) = log(x) + c$$
$$= m + c. \qquad (8)$$

Tabela 18 - Tabela dos logaritmos.

x	c	m	log(x) = m + c
0.000523	-4	0.7185	-3.2815
0.523	-1	0.7185	-0.2815
5.23	0	0.7185	0.7185
523	1	0.7185	2.7185
5230	3	0.7185	3.7185
523000	5	0.7185	5.7185

Na Eq.(7), o expoente inteiro, c, é frequentemente chamado de característica. Podemos dizer, portanto, que o logaritmo de um número, log(y), fora do intervalo, 1 < y < 10 é constituído de duas partes: a característica, c, e a mantissa, m,
$$log(y) = m + c$$
Uma consequência prática é que os logaritmos de números, cujas representações decimais diferem apenas pela posição da vírgula, tem mantissas iguais, facilitando o processamento matemático. Um exemplo são os logaritmos dos números,
$$0.523, \ 5.230, \ 523, \ 5230 \ e \ 523000$$
que possuem todos, a mesma mantissa, m = 0.7185. Veja Tabela (18). A diferença, entretanto, é a característica, c, que pode ser facilmente calculada, bastando usar a Regra 1.

Regra 1 - Da determinação da característica, c, do logaritmo de um número, y(x) = x.10^c

A característica, c, pode ser obtida da seguinte maneira:
(1) Se x encontra-se no intervalo, x > 1, então, c corresponde ao número de algarismos que antecede a vírgula, menos um.
Exemplo: 520000 ==> Neste caso, c = 6 – 1 = 5.
(2) Se x encontra-se no intervalo, 0 < x < 1, então, c corresponde à quantidade (negativa) de zeros que antecedem o primeiro algarismo diferente de zero do número em questão. Nesta soma de zeros, inclui-se, também, o zero à esquerda do ponto ou vírgula.
Exemplo: 0.00052 ==> Neste caso, c = -4, pois há quatro zeros antes do primeiro algarismo diferente de zero.

Exemplo 26

Usando a Tabela 17, calcule o logaritmo decimal de:
(a) 671500000   (b) 0.000008695   (c) 13.15   (d) 0.01855   (e) 5095

	x	c	m	$log_{10}(x) = m + c$
(a)	671500000	9 – 1 = 8	0.827	8.827
(b)	0.000008695	- 6	0.9393	- 5.0607
(c)	13.15	2 – 1 = 1	0.1189	1.1189
(d)	0.01855	- 2	0.2683	-1.7317
(e)	5095	4 -1 = 3	0.7071	3.7071

Exemplo 27

Discuta estratégias para encontrar os logaritmos dos números, 5.02, 17.1, 1.54, 124, 0.0150, 0.0000085, 0.732, 11, 13 e 560, usando, ainda, a Tabela 17.

Tabela 19 - Característica de um número e a sua mantissa.

x	c	m	log(x) = c + m
5.02			
17.10			
1.54			
124			
0.0150			
0.0000085			
0.732			
11			
13			
560			

Algoritmo para Multiplicação e Divisão usando-se Logaritmos

Para efetuar multiplicações e divisões de dois números, A e B, por meio do método dos logaritmos de Napier (MLN), é necessário empregar duas propriedades muito importantes dos logaritmos, dadas pelas Equações (4) e (5), de forma a construir o Algoritmo 18.

Algoritmo 18

Passo	Descrição
1	Atribuir os valores correspondentes para a multiplicação ou divisão, A e B.
2	Consultar uma tabela de logaritmos e registar os valores de log(A) e log(B).
3	Para multiplicar dois números, A e B, A × B, some log(A) e log(B): S = log(A) + log(B). Ou, para dividir dois números, A e B, A ÷ B, subtraia log(A) e log(B). S = log(A) - log(B).
4	Procure numa tabela de antilogaritmos, qual o valor de anti-log(S): para encontrar a multiplicação entre dois números: log(A.B) = log(A) + log(B) = S → A.B = Anti-log(S) para encontrar a divisão entre dois números: log(A/B) = log(A) - log(B) = S → A/B = Anti-log(S)

Alternativamente, se não dispomos de uma tabela de anti-logaritmos, podemos realizar o cálculo inverso dos logaritmos, procurando qual valor de x tem uma determinada mantissa, m, em uma tabela convencional de logaritmos, como a Tabela 17

Exemplo 28

Construa um algoritmo para multiplicar os números, 3.025 e 7.03, usando o MLN.

Algoritmo 19

Passo	Descrição
1	A = 3.025 e B = 7.03
2	$\log_{10}(A) = \log_{10}(3.025) = 0.4807$ $\log_{10}(B) = \log_{10}(7.033) = 0.8470$
3	$S = \log_{10}(3.025) + \log_{10}(7.033) = 1.3277$
4	A.B = Anti-log(S)

> Alternativamente, podemos buscar o valor de argumento do logaritmo, x, na Tabela 17, que apresenta a mantissa, m = 0.3277. Assim procedendo, encontramos na Tabela 17:
> $$\log_{10}(x = 2.125) \approx 0.3277$$
> Como
> $$\log_{10}(A.B) = m + c = 1.3277$$
> temos que
> $$c = 1$$
> Também,
> $$\log_{10}(A.B) = m + c = \log_{10}(x) + \log_{10}(10^c) = \log_{10}(x.10^c)$$
> Logo,
> $$A.B = x.10^c = 2.125.10^1 = 21.25$$

A régua de Gunter

A invenção dos logaritmos de Napier chamou a atenção dos matemáticos para a possibilidade de expressar números em termos de potências, com o consequente desenvolvimento da exponenciação. Em 1620, três anos após a morte de Napier, o matemático inglês Edmund Gunter (1581-1626), um colega de Briggs no Gresham College, implementou um equivalente físico aos logaritmos, no que ficou conhecido como a régua de Gunter. Desta forma, Gunter fez uma contribuição adicional memorável ao trabalho de Napier, criando uma régua em escala logarítmica, tal como a mostrada na Figura 12, a qual permitiu reduzir ainda mais o esforço computacional necessário para efetuar operações matemáticas.

Figura 11 - Régua de Gunter em escala logarítmica de 1 a 10.

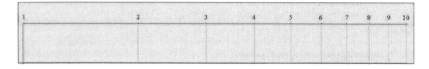

Fonte: Própria (2022)

Essa nova ferramenta possibilitou o desenvolvimento de muitas aplicações práticas. Usando uma folha de papel para marcações e a régua logarítmica, Gunter podia realizar operações matemáticas, deslizando a régua sobre o papel. Esta foi, sem dúvida, uma grande inovação, que surgiu como subproduto da invenção dos logaritmos. Veja 11, logaritmos, fazendo muito com pouco.

Figura 12 – Propriedade dos logaritmos.

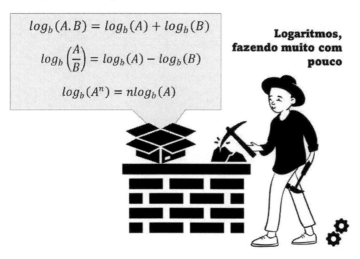

Fonte: Própria (2022)

Exemplo 29

Construa um algoritmo para realizar a multiplicação, a × b, empregando uma régua de Gunter. Por simplicidade, para testar seu algoritmo, escolha a = 2 e b = 3. Na verdade, compreendendo o mecanismo de operação da ferramenta, pode-se extrapolar a sua utilização para diversos outros casos mais complexos.

Algoritmo 20

Passo	Procedimento
1	Inicialmente, posicionando a origem da régua da escala logarítmica de Gunter, sobre um papel, como indicado na Figura 13, faça uma marcação nessa folha, no canto à esquerda, na forma de um traço, apenas, que será considerado um traço de REFERÊNCIA, a partir do qual serão feitas as demais marcações, para obtermos o produto de 2 x 3. Figura 13 – Usando réguas logarítmicas – passo 1
2	Mantendo a régua como indicado na Figura 13, em seguida, trace no papel uma segunda marcação, que irá representar o primeiro número da multiplicação, no caso, o

número 2. Procure na régua esse número e faça essa marcação, como indicado na Figura 14.

Figura 14 – Usando réguas logarítmicas – passo 2

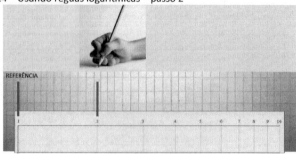

Fonte: Própria (2022)

Note que distância entre os dois traços no papel, na Figura 14, representa, log(a), como é indicado na Figura 15.

Figura 15 - Usando réguas logarítmicas – passo 3

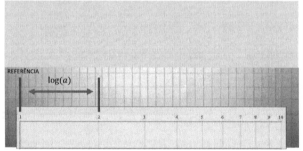

Fonte: Própria (2022)

3   Agora, desloque a régua de Gunter de modo a fazer coincidir o início da régua, o número 1, com o segundo traço, como mostra a Figura 16.

Figura 16 - Usando réguas logarítmicas – passo 4

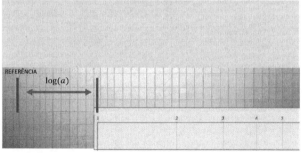

Fonte: Própria (2022)

4	Procure na régua de Gunter o segundo termo da multiplicação, que no caso é 3, e faça um outro traço no papel, nessa posição, como indica a Figura 17.

Figura 17 - Usando réguas logarítmicas – passo 5

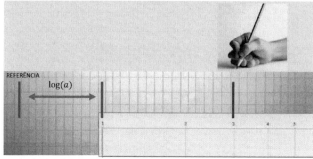

Fonte: Própria (2022)

Novamente, note que a distância entre os últimos dois traços marcados, na Figura 17, representa log(b) como é indicado na Figura 18.

Figura 18 - Usando réguas logarítmicas – passo 6

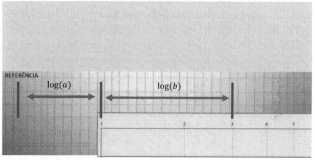

Fonte: Própria (2022)

5	A etapa final consiste em deslocar a régua de Gunter, novamente, de modo a fazer coincidir a origem dessa régua, o número 1, com o traço de REFERÊNCIA, e fazer a leitura na régua do terceiro traço, que corresponde ao valor da multiplicação, no caso 2 x 3 = 6.

Figura 19 - Usando réguas logarítmicas – passo 7

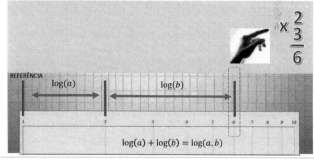

Fonte: Própria (2022)

Conhecendo o mecanismo de operação de um dispositivo como a régua de Gunter para a operação de multiplicação, e os seguintes resultados:

$$a \times b = 10^{[\log(a)+\log(b)]}$$
$$a \div b = 10^{[\log(a)-\log(b)]}$$

pode-se extrapolar o seu uso para diversas outras operações matemáticas de interesse.

A régua de cálculo

Dois anos depois que Gunter fez sua contribuição ao trabalho inicial de Napier, outro matemático inglês, William Oughtred (1574-1660), realizou um avanço adicional no dispositivo de Gunter. Oughtred rearranjou as linhas de Gunter em um par de círculos, de forma a reposicionar todos os seus números. Nascia assim um dos instrumentos mais utilizados por engenheiros e cientistas, durante muitos séculos: a Régua de Cálculo, um subproduto direto dos logaritmos de Napier.

O contexto da invenção da régua de cálculo é cercado de controvérsias (8), relacionadas ao verdadeiro proprietário dos direitos de propriedade intelectual da invenção. Sabe-se que, depois de muitas discussões, William Oughtred e colaboradores fizeram algumas modificações na configuração anterior, surgindo uma nova versão, na qual eram usadas duas réguas de Gunter, sendo possível deslizar uma régua sobre a outra. Desta forma, evitava-se a necessidade das marcações no papel, como era feito com a régua de Gunter original, o que simplificou sobremaneira os procedimentos de cálculo.

Nessa nova versão, muito parecida com as réguas de cálculo que eram quase que universalmente usadas até os anos 70 do século passado, o dispositivo foi proeminente por centenas de anos, permitindo a realização operações da multiplicação e divisão de forma rápida, simplesmente deslizando um cursor entre duas lâminas fixas. Ainda que a precisão do instrumento não fosse tão elevada, para a grande maioria das aplicações práticas de interesse os resultados fornecidos eram mais que suficientes.

Com o passar do tempo, a engenharia de fabricação de réguas de cálculo foi se aperfeiçoando e mesmo as réguas mais convencionais já podiam trabalhar com várias operações matemáticas, incluindo multiplicação, divisão, extração de raiz quadrada etc... Todavia, as várias configurações eram essencialmente compostas por três barras fixadas juntamente, sendo uma barra central, deslizante, ensanduichada pelas outras duas barras externas, mantidas fixas uma em relação à outra. Uma janela de metal era colocada sobre a régua de cálculo para funcionar como um espaço reservado, e um cursor era fixado no centro da janela para permitir mais facilidade nas leituras. O número de escalas em uma régua de cálculo podia variar, dependendo do número de funções matemáticas que a régua de cálculo foi projetada para executar. As suas partes eram rotuladas, em geral, por letras, A, B, C, D, etc., para indicar suas funções, cada escala dedicada à uma função específica como extração de raiz quadrada, multiplicação, divisão e outras.

Basicamente, o que uma régua de cálculo faz é a soma dos logaritmos, com base no alinhamento dos índices e sobreposição de escalas. Os índices precisam ser alinhados o mais precisamente possível, para que se possa chegar a um resultado confiável.

Em geral, por depender de alinhamentos precisos, a régua de cálculo não fornece respostas exatas, sendo, por isso, usadas apenas para cálculos rápidos, que não exigem respostas com precisão além da segunda casa decinmal. Para cálculos mais precisos havia as tabelas logarítmicas. Embora as réguas de cálculo hoje sejam peças de museu, não muito tempo atrás, essas réguas eram ferramentas indispensáveis no trabalho de qualquer pesquisador ou engenheiro de sucesso. Ademais, para além dos atributos de ordem prática, a régua de cálculo é uma ferramenta educacional valiosa, porque, ao contrário das calculadoras eletrônicas, ela favorece o desenvolvimento da cognição matemática, pois se baseia completamente na aplicação das propriedades dos logaritmos.

Exemplo 30

Construa um algoritmo para realizar a operação da adição, 3 + 4, usando uma régua de cálculo, e discuta o princípio de funcionamento deste dispositivo mecânico de cálculo, baseado em réguas.

Algoritmo 21

Passo	Descrição
1	Toma-se duas réguas convencionais, fazendo coincidir a origem de ambas, como mostrada na Figura 20. A primeira destas réguas que se manterá fixa, e será denominada Régua 1, R1. A segunda é uma régua móvel, a denominamos Régua 2, R2, livre para deslizar, como sobre um trilho, paralelamente a R1. Colocamos, na origem da escala da segunda régua, R2, isto é, no 0 da escala da régua, uma seta vermelha, apontando para cima, livre para se mover, juntamente com R2. Figura 20 – Duas réguas simples para adição Fonte: Própria (2022)
2	Figura 21 – Duas réguas convencionais para efetuar a soma: 3 + 4. **3 + 4 = 7** Fonte: Própria (2022) Para realizar a soma 3 + 4, mantemos fixa a régua R1, e deslizamos a régua R2, para a direita, até a seta vermelha da régua R2, apontar para o primeiro número da adição, na régua R1, que no caso é 3, como indicado na Figura 21. Em seguida, traça-se uma reta perpendicular, unindo esses dois pontos (3 e 0).

3	Figura 22 – Duas réguas simples usadas para somar, 3 + 4 = 7. 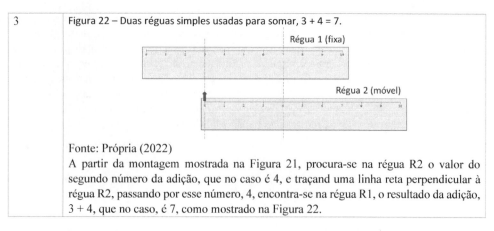 Fonte: Própria (2022) A partir da montagem mostrada na Figura 21, procura-se na régua R2 o valor do segundo número da adição, que no caso é 4, e traçand uma linha reta perpendicular à régua R2, passando por esse número, 4, encontra-se na régua R1, o resultado da adição, 3 + 4, que no caso, é 7, como mostrado na Figura 22.

Estudamos aqui o mecanismo da adição, efetuado por meio de duas réguas simples. Note que para realizar operações mais complexas é muito útil escrever os números em notação científica. O procedimento discutido no Exemplo 30, segue válido para a adição de quaisquer números e as ideias discutidas na solução desse problema podem ser estendidas para englobar diversos outros casos, além do problema da adição.Como sempre, reforçamos, que, assim como em outras situações neste livro, estamos interessados, não em efetuar as contas, em si, mas, sim, em fornecer um entendimento do mecanismo de funcionamento de uma ferramenta de cálculo, para. então, desenvolvermos algoritmos. A seguir, veremos que também é possível realizar uma subtração por meio de duas réguas e. com esse novo procedimento, poderemos criar um algoritmo para efetuar uma subtração usando uma régua de cálculo.

Exemplo 31

Construa um algoritmo para realizar a operação de subtração, 7 - 4, usando uma régua de cálculo. Discuta o princípio de funcionamento do dispositivo mecânico de cálculo, baseado em réguas.

Algoritmo 22

Passo	Descrição
1	Toma-se duas réguas convencionais, como feito para o caso da adição.
2	Para realizar a subtração 7 - 4, faz-se coincidir o primeiro algarismo da subtração, no caso, 7, na Régua 1, com o segundo algarismo da subtração, no caso 4, na Régua 2, como mostrado na Figura 23.
3	Na direção da seta vermelha, traça-se uma reta, perpendicular a primeira, como mostrado na Figura 24. Encontra-se, na régua, R1, o valor apontado pela seta da Régua 2, colocada origem de R2. Esse valor corresponde à subtração dos dois números.

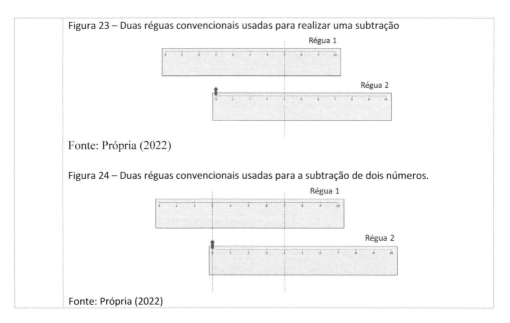

Figura 23 – Duas réguas convencionais usadas para realizar uma subtração

Fonte: Própria (2022)

Figura 24 – Duas réguas convencionais usadas para a subtração de dois números.

Fonte: Própria (2022)

Note que, para realizar operações aritméticas de adição e subtração, usamos duas réguas simples, convencionais. Diferentemente, para realizar a multiplicação e a divisão de números, usamos as propriedade de soma e subtração dos logaritmos, sendo necessário usar réguas logarítmicas, ainda que de forma muito semelhante ao que realizamos nos exemplos anteriores.

Exemplo 32

Construa um algoritmo para realizar a operação de multiplicação, 4 × 2, usando uma régua de cálculo. Discuta o princípio de funcionamento do dispositivo mecânico de cálculo, baseado em réguas.

Algoritmo 23

Passo	Descrição
1	Para realizar uma multiplicação empregando a propriedade de soma dos logaritmos, usa-se, ao invés de duas réguas convencionais, duas réguas em escala logarítmica: Figura 25 – Duas réguas logarítmicas. Fonte: Própria (2022) De forma semelhante ao uso de réguas convencionais para somar e subtrair, toma-se as duas réguas logarítmicas, de forma a coincidir a origem de ambas, como mostrado na

	Figura 25. A primeira delas permanecerá fixa, e será denominada Régua 1, R1. A segunda régua é móvel, denominada Régua 2, R2. Ela pode deslizar, como sobre um trilho, paralelamente à régua R1.
2	Na régua logarítmica, R2, colocamos, na origem das posições, uma seta, apontando para cima, chamada S1, e na marcação 10, desta mesma reta, colocamos, uma outra seta, apontando para cima, chamada S2, como mostrado na Figura 26. S1 e S2, podem se mover, juntamente com R2. Figura 26 – Réguas logarítmicas, mostrando as setas, S1 e S2. 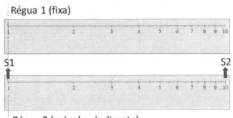 Fonte: Própria (2022)
3	Mantendo-se fixa, a régua R1, desliza-se a régua R2, para a direita, até que, a seta, S1, de régua R2 aponte para o primeiro número da multiplicação, na régua R1, no caso, o número 4. Em seguida, traça-se uma reta perpendicular, unindo esses dois pontos, para melhor visualização, como mostrado na Figura 27. Figura 27 – Réguas logarítmicas em processamento de multiplicação  Fonte: Própria (2022)
4	A partir da montagem da Figura 27, procura-se na régua R2 o valor do segundo número da multiplicação, no caso, o número 2. Traçando uma linha reta tracejada perpendicular a régua R2, passando por esse número, 4, encontra-se na régua R1, o resultado da multiplicação, 4 x 2, o qual, no caso, é 8. O uso da escala logarítmica permite proceder de forma muito semelhante ao mecanismo de uso de duas réguas convencionais, para a realização da operação de adição. Figura 28 – Duas réguas logarítmicas para a multiplicação, 4 x 2. 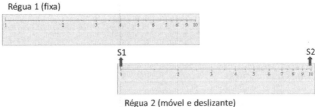 Fonte: Própria (2022)

Note como, no caso da Figura 29, podemos facilmente identificar a propriedade de soma dos logaritmos. Além disso, a leitura do resultado pode ser aprimorada, por meio de um cursor móvel, como mostrado na Figura 30. O próximo exemplo contempla casos em que é necessário usar a seta S2, ao invés da Seta S1.

Figura 29 – Duas réguas logarítmicas que usam propriedades dos logaritmos.

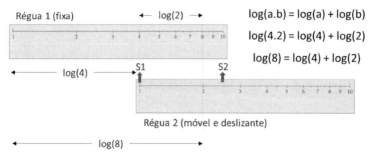

Fonte: Própria (2022)

Figura 30 -Princípio de funcionamento da régua de cálculo para multiplicação de dois números.

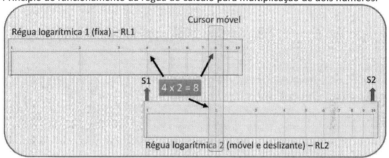

Fonte: Própria (2022)

Exemplo 33

Construa um algoritmo para realizar a operação de multiplicação, 5×7, usando uma régua de cálculo, e discuta o princípio de funcionamento deste dispositivo mecânico de cálculo, baseado em réguas.

Algoritmo 24

Passo	Descrição
1	Toma-se duas réguas logarítmicas, em que se faz coincidir a origem de ambas, como mostrado na Figura 26.
2	Mantendo fixa a régua R1, desliza-se a régua R2 para a direita, até que a seta S1 aponte para o primeiro número da multiplicação na régua R1, que, no caso, é 5. Note que, se procurarmos o segundo número da multiplicação, no caso, 7, na régua R2, verificaremos que o 7 na reta R2 não tem correspondência na régua R1, como pode ser visto na Figura 31. Para casos como esse, é necessário alterar o procedimento. Neste caso, ao invés de usar a seta S1 como referência, usa-se a seta S2. Procedemos de forma análoga,

considerando a leitura na escala de R1 como se esta representasse o intervalo de 10 até 100. Então, procuramos coincidir a seta S2, que corresponde a 10, no primeiro número da multiplicação, que no caso é 5, como mostra a Figura 32.

Figura 31 – Duas réguas logarítmicas, R1 e R2.

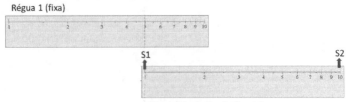

Fonte: Própria (2022)

Figura 32 – Duas réguas logarítmicas usadas para efetuar multiplicação.

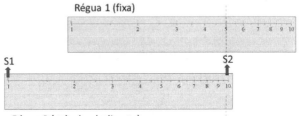

Fonte: Própria (2022)

| 3 | Procuramos em seguida o segundo número da multiplicação, 7, na régua R2, e encontramos sua correspondência na régua R1, que no caso é 35, como mostrado na Figura 33. |

Figura 33 – Duas regas logarítmicas usadas para multiplicação.

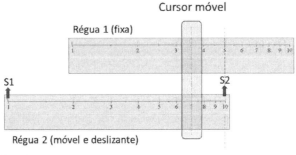

Fonte: Própria (2022)

Por meio das setas S1 ou S2, pode-se realizar quaisquer multiplicações desejadas, desde que se escreva os números da operação em notação numérica. O processo usado para efetuar a multiplicação pode ser estendido para divisões, de forma análoga.

Por que estudamos os logaritmos?

Em primeiro estágio de elaboração do pensamento, aprendemos o que outras pessoas fizeram, para que possamos consolidar nossa própria forma de elaborar o pensamento matemático e o raciocínio lógico-computacional. Quanto mais colecionarmos esquemas mentais de resolução de problemas, dispondo de fontes variadas do conhecimento, mais aumentamos nosso repertorio-base e fortalecemos nossa capacidade de solucionar problemas.

Neste contexto, logaritmos não são um tópico árido, ministrado ao longo do ensino médio, com o intuito de entediar adolescentes. Trata-se, na verdade, de uma ferramenta matemática poderosa, uma invenção genial, que nos permite fazer muito, com pouco. As etapas trabalhosas da multiplicação e da divisão, podem ser substituídas por consultas em tabelas, somas e subtrações. Os processos cognitivos que essa ferramenta matemática desencadeia são incontáveis, e o seu conhecimento permitiu a construção de um instrumento de cálculo, que foi extremamente útil durante muitos séculos, a régua de cálculo, um computador analógico-mecânico, que pode ser considerado uma calculadora mecânica portátil, na era pré-calculadoras eletrônicas, capaz de realizar diversas operações matemáticas importantes, tais como multiplicação, divisão, extração raízes etc.

Mas, isso, embora já fosse muito, está longe ser o único campo de aplicação dos logaritmos. Muitos fenômenos na natureza são governados por uma função logarítmica, e há inúmeras aplicações de logaritmos na física, na química, na biologia, na engenharia etc. Em eletrônica, temos diversos exemplos de situações nas quais é necessário lidar com uma faixa extensa de valores, abrangendo várias ordens de magnitude, e os logaritmos nos permitem trabalhar com esses números sem grandes dificuldades. Por exemplo, para calcular o ganho de um sistema, ou em aplicações envolvendo sinais de rádio-frequência e microondas, é comum que seja necessário resolver equações envolvendo logaritmos. Em ainda outro exemplo, o som é percebido por nossos ouvidos por meio de uma escala logarítmica, e alguns controles de volume, baseados em potenciômetros, usam esse tipo de escala, logarítmica em base 10, que permite comprimir grandezas de elevada amplitude à valores de pequena magnitude. O decibel é uma unidade logarítmica muito utilizada, que indica a proporção de uma quantidade física, geralmente energia ou intensidade, em relação a um nível de referência, e, estabelece uma razão entre a quantificação da energia liberada e a sua amplitude. O mesmo tipo de escala logarítmica é usada para quantificar eventos sísmicos e terremotos, a escala Richter.

Ossos de Napier

Não sem razão, Napier foi considerado um verdadeiro gênio em sua época. Não bastasse ter ter elaborado a concepção definitiva dos logaritmos, nos últimos anos de sua vida, Napier desenvolveu um outro artifício aritmético muito engenhoso, o qual foi denominado Hastes, Bastões, ou Ossos de Napier.

Embora a concepção deste dispositivo não empregue logaritmos, trata-se de um instrumento de cálculo que também merece destaque no estudo do desenvolvimento da computação. Ossos de Napier consitem essencialmente em uma tabela de multiplicação composta por hastes móveis de madeira, com números talhados em sua superfície, como esquematizado na Figura 34. Acredita-se que Napier, também aqui, tenha se inspirado em trabalhos de autores anônimos, pois Napier realizava estudos sistemáticos com o ábaco e com outros aparatos conhecidos em seu tempo. Portanto, pode-se supor que os seus bastões sejam resultado de uma evolução tecnológica natural desses trabalhos. As Hastes de Napier eram um aparato notável. Havia hastes de madeira entalhadas ou varas numeradas, para cada um dos dez dígitos, de 0 a 9, de tamanho adequado para manuseá-las, confortavelmente, sobre uma mesa, para a realização dos cálculos. Esses bastões móveis podiam ser montados sobre uma placa de madeira, que possuía alguns números inscritos sobre ela, indicando a posição adequada para colocá-los, dependendo da operação que se desejava efetuar. Segundo palavras do próprio Napier:

> "Ao repetir estas operações, você poderá multiplicar e dividir números grandes e encontrar raízes quadradas e cúbicas com o uso desse artefato."
>
> Extraído do livro Bit by Bit: An Illustrated History of Computers, de Stan Augarten, 1984 (15).

Figura 34 - Esquema das hastes ou ossos de Napier.

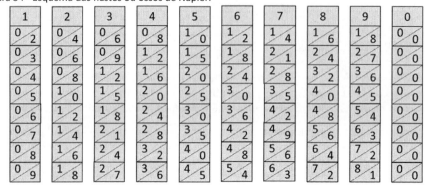

Fonte: Própria (2022)

Figura 35 - Haste com o número 4 no topo, contém, no corpo da haste, a tabuada do número 4.

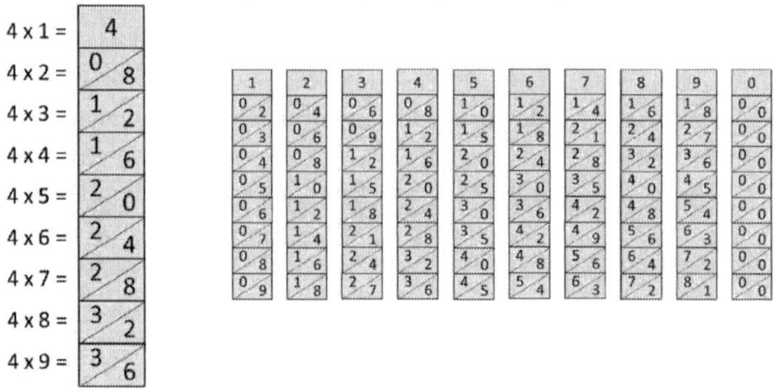

Fonte: Própria (2022)

Note que, cada vara contêm a tabuada do número do topo da haste. Por exemplo, veja na Figura 35, a haste com o número 4 no topo. Neste caso, a tabuada do 4 era esculpida ao longo do corpo da haste. Ossos de Napier tornaram-se tão populares que todas as pessoas que compreendiam o seu significado desejavam ter um dispositivo desses, para si. Em menor escala, certamente, mas um fenômeno parecido com aquele de anos recentes, quando novos smartphones e tablets são lançados pela Apple, ou outra empresa de dispositivos eletrônicos. Para termos uma noção de como esse gadget funciona, vamos apresentar um exemplo prático para multiplicação de dois números, construindo o algoritmo correspondente.

Exemplo 34

Construa um algoritmo para multiplicação de dois números, 1952 × 4, usando os bastões de Napier.

Algoritmo 25

Passo	Procedimento
1	Pegue os bastões de Napier numerados 1, 9, 5 e 2, no topo dos bastões, nessa ordem, e coloque-os sobre uma placa de madeira, equipada com um índice vertical, rotulado de 1 a 9, como a mostrado abaixo: Figura 36 - Placa de madeira e bastões de Napier 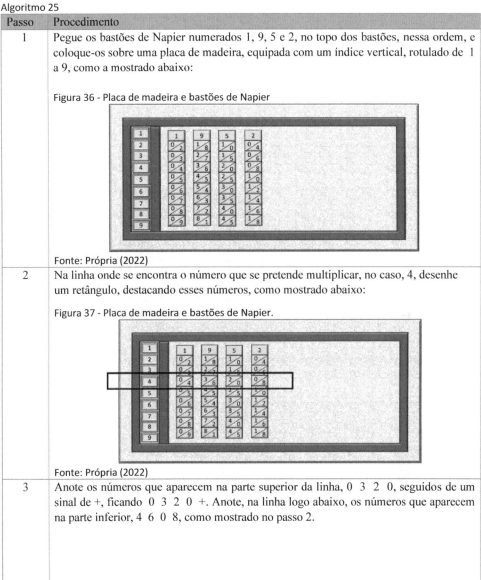 Fonte: Própria (2022)
2	Na linha onde se encontra o número que se pretende multiplicar, no caso, 4, desenhe um retângulo, destacando esses números, como mostrado abaixo: Figura 37 - Placa de madeira e bastões de Napier. Fonte: Própria (2022)
3	Anote os números que aparecem na parte superior da linha, 0 3 2 0, seguidos de um sinal de +, ficando 0 3 2 0 +. Anote, na linha logo abaixo, os números que aparecem na parte inferior, 4 6 0 8, como mostrado no passo 2.

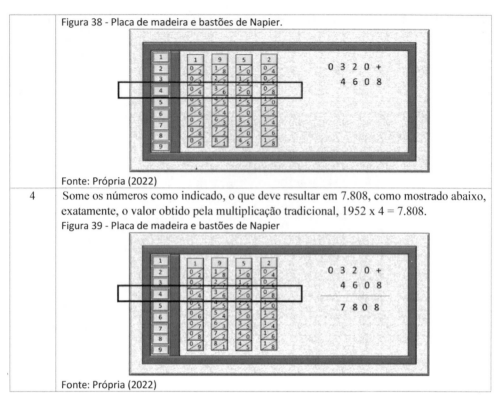

Figura 38 - Placa de madeira e bastões de Napier.
Fonte: Própria (2022)

4 — Some os números como indicado, o que deve resultar em 7.808, como mostrado abaixo, exatamente, o valor obtido pela multiplicação tradicional, 1952 x 4 = 7.808.
Figura 39 - Placa de madeira e bastões de Napier
Fonte: Própria (2022)

Isso é, ou não, extraordinário? Agora, para expandir nossos horizontes, desenvolva algoritmos gerais para a realização de operações aritméticas com este dispositivo e pesquise a utilização desses gadgets. Se quiser ir um pouco além, produza um vídeo para divulgação nas redes sociais, como se fosse Napier, em sua época, mas usando o recurso moderno, da internet, para uma divulgação de seu produto. Ensine a utilizar o equipamento, para convencer um cliente em potencial a comprar seus dispositivos. Boa sorte!

Exemplo 35

Construa um algoritmo geral para a multiplicação de dois números, $X \times Y$, usando os bastões de Napier. Teste: 3458 x 24.

Exemplo 36

Construa um algoritmo geral para a divisão de dois números, $X \div Y$, usando os bastões de Napier. Teste: 124÷56.

Questões, Exercícios, Atividades & Consolidação de Aprendizagem

Para a maioria das questões, pesquise na Internet, em diferentes fontes, para desenvolver sua expertise. Habitue-se, sempre, a anotar adequadamente a referência de onde extraiu as informações, usando de preferência as normas da ABNT mais atual, ou outra norma que preferir, como IEEE, por exemplo.

1) Visite a Tabela Matemática de Logaritmos no Museu de Ciências em Londres (14), QRCode 13, e descreva qual o seu uso mais provável. Book: Mathematical Tables consisting of Logarithms of Numbers 1 to 108000. James Pryde, F.E.I.S. W. & R. Chambers, Science Museum Group Collection, © The Board of Trustees of the Science Museum.

2) Usando o Método da Prosthaphaeresis (MP) e o Método dos Logaritmos de Napier (MLN) construa os algoritmos para a multiplicação de 53×17. Compare os resultados obtidos a partir dos dois algoritmos, com o valor de referência. Explique o que é valor de referência e discuta vantagens e desvantagens de cada método. (Para esse exercício, use as Tabela 5 e Tabela 17)

3) Usando o Método da Prosthaphaeresis (MP) e o Método dos Logaritmos de Napier (MLN) construa algoritmos para a multiplicação dos números abaixo:

(a)	X = 1250 e Y = 0.321;
(b)	X = 18795 e Y = 4987432;
(c)	X = 0.0232 e Y = 32567

Em todos os casos discuta o erro relativo e o erro absoluto. Discuta a diferença entre o erro relativo e o erro absoluto, vantagens e desvantagens, do uso de um ou outro. Como referência para os valores exatos, use os valores fornecidos por uma de alta precisão, como Maple, Matlab, Mathematica etc. Discuta as discrepâncias. (Para esse exercício, use as Tabela 5 e Tabela 17).

4) Usando o Método da Prosthaphaeresis (MP) e o Método dos Logaritmos de Napier (MLN) construa algoritmos para a divisão dos números abaixo:

(a)	X = 1250 e Y = 0.321;
(b)	X = 18795 e Y = 4987432;
(c)	X = 0.0232 e Y = 32567.

Em todos os casos discuta o erro relativo e o erro absoluto. Use como referência para os valores exatos os valores fornecidos por um dispositivo de alta precisão, como Maple, Matlab, Mathematica etc. Discuta as discrepâncias. (Para esse exercício, use as Tabela 5 e Tabela 17).

5) Discuta a origem e a importância do Método dos Logaritmos de Napier (MLN) na era pré-computador moderno. Produza um vídeo de divulgação com seu material.

6) Construa um algoritmo para criar uma tabela trigonométrica, e implemente-o num sistema computacional moderno, tal como Maple, Matlab, Mathematica, etc., considerando, o argumento, θ, variando de 1° até 352°, com passo de 27°. Discuta os recursos computacionais disponíveis na plataforma escolhida, e imprima os resultados, como normalmente apresentado na literatura científica.

7) Realize uma pesquisa sobre como se construíam as tabelas de logaritmos na época de

Napier, e discuta quais os recursos mais usados. Discuta também, quais as dificuldades de se realizar a computação naquele tempo?

8) Explique em que sentido os logaritmos são considerados um instrumento de cálculo? Desenvolva um texto em formato de uma publicação científica internacional, estilo IEEE, por exemplo.

9) Infelizmente, ainda hoje ouvimos algumas pessoas protestarem, dizendo que não sabem por que aprendem logaritmos na escola. Você ainda concorda com elas? Se concorda, seu desafio será se passar por alguém que não concorda, e precisa convencer um leitor de que, sim, logaritmos são muito importantes.

10) Enumere as principais aplicações práticas dos logaritmos. Pesquise na internet e produza um vídeo ou um texto, em formato de revista internacional.

11) Construa um algoritmo para criar uma tabela de logaritmos dos números de 1 a 10000, com passo de 100, para funcionar num sistema computacional moderno, tal como Maple, Matlab, Mathematica etc. Discuta os recursos computacionais disponíveis na plataforma escolhida.

12) Usando a tabela de logaritmos, Tabela 17, encontre os logaritmos abaixo:

(a)	$\log_{10}(147)$;
(b)	$\log_{10}(677)$;
(c)	$\log_{10}(31,6)$;
(d)	$\log_{10}(47^7)$;
(e)	$\log_{10}(43^{1/3})$.

13) Usando a tabela de logaritmos, Tabela 17, encontre:

(a)	$(2.83)^{80}$;
(b)	$(5.08)^{25}$;
(c)	$(0.83)^{100}$.

14) Discuta como é possível usar a Tabela de Logaritmos para efetuar a multiplicação e divisão de números. Por que isso era tão útil nos tempos pré-computador moderno?

15) Até quando, aproximadamente, as tabelas ou tábuas de logaritmos foram usadas para os cálculos manuais? Explique.

16) Comente a frase: compreender como se constroem as tabelas de logaritmos ajuda a compreender como as calculadoras eletrônicas funcionam. De alguma forma, isso tudo, ajuda a computação nos dias de hoje? Os sistemas computacionais atuais a empregam de alguma forma? Pesquise e discuta.

17) Por que podemos dizer que diversas áreas do conhecimento humano fazem uso dos logaritmos? Dê exemplos de algumas delas, e discuta como elas o empregam.

18) Explique como as séries infinitas introduzidas por Isaac Newton (1642-1727) em 1665 pode ter ajudado os fabricantes de tabela a confeccionar as tabelas de logaritmos? Discuta as vantagens do uso desse método, frente aos recursos anteriores.

19) Em que se baseia o princípio fundamental dos Ossos de Napier. Faça uma pesquisa na Internet, e tente traçar as ideias básicas por trás do aparato e do seu desenvolvimento. Estude o esquema de Napier e construa algoritmos para exemplificar o seu uso.

20) Além da multiplicação, quais outras operações poderiam ser realizadas com os Ossos de Napier?

21) Como os Ossos de Napier podem ser utilizados para se realizar a divisão, 3452 por 3? Estude o esquema de solução, e construa um algoritmo para resolver este problema.

22) Usando os Ossos de Napier, muito fácil de montar usando uma cartolina, por exemplo, realize quatro operações, proponha e desenvolva o método de solução usando esses bastões.

23) Quais são os tipos de réguas de cálculo mais comuns? Descreva o princípio de funcionamento da régua de cálculo que escolher para fazer as aferições nesse curso. Pode ser uma régua de cálculo física ou virtual.

24) Encontre uma régua de cálculo virtual na Internet, e calcule:

(a)	4 x 80
(b)	3/60
(c)	1/18
(d)	$3^{2.8}$
(e)	$\sqrt{12}$

25) Qual o número de operações mentais necessárias e o tempo computacional envolvido para se realizar a multiplicação dos números, 1952 x 4, pelo método tradicional, usando lápis e papel, o Método da Prosthapharaesis, os Logaritmos, os Bastões de Napier, e a régua de cálculo? Discuta vantagens e desvantagens entre os métodos estudados até agora.

26) Com a invenção das réguas de cálculo, ela substituiu totalmente o uso das Tabelas de Logaritmos? Explique seu argumento.

27) Use toda a *expertise* desenvolvida até agora e construa algoritmos para a utilização do instrumento, o ábaco, para as diversas operações aritméticas possíveis. Discuta as limitações do instrumento. Produza um vídeo ou um texto com o material desenvolvido.

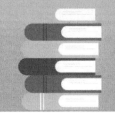

Capítulo 3 – A Revolução das Máquinas Mecânicas

Neste capítulo, vamos discutir a invenção das primeiras máquinas mecânicas para a realização de cálculos aritméticos: a Máquina de Calcular de Schickard e a Pascaline de Pascal. Essas máquinas, embora ainda muito incipientes, revelam um aspecto muito importante do desenvolvimento da computação: a tomada de consciência da possibilidade de utilizar uma máquina para desenvolver tarefas inteligentes. Aproveitando o encadeamento de temas, introduzimos uma discussão sobre a elaboração do pensamento computacional, como estratégia para abordar e resolver problemas. Neste contexto, discutimos a utilidade de dividir a solução de um problema complexo em uma sequência de tarefas mais simples, para tornar mais fácil a solução final. Como exemplo, apresentamos a forma pela qual Pascal resolveu o problema de realizar a operação de subtração, na Pascaline, por meio de uma Subtração pelo Método do Complemento dos Nove (SMCN), quando Pascal transformava uma operação de subtração em uma forma simples de adição. Um algoritmo para a SMCN é apresentado, e exemplos são discutidos. Finalmente, nesse capítulo, discutimos também como o Stepped Reckoner, de Leibniz, se tornou, por mais de duzentos anos, uma referência paras as indústrias de calculadoras mecânicas, em um período no qual a expansão da indústria e do comércio, o crescimento da população e a elevação dos níveis educacionais, foram fatores combinados para estimular a necessidade, cada vez mais premente, do desenvolvimento de mais eficientes formas de calcular.

Ao completar este capítulo, você estará apto a:

- Compreender como se deu o desenvolvimento de uma máquina para auxiliar no trabalho intelectual.
- Distinguir as ferramentas de cálculo matemático das ferramentas puramente mecânicas.
- Compreender que há muito conhecimento soterrado debaixo de uma montanha de destroços causados por guerras, naufrágios, incêndios e toda sorte de infortúnios humanos.
- Descrever a tecnologia da Máquina de Calcular de Schickard.
- Descrever a tecnologia da Pascaline.
- Realizar uma operação de subtração através de um processo de adição.
- Descrever o Método do Complemento dos Nove.
- Compreender a importância de fracionar um problema em uma sequência de tarefas mais simples, que sabemos resolver com relativa facilidade.
- Compreender por que o Stepped Reckoner de Leibniz se tornou, por mais de duzentos anos, uma referência em calculadoras mecânicas.
- Compreender por que a expansão da indústria, do comércio, do crescimento da população e dos níveis educacionais, provocou a necessidade cada vez mais premente do desenvolvimento de mais eficientes formas de calcular.

Quem viu a Calculadora Mecânica de Schickard?

Até o momento, vimos o desenvolvimento de algumas ferramentas matemáticas ligadas ao cálculo das operações aritméticas básicas, numa evolução gradual da concepção do universo matemático. A introdução da matemática hindu-arábica representou uma ruptura com os métodos anteriores de cálculo, possibilitando um progresso sem igual em diversas áreas do conhecimento, progresso este favorecido pelo desenvolvimento intelectual que essa nova ferramenta matemática possibilitava, conjuntamente com o desenvolvimento da álgebra e de algoritmos matemáticos como o Método da Prosthapharesis, Logaritmos, etc..

Por sua vez, estes novos desenvolvimentos também permitiram grandes avanços científicos. Num determinado momento da evolução histórica, além das ferramentas propriamente matemáticas, o interesse também se voltou para a produção de aparatos mecânicos capazes de realizar cálculos matemáticos. Infelizmente, alguns desses esforços se perderam para sempre. No entanto, vez ou outra, alguns vestígios desses esforços nos chegam, revelados por algum trabalho de escavação arqueológica ou provindos de pesquisas de algum historiador-pesquisador.

É o caso das contribuições e do trabalho de um professor alemão, Wilhelm Schickard, que nasceu em Herrenberg, em uma pequena cidade perto de Stuttgart, no sudoeste da Alemanha, em 22 de abril de 1592. Visite o QRCode 14, para saber mais sobre Schickard. S. Augarten, em seu livro Bit by Bit (8), nos conta que o conhecimento da existência do professor Schickard, e de sua invenção, é recente e nada se sabia sobre ele até 1935, quando, por acaso, um historiador alemão chamado Franz Hammer, encontrou, na sua busca de pesquisa histórica, alguns papéis com desenhos inusitados, esboços, e cartas, que faziam parte de coleções referentes ao astrônomo Johannes Kepler (1571-1630), e que estavam armazenados na Biblioteca de Stuttgart. Análise desse material histórico levou à conclusão que Schickard inventou, por volta de 1623, a primeira calculadora mecânica que se tem notícia, com rodas e engrenagens, a qual foi batizada por Schickard como Relógio de Calcular.

Na verdade, essa descoberta levou 21 anos para ser revelada, pois Hammer, imerso na atmosfera da eclosão da Segunda Guerra Mundial, não pode dar atenção de imediato ao assunto. Muito posteriormente, Hammer, como que montando um quebra cabeça, conseguiu atestar a existência de Schickard e de suas realizações. Dito de outra forma, tudo o que se sabe sobre a vida e obra de Schickard vem do estudo de cartas de correspondência, entre Schickard e Kepler, os quais discutiam entusiasmados, os mais recentes avanços da matemática de seu tempo, incluindo os logaritmos e as Hastes de Napier. O estudo de Hammer revelou que Schickard era um homem de múltiplos talentos, atuando em diferentes áreas do conhecimento, incluindo as artes, sendo também um cartografo espetacular (16).

QRCode 14 - Schickard (17).

SCAN QR-CODE

Contudo, apesar de seus esforços, sua máquina não funcionava perfeitamente, uma vez que a tecnologia da época não era avançada o suficiente para permitir a fabricação de um um equipamento com tamanha precisão mecânica. Ademais, em uma de suas cartas à Kepler, Schickard revela que foi vítima de um terrível incêndio, o qual destruiu todos os todos seus projetos e planos acerca de sua máquina de calcular, de tal modo que, a perda fora irreparável, não sendo possível uma recuperação. Neste contexto, o Relógio de Calcular de Schickard desapareceu por completo nas areias do tempo, desaparecimento para o qual contribuiu ainda mais a Guerra dos Trinta Anos (1618-1648). Como consequência, por centenas de anos, não se tinha nenhum conhecimento da existência do Relógio de Calcular de Schickard.

Por essa razão, até recentemente, acreditava-se que, a primeira calculadora mecânica teria sido inventada em 1642, por Blaise Pascal (1623-1662). Curiosamente, uma breve análise das datas históricas revela que a calculadora de Schickard data de 1623, o ano em que Pascal nasceu. Adotando uma linha de pensamento na qual a disseminação do conhecimento ocorre por difusão, podemos considerar que, apesar dos precários meios de transporte da época, não parece impossível que a notícia do Relógio de Calcular de Schickard, viajasse o continente antes da interrupção do intercâmbio de conhecimento possivelmente causada pela Guerra dos Trinta Anos, influenciando os trabalhos de Blaise Pascal. Dito de outra forma, se Schickard não tivesse inventado seu Relógio de Calcular em 1623, talvez Pascal não se sentisse estimulado a desenvolver o seu projeto de calculadora mecânica.

Especulações a parte, podemos ainda tecer algumas considerações. A distância entre Clermont-Ferrand, cidade em que nasceu Pascal, e Paris, onde faleceu, ambas na França, é de cerca de 425 km. Em outras palavras, Pascal deslocou-se pelo menos esta distância durante sua vida, distância que é tomada como referência para considerarmos um deslocamento típico, possível naquela época. Embora Pascal certamente possa ter se deslocado muito mais do que isso, assumir esse valor mínimo comprovado, nos ajuda a compreender o processo de difusão de conhecimento novo. Assim, consideremos que seu deslocamento máximo tenha sido 425 Km.

Por outro lado, Schickard nasceu em Herrenberg, na atual Alemanha, e morreu em Tübingen, também na Alemanha, à 19,3 Km de distância de Herrenberg, e a 652,6 Km de Paris. Lamentavelmente, temos poucas informações adicionais sobre a vida de Schickard, de forma a conjecturar que ele tenha se deslocado em sua vida mais do que esses 20 Km. Contudo, a difusão do conhecimento pode atingir distâncias muito maiores. Por exemplo, Timothy Darvill (18), arqueólogo inglês, que investiga sociedades antigas, estabelecidas no terceiro e segundo milênios antes de Cristo, na região dos monumentos de Stonehenge, na Inglaterra, acredita que grupos humanos de lugares distantes entre si puderam influenciar uns aos outros, mesmo na era pré-histórica, e mesmo com distanciamentos de até 3500 Km. Nas palavras de Darvill:

> É completamente plausível que as comunidades que viveram no noroeste da Europa durante o final do terceiro e quarto milênios a.C. tenham desenvolvido um calendário solar do tipo sugerido aqui, por iniciativa própria. ... Influências externas também podem ter ocorrido, especialmente devido aos desenvolvimentos contemporâneos, ainda que a 3500km de distância, no Mediterrâneo Oriental. Aqui, durante o quarto milênio a.C., uma variedade de calendários lunares-estelares usou astronomia observacional para conciliar os movimentos da lua e das estrelas com os ciclos diários e sazonais do sol (Parker Referência Parker e Hodson1974; Sachs Referência Sachs e Hodson1974). Durante o início do terceiro milênio a.C., no entanto, aumentou o interesse por calendários solares, como exemplifica o culto ao deus Ra (Quirke Peculiaridade de Referência2001), levando ao desenvolvimento no Egito de um calendário solar de 365 dias, conhecido como Calendário Civil. As origens, o desenvolvimento e a forma do Calendário Civil Egípcio foram descritos em detalhes por Nilsson (Referência Nilsson1920: 277-81) e Stern (Stern de Referência2012: 125–66). Assim como em Stonehenge, o calendário compreende doze meses de 30 dias, juntamente com um mês intercalar de cinco dias (para completar os 365 dias). Os meses são divididos em três semanas de 10 dias. (...) O Egito não estava sozinho no desenvolvimento de um calendário solar. Englund (Referência Englund1988: 122) mostrou, de forma convincente, que sistemas semelhantes de contagem de tempo estavam sendo usados na Mesopotâmia no final do quarto milênio a.C. A adoção do Calendário Egípcio no Mediterrâneo Oriental pode ter sido mais difundida neste momento do que se imaginava anteriormente. O Calendário Egípcio claramente bem-sucedido, uma vez que muitas de suas principais características foram adotadas em calendários posteriores (Stern de Referência2012: 125). (...) Do ponto de vista arqueológico, a questão é se o Calendário Civil

Egípcio, ou uma variação dele, poderia ter sido conhecido pelas comunidades que viviam no sul da Grã-Bretanha em meados do terceiro milênio a.C., vindo a ser adotado por elas. (...) (18).

Apesar de não ter restado qualquer vestígio do Relógio de Calcular de Schickard, graças ao trabalho de Hammer, do biógrafo Max Caspar, e de muitos outros pesquisadores, arqueólogos e historiadores, foi possível recuperar o registro histórico de seu inventor, o que posteriormente permitiu a reconstrução da máquina de Schickard, em 1960, pelo professor de filosofia da Universidade de Tübingen, Bruno Baron von Freytag-Löringhoff (1912-1996). A máquina, em si, era bastante simples. De forma resumida, pode-se dizer que a máquina de Schickard era composta por duas partes; a primeira delas, correspondendo a metade superior da máquina, era uma adaptação dos Ossos de Napier, numa versão mais sofisticada, dispondo de seis cilindros, perpendiculares, livres para girar e gerar uma combinação adequada de números, de acordo com a multiplicação que iria ser realizada. Todavia, este esquema não permitia a multiplicação de números muito grandes.

A segunda parte, instalada na base da máquina, debaixo das hastes, era um somador mecânico. Mas, descrições da máquina não são o principal. O que é importante ressaltar aqui, entretanto, é que, embora a invenção de Schickard apresentasse limitações, a criação de Schickard revela um salto intelectual enorme, no que tange uma mudança de paradigma nas formas de calcular de sua época, salto sintetizado na intenção de mecanizar a matemática, construind uma máquina que fosse capaz de realizar operações aritméticas, uma tarefa que era considerada, até então, exclusivamente humana. Sem dúvida nenhuma, na época destes nossos personagens, esse assunto se constituía em um tema quente, que interessava sobremaneira os eruditos e universitários.

Figura 40 - Relógio de Calcular de Schickard

Embora a Máquina de Calcular de Schickard não funcionasse muito bem, ela significou o primeiro momento na Evolução histórica, em que se tentou mecanizar a matemática, de uma forma mais sofisticada.

Fonte: Própria (2022)

É possível, então, que a boa nova tenha se espalhado pelas Europa e influenciado o trabalho de Pascal.

A Pascaline

Blaise Pascal, filósofo e matemático francês, construiu, em 1642, uma máquina de calcular mecânica, que ficou conhecida como a Pascaline, considerada uma grande inovação em seu tempo, a segunda máquina de calcular na linha do tempo da evolução histórica. O conhecimento de Pascal, quanto à existência do Relógio de Calcular de Schickard, é discutível. Entretanto, se esta hipótese for verdadeira, é possível compreender melhor a confiança que Pascal depositou nesse projeto, desde o início de sua elaboração, por talvez saber que alguém já tivesse tentado algo similar.

Seja como for, a Pascaline atraia a atenção de todos que a viam, principalmente durante as demonstrações gratuitas que a família Pascal promovia, para que as pessoas pudessem admirar a máquina. Pascal, personagem que já tinha muitas contribuições em diversas áreas do conhecimento, Filosofia, Física, Matemática, e outras, e era considerado, mais uma vez, um gênio. Suas motivações para este trabalho específico foram muito parecidas com aquelas de todos que o antecederam e experimentam a dificuldade das atividades de calcular de forma puramente manual. Seu pai, Etienne Pascal (1588-1651), passava longas madrugadas efetuando contas matemáticas, relativas à trabalhos de finanças para o governo francês. No intuito de ajudar o pai na pesada tarefa, Blaise Pascal decidiu construir uma máquina de calcular. A ideia foi prontamente apoiada por seu pai, Etienne, que financiou todo o projeto do filho. Uma vez pronta, a máquina era muito eficiente para executar a operação aritmética da adição, que podia ser realizada de forma bastante simples, a partir de um sistema mecânico muito engenhoso, de engrenagens e eixos, em que se podia discar os números desejados na parte frontal do aparelho, de forma que as respostas apareciam, "magicamente", em pequenas janelas, colocadas também na porção frontal da máquina.

Para os padrões da época, essa realização representou uma enorme conquista, e logo apareceram os imitadores. Embora essa onda de imitações fosse potencialmente boa, pois permitia que novos avanços pudessem ser propostos a partir dos primeiros, Pascal, por outro lado, ficava extremamente incomodado com aqueles que denominava charlatões, os quais, segundo ele, denegriam a sua obra pura e original.

De todo modo, vale mencionar que, apesar de todo o seu simbolismo, a calculadora de Pascal prometia mais do que realmente era capaz de entregar. A capacidade de somar da máquina era de fato muito boa. No entanto, como consequência da forma pela qual Pascal projetou seu dispositivo, com um sistema mecânico de engrenagens e eixos, ele teve muita dificuldade para implementar as demais operações aritméticas, como a subtração, a multiplicação, e a divisão. Uma dessas dificuldades ocorria porque as engrenagens podiam virar apenas em uma direção específica, aparentemente impedindo a operação de subtração, por exemplo. Em outras palavras, a subtração tinha que ser realizada de uma forma completamente diferente. Mas, qual? Como Pascal poderia resolver esse problema? Neste ponto, aproveitamos para introduzir alguns elementos importantes para a elaboração do Pensamento Computacional, abordagem para enfrentar e resolver um problema. No caso específico de Pascal, o problema consiste em determinar uma forma de efetuar a operação de subtração tendo em mãos (somente) uma máquina de calcular mecânica, capaz somar com eficácia.

Elaboração do Pensamento Computacional

Nessa seção, vamos traçar algumas diretrizes para a elaboração do Pensamento Computacional, de forma a analisar como essas estratégias podem ser usadas para nos ajudar a enfrentar e resolver problemas. As estratégias para a elaboração do Pensamento Computacional, incluem: (I) levantamento de informações acerca da natureza do problema a ser investigado, de modo a proporcionar completo domínio sobre o problema em questão, (II) avaliação da viabilidade da decomposição do problema em partes menores, de mais fácil solução, (III) elaboração de algoritmos que descrevam passo-a-passo a solução do problema, e (IV) escolha de ferramentas matemáticas para a realização dos cálculos necessários. Todas essas ações encontram-se sintetizadas no Algoritmo 26, como uma sequência de passos visando encontrar a solução de um problema complexo. A Figura 41 ilustra a elaboração do Pensamento Computacional e esquematiza a sequência de passos proposta no Algoritmo 26.

Algoritmo 26

Passo	Descrição
1	Entender a natureza do problema e todos os detalhes técnicos e científicos envolvidos.
2	Para um problema complexo, adotar a estratégia "dividir e conquistar", decompondo o problema em partes menores, de mais fácil solução.

3	Avaliar possíveis abordagens de solução para o problema, partindo de um repertório-base, referente às técnicas e métodos de solução disponíveis. Quanto mais amplo for esse repertório-base, maior será a capacidade de solução de problemas. Esta etapa é muitas vezes realizada de forma inconsciente, pelos nossos processos mentais, muitas vezes passando diretamente para o passo 4.
4	Ser capaz de escolher, uma proposta viável de solução, dentre o conjunto de possíveis alternativas, levantadas no passo 3.
5	Construir um algoritmo de solução para a realização do passo 4.
6	Finalmente, se necessário, lançar mão de recursos computacionais, tais como feito no passado com o ábaco, tabelas matemáticas, régua de cálculo, Ossos de Napier, calculadoras mecânicas, calculadora de Schickard e com a Pascaline, bem como, atualmente, com os computadores eletrônicos modernos, para auxiliar no processo de obtenção de uma solução para o problema de interesse.

Figura 41 – Síntese da elaboração do pensamento.

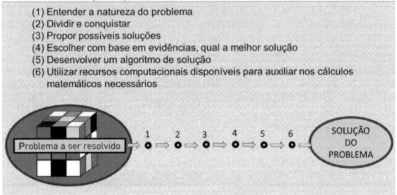

Fonte: Própria (2022)

O primeiro passo para a solução de um problema depende essencialmente do conhecimento que temos deste, o qual pode ter sua origem em qualquer área, física, psicologia, engenharia etc. Nesta etapa, muitas vezes é necessário, primeiramente, mapear explicitamente todos os pontos relevantes, para a compreensão do problema de interesse. Note que Pascal dominava a engenharia de sua máquina, em um nível bastante elevado para sua época, sabendo muito bem realizar as adições, mecanicamente, por meio do seu engenhoso sistema de engrenagens e eixos. Em outras palavras, Pascal conhecia muito bem a natureza do problema que precisava resolver. Cumprida essa etapa, podemos focar nos passos seguintes. Note que os passos 2, 3 e 4, no Algoritmo 26, foram listados apenas para fins didáticos. Na prática, quando introjetamos todo o processo, esses três passos passam individualmente despercebidos, como integrantes uma única ação. No entanto, empregamos essa partição, para permitir um melhoe entendimento. Dito isso, partimos para o segundo passo, *dividir e conquistar,* que consiste em buscar maneiras de simplificar o problema em questão, decompondo-o em partes menores, as quais somos capazes de resolver mais facilmente.

A partir desse ponto de vista, Pascal percebeu que, para implementar a operação de subtração, seria necessário decompor a subtração em uma série de adições simples, passíveis de realizar por meio da mecânica de engrenagens e eixos de sua máquina. O terceiro passo consiste em estudar as abordagens de solução disponíveis para resolver o problema. Pascal conhecia um artifício matemático antigo, o método do Complemento dos Nove (CN), que permitia efetuar uma operação de subtração, transformando-a em uma sequência de operações de adição. O quarto passo consiste em escolher o método de solução considerado mais adequado para resolver o problema em questão. Pascal, então, utilizou o método do Complemento dos Nove (CN), para contornar os problemas técnicos da sua máquina. Tendo selecionado qual o melhor mecanismo de solução para o problema, partimos para o quinto passo, que é o desenvolvimento do algoritmo que levará à solução procurada, neste caso, o método do Complemento dos Nove (CN). Por fim, no sexto passo, os cálculos matemáticos são realizados para fornecer o resultado do problema.

Para evidenciar aspectos da elaboração do Pensamento Computacional, a seguir, vamos focar nossa atenção em dois elementos principais: a estratégia *dividir e conquistar* e a elaboração do algoritmo para o método do Complemento dos Nove (CN).

Dividir e conquistar

Decompor uma tarefa complexa em partes menores, pode, por vezes, não ser uma incumbência tão simples quanto parece, requerendo muitas vezes um treino adequado. Todavia, seres humanos são equipados com essa habilidade, usada inconscientemente em diversas situações do cotidiano, mesmo que de forma despercebida, por meio de diversos processos mentais.

Por exemplo, tome a ação de escovar os dentes. Neste processo, nem percebemos, mas estamos considerando várias questões:

(a) Qual escova de dentes devo usar ?
(b) Quanto tempo escovar ?
(c) Como usar a escova ?
(d) Que pasta de dente usar ?
... ...

O processo de escovar os dentes se torna automático ao longo do tempo mas, provavelmente, não tenha sido tão fácil na primeira vez em que fomos convocados a realizar a tarefa. No início, alguém nos dava uma escova já com a pasta e apenas nos ensinava como usá-la. Note que a questão 1, Qual escova de dentes devo usar ? ou a questão 4, Que pasta de dente usar? , por exemplo, não foram abordadas de imediato. Assim também é com todo processo de amadurecimento para solução de um problema maior. De fato, a expressão, dividir e conquistar, é muito usada em inúmeros contextos, incluindo a Física e a Engenharia, onde, em geral, qualquer problema, quando dividido, é muito mais tratável do que quando o consideramos na sua totalidade.

Napoleão Bonaparte sabia disso, e uma de suas táticas favoritas era enviar todo o seu exército contra uma fração menor do exército inimigo, para assim, lentamente, desgastar o exército rival. Napoleão sabia que, dividindo o "inimigo" em frações menores e administráveis, a vitória estaria garantida. Como Napoleão, há inúmeros exemplos na História, de grandes líderes e governantes, que também usavam desta estratégia.

Seguindo esta forma de abordagem na solução de um problema complexo, pode-se buscar um processo de particionamento sucessivo das várias etapas da proposta de solução. Em outras palavras, deve-se verificar, se alguma dessas partes, etapas da solução do problema, pode, ainda, ser subdividida em outras subpartes, que possam eventualmete ser subdivididas novamente, e assim sucessivamente, até que se alcance um nível de entendimento elementar quanto a cada uma das partes. Para executarmos esta sequência de pequenas ações, precisamos treinar nossas habilidades computacionais, na estratégia de dividir e conquistar, tentando sempre buscar maneiras diversificadas de reduzir um dado problema em partes menores e administráveis. Em seguida, convidamos o leitor para a análise de dois problemas matemáticos, para efeitos ilustrativos. O primeiro deles, Exemplo 37, envolve o cálculo do volume de uma peça cilíndrica oca, e o segundo, Exemplo 38, envolve o cálculo da área de uma figura irregular.

Exemplo 37

Na realização de um projeto, considere que seja necessário calcular o volume de uma peça cilíndrica oca, como a mostrada na Figura 42. Definindo os parâmetros importantes do problema como sendo: diâmetro da borda externa, D = 7 cm, espessura da casca do cilindro, δ = 2 cm e o comprimento do cilindro, L = 13 cm, mostre de que forma esse cálculo pode ser realizado, evidenciando as etapas da elaboração do Pensamento Computacional.

Figura 42 - Cilindro oco.

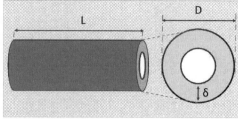

Fonte: Própria (2022)

Para solucionar o problema, podemos aplicar as estratégias da elaboração do Pensamento Computacional, como apresentado no Algoritmo 27, desenvolvido especificamente para o cálculo do volume de uma peça cilíndrica oca.

Algoritmo 27

Passo	Descrição
1	O primeiro passo consiste no estudo da natureza do problema a ser resolvido. O problema em questão pertence ao tópico da geometria espacial, e o volume de cilindros, em geral, é calculado por meio da fórmula, $V_R = 2\pi RL$, onde R é o raio da seção reta do cilindro, e L é o comprimento do cilindro.
2,3,4	Após estudar a natureza do problema, é possível perceber que ele pode ser particionado em duas etapas, como mostrado na Tabela 20, Parte I e Parte II. A Figura 43 ilustra a decomposição em duas etapas mais simples, a partir do problema inicial mais complexo. Parte I consiste em calcular o volume de um cilindro sólido de diâmetro, D, enquanto a Parte II requer calcular o volume de um cilindro sólido de diâmetro, (D − δ).

Figura 43 – Dois cilindros.

Fonte: Própria (2022)

Tabela 20 - Decomposição do problema complexo em duas partes menores

Parte	Descrição
1	O cálculo do volume de um cilindro sólido de diâmetro, D: $$V_D = 2\pi \frac{D}{2} L$$
2	O cálculo do volume de um cilindro sólido de diâmetro, (D − δ)

		$V_{D-\delta} = 2\pi \dfrac{(D-\delta)}{2} L$
5	Em seguida, um algoritmo pode ser elaborado para calcular o volume do cilindro oco. Os passos encontram-se descritos no Algoritmo 28.	

Algoritmo 28

Passo	Descrição
1	Escreva a expressão matemática para o volume dos cilindros, de raios, D/2 e (D − δ)/2, mostrados na Figura 43. $$V_D = 2\pi \dfrac{D}{2} L, \quad V_{D-\delta} = 2\pi \dfrac{(D-\delta)}{2} L$$
2	Escreva a diferença entre os volumes, $$V_{oco} = V_D - V_{D-\delta}$$ como sendo o volume do cilindro oco.

6	Por fim, recursos computacionais disponíveis podem ser utilizados para auxiliar a realização dos cálculos, ou os mesmos podem ser simplesmente realizados à mão, resultando no volume do cilindro oco, dado por $V_{oco} = 130\pi \ cm^3$.

Exemplo 38

Suponha, que a área da figura irregular, mostrada à direita, na Figura 44, precise ser calculada como parte de um determinado projeto. Mostre como esse cálculo pode ser realizado, evidenciando as etapas da elaboração do pensamento computacional.

Algoritmo 29

Passo	Descrição	
1	O primeiro passo consiste no estudo da natureza do problema que se pretende resolver. O problema a ser resolvido pertence ao âmbito do cálculo de área de superfícies, da matemática. Calcular a área de figuras geométricas irregulares, em geral, pode ser um problema bastante complexo.	Figura 44 – Cálculo de área. 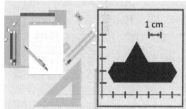 Fonte: Própria (2022)
2, 3, 4	Após estudar a natureza do problema em questão, podemos pensar em decompor a figura irregular proposta, em uma coleção de figuras regulares, cuja área seja conhecida. Seguindo essa linha de raciocínio, podemos pensar em decompor a figura em inúmeros triângulos, cuja área, pode ser encontrada por meio a fórmula para a área do triângulo, $A_\Delta = (b \times h)/2$, sendo, b, a base do triângulo e h, sua altura.	Figura 45 – Decomposição. 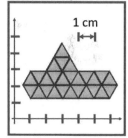 Fonte: Própria (2022)
	A Figura 45, mostra a decomposição da figura original, o problema complexo, em inúmeros triângulos de área A_Δ. No total, 26 triângulos.	

5	Em seguida, um algoritmo, semelhante ao Algoritmo 30, pode ser elaborado para calcular a área da figura geométrica irregular, Figura 44. **Algoritmo 30** 	Passo	Descrição	 |---|---| | 1 | Escreva a área do triângulo, A_Δ. | | 2 | O problema se resume então a calcular a área de 26 triângulos de área, A_Δ. Escreva a área total como: $A_T = 26 \times A_\Delta$. |
6	Por fim, lançando mão dos recursos computacionais disponíveis. Considerando a altura, h = 1 cm, e a base, b = 1 cm, podemos calcular a área, individual, de cada triângulo, como sendo $A_\Delta = 0.5\ cm^2$. Logo, a área total, da figura geométrica irregular, resulta $A_T = 0.5 \times 26\ cm^2 = 13\ cm^2$

Os problemas estudados anteriormente, são exemplos simples, mas que fornecem uma boa ideia de como, cotidianamente, lidamos com esse tipo de problema. Há inúmeros outros problemas que podemos propor e que permitem usar essa sistemática. Um desses problemas trata do emprego da técnica do Complemento dos Nove para realizar uma operação de subtração.

Subtração pelo Método do Complemento dos Nove

Neste ponto, voltamos ao problema de Pascal, o qual dispunha de uma calculadora mecânica capaz de efetuar muito bem a operação da adição. Entretanto, não era claro como seria possível realizar uma operação de subtração a partir dessa máquina de somar. Pascal resolveu a questão implementando o Método do Complemento dos Nove, que era já conhecido em sua época. Para melhor entender a solução, precisamos inicialmente definir alguns pontos importantes, conforme Definição 9 e

Definição 10, discutidas abaixo.

Definição 9

Numa operação de subtração entre dois números, A e B,
 $$A - B = C,$$
 Têm-se a chamada Subtração pelo Método Tradicional (SMT),
     A → Minuendo
  - B → Subtraendo
     C → Resto ou Diferença
 o primeiro número, A, é denominado minuendo, o segundo número, B, subtraendo, e o terceiro número, C, resto ou diferença.

Considere agora a

Definição 10.

Definição 10

Considere o número decimal $$x = X Y Z W . U V R S$$ formado pelos algarismos, ou dígitos,

X, Y, Z, W, U, V, R e S, ∈ ℕ, ⊂ {0,1,2,3,4,5,6,7,8,9}

que são números naturais, e os dígitos de um número real. Denominamos algarismo mais significativo de um número, o algarismo mais à esquerda, X, por vezes chamado também de algarismo de maior peso. Analogamente, o algarismo menos significativo de um número é o algarismo mais à direita, S, também chamado de algarismo de menor peso.

X Y Z W . U V R S

↑   ↑
Algarismo mais   Algarismo menos
significativo   significativo
de um número   de um número
↑   ↑
Maior Peso   Menor Peso

Exemplo 39

Construa um algoritmo para calcular o CN do número decimal, 1236.

Algoritmo 31

Passo	Descrição
1	Atribua à letra x o valor para o qual se deseja calcular o Complemente dos Nove: x = 1236
2	Use a Definição 11 para encontrar y: y = 9999
3	Use a Definição 11 para encontrar o Complemento dos Nove de x, o qual pode ser obtido considerando a diferença: $y - x$.

4	A realização dos cálculos matemáticos fornece:
	     9 9 9 9
	 − 1 2 3 6
	     8 7 6 3
	 O Completo dos Nove de 1236 é o número 8763.

Para compreender o cálculo acima, com base na Definição 9 e na

Definição 10, podemos definir o Complemento dos Nove de um número, como mostrado na Definição 11

Definição 11

Considere um número, $x \in \mathbb{R}$, composto por N algarismos significativos, com $N \in \mathbb{N}$, sendo, o primeiro algarismo desse número o algarismo de maior peso, e o último algarismo desse número o algarismo de menor peso. Considere um outro número, $y \in \mathbb{R}$, também composto por N algarismos significativos, sendo, o primeiro algarismo desse número o algarismo 9, que tem o mesmo peso do algarismo mais significativo do número x. Da mesma forma, o último algarismo desse número, também, o algarismo, 9, tem o mesmo peso do algarismo menos significativo do número x. Os algarismos intermediários do número, y, entre o algarismo mais significativo, e menos significativo, são todos 9. Denominamos Complemento dos Nove (CN) de um número, x, a diferença, $y - x$.

Partindo do exposto na Definição 11, vamos a seguir, ilustrar como calcular o CN de qualquer número, $x \in \mathbb{R}$.

Exemplo 40

Construa um algoritmo para calcular o Complemento dos Nove (CN) de 1.754.

Algoritmo 32

Passo	Descrição
1	Atribua à letra x o valor que se deseja calcular o Complemente dos Nove: x = 1.754
2	Use a Definição 11 para encontrar y: y = 9.999
3-4	Use Definição 11 para encontrar o Complemento dos Nove de x, a ser obtido considerando-se a diferença, $y - x$, da seguinte forma: $$\begin{array}{r} 9.999 \\ -\ 1.754 \\ \hline 8.245 \end{array}$$ Logo, o Completo dos Nove de 1.754 é o número 8.245.

Agora, que sabemos encontrar o CN de um número qualquer, x, podemos efetuar uma Subtração pelo Método do Complemento dos Nove (SMCN), seguindo os passos detalhados no Algoritmo 33.

Algoritmo 33

Passo	Procedimento		
1	Encontre o Complemento dos Nove do subtraendo, usando a Definição 11.		
2	Some o resultado obtido no passo 1 ao minuendo. Chame esse resultado de v.		
3	Duas situações são agora possíveis, dependendo do valor do subtraendo:		
	Se, o subtraendo for menor (<) do que o minuendo	Então,	Chame de t, o algarismo mais significativo de v. Escreva o número, v, sem o algarismo mais significativo, passando a denominá-lo s. Chamar de p, o peso do algarismo menos significativo de s. Some ao número s, o número t, multiplicado pelo peso p. Resultado = s + t × p
		Se não	O resultado é igual à quantidade negativa do CN de v

Para efetuar uma subtração usando a calculadora mecânica de Pascal, era necessário, primeiramente, calcular o Complemento dos Nove do número que se desejava subtrair. Posteriormente, este número é fornecido como dado de entrada na Pascaline, para que, então, seja executado o cálculo da adição. De fato, o Algoritmo 33, usado para efetuar uma Subtração pelo Método do Complemento dos Nove (SMCN), demonstra como calculadoras mecânicas projetadas apenas para somar, conseguiriam, também, subtrair. Neste ponto, gostaríamos apontar que, embora, à primeira vista, uma SMCN possa parecer muito complicada e difícil de executar, o objetivo do SMCN não é o seu uso por pessoas fazendo contas manuais, mas, sim, sua implementação em uma máquina que não sofre de cansaço físico e pode executar grande número de tarefas repetidas, sem erros.

Exemplo 41

Construa um algoritmo para efetuar uma Subtração pelo Método do Complemento dos Nove (SMCN), calculando o valor da operação 540 – 399. Compare esse resultado, com aquele obtido, quando se realiza uma Subtração pelo Método Tradicional (SMT).

Algoritmo 34

Passo	Descrição
1	Encontre o CN do subtraendo. Neste caso, o subtraendo é 399, então, o CN de 399 é 600. $\quad 9\ 9\ 9$ $-\quad 3\ 9\ 9$ $\quad 6\ 0\ 0$
2	Note que o dado de entrada na Pascaline, o CN, resulta de uma subtração de fácil execução, por partir do número 999. Some então o resultado obtido no passo 1, ao minuendo, chamado de v: $\quad 6\ 0\ 0$ $+\quad 5\ 4\ 0$ $\quad 1\ 1\ 4\ 0$ Portanto, v = 1140.
3	Como o subtraendo é menor (<) que o minuendo, temos, t = 1, s = 140, e p = 1, de modo que: Resultado = 140 + 1 × 1 = 141. Logo, a SMCN, de 540 – 399, resulta em 141.
4	Por outro lado, como esperado, a SMT, também resulta em 141. $\quad 5\ 4\ 0$ $-\quad 3\ 9\ 9$ $\quad 1\ 4\ 1$

Exemplo 42

Construa um algoritmo para efetuar uma operação de subtração pelo Método do Complemento dos Nove (SMCN), calculando o valor de 1890 – 1230. Compare esse resultado, com aquele obtido, quando se realiza uma Subtração pelo Método Tradicional (SMT).

Algoritmo 35

Passo	Descrição
1	Encontre o CN do subtraendo. Neste caso, o subtraendo é 1230, então, o CN de 1230 é 8769. $\quad 9\ 9\ 9\ 9$ $-\quad 1\ 2\ 3\ 0$ $\quad 8\ 7\ 6\ 9$
2	Some o resultado obtido no passo 1, ao minuendo, denominado v: $\quad 8\ 7\ 6\ 9$ $+\quad 1\ 8\ 9\ 0$ $\ 1\ 0\ 6\ 5\ 9$ Portanto, v = 10659.

3	Como o subtraendo é menor (<) que o minuendo, temos, t = 1, s = 659, e p = 1, de modo que: Resultado = 659 + 1 × 1 = 660 Logo, a SMCN de 1890 - 1230, resulta em 660.
4	Por outro lado, a SMT, também resulta em 660. $$\begin{array}{r} 1\;8\;9\;0 \\ -\;\;1\;2\;3\;0 \\ \hline 6\;6\;0 \end{array}$$

Exemplo 43

Construa um algoritmo para efetuar uma subtração pelo Método do Complemento dos Nove (SMCN), calculando o valor 23.759 – 12.011. Compare esse resultado, com aquele obtido, quando se realiza uma Subtração pelo Método Tradicional (SMT).

Algoritmo 36

Passo	Descrição
1	Encontre o CN do subtraendo. Neste caso, o subtraendo é 12.011, então, o CN de 12.011 é 87.988. $$\begin{array}{r} 9\;9\,.\,9\;9\;9 \\ -\;\;1\;2\,.\,0\;1\;1 \\ \hline 8\;7\,.\,9\;8\;8 \end{array}$$
2	Some o resultado obtido no passo 1, ao minuendo, denominado v: $$\begin{array}{r} 8\;7\,.\,9\;8\;8 \\ +\;\;2\;3\,.\,7\;5\;9 \\ \hline 1\;1\;1\,.\,7\;4\;7 \end{array}$$ Portanto, v = 111.747.
3	Como o subtraendo é menor (<) que o minuendo, temos, t = 1, s = 11.747, e p = 10^{-3}, de modo que: Resultado = 11.747 + 1 × 10^{-3} = 11.748. Logo, a SMCN de 23.759 – 12.011, resulta em 11.748.
4	Por outro lado, a SMT, também resulta em 11.748. $$\begin{array}{r} 2\;3\,.\,7\;5\;9 \\ -\;\;1\;2\,.\,0\;1\;1 \\ \hline 1\;1\,.\,7\;4\;8 \end{array}$$

Exemplo 44

Construa um algoritmo para efetuar uma subtração pelo Método do Complemento dos Nove (SMCN), calculando, 753 – 905. Compare esse resultado com aquele obtido, quando se realiza uma Subtração pelo Método Tradicional (SMT).

Algoritmo 37

Passo	Descrição
1	Encontrar o CN do subtraendo. Neste caso, o subtraendo é 905, então, o CN de 905 é 246. $$\begin{array}{r} 9\;9\;9 \\ -\;\;9\;0\;5 \\ \hline 9\;4 \end{array}$$
2	Some o resultado obtido no passo 1, ao minuendo, chamado de v: 9 4

	+ 7 5 3 8 4 7 Portanto, v = 847.
3	Como o subtraendo é maior (>) que o minuendo, temos, 9 9 9 + 8 4 7 - 1 5 2 Logo, a SMCN, de 753 - 905, resulta em, - 152.
4	Por outro lado, a SMT, também resulta em - 152. 9 0 5 - 7 5 3 - 1 5 2

Exemplo 45

Construa um algoritmo para efetuar uma subtração pelo Método do Complemento dos Nove (SMCN), calculando o valor 0.725 – 1.234. Compare esse resultado com aquele obtido, quando se realiza uma Subtração pelo Método Tradicional (SMT).

Algoritmo 38

Passo	Descrição

1	Encontre o CN do subtraendo. Neste caso, o subtraendo é 1.234, então, o CN de 1.234 é 8.765.
	    9 . 9 9 9
	- 1 . 2 3 4
	    8 . 7 6 5

2	Some o resultado obtido no passo 1, ao minuendo, chamado de v:
	    8 . 7 6 5
	+ 0 . 7 2 5
	    9 . 4 9 0
	Portanto, v = 9.490.

3	Como o subtraendo é maior (>) que o minuendo, temos 9 . 9 9 9 + 9 . 4 9 0 - 0 . 5 0 9 Logo, a SMCN de 0.725 – 1.234, resulta em um valor de - 0.509.
4	Por outro lado, a SMT também resulta em -0.509. 1 . 2 3 4 - 0 . 7 2 5 - 0 . 5 0 9

Como podemos facilmente observar, a realização da subtração na Pascaline, não era, ainda, o que se esperava de uma máquina de calcular. A operação era cheia de subterfúgios e algoritmos que o usuário tinha que implementar, por si próprio, para poder chegar a um determinado resultado. Mas, de todo modo, marcou o início de uma fase de novos desenvolvimentos. Podemos acrescentar, ainda, que, se a subtração, já era enfadonha, a multiplicação e a divisão na Pascaline eram, simplesmente, quase que enlouquecedoras.

* * *

Mais uma vez, entretanto, chamamos a atenção de que a importância, tanto da máquina de calcular de Schickard, quanto da Pascaline, não reside, necessariamente, em seus progressos técnicos, que eram, na verdade, bem modestos. Dito de outra forma. a maior importância dessas realizações residia na compreensão de que um processo intelectual, como a aritmética, poderia ser realizado por uma máquina. Sem dúvida alguma, na época de Pascal, máquinas já eram largamente usadas para realizar tarefas mecânicas, com grande sucesso. Todavia, a ideia de usar máquinas para efetuar tarefas como calcular, era desafiadora e quase inacreditável para o entendimento dos homens e mulheres do século XVII. De todo modo, apesar de todas as deficiências da máquina de Pascal, ela representava uma promessa para o futuro da computação. E era só uma questão de tempo e de aperfeiçoamentos constantes, para que novos avanços se juntassem aos progressos já alcançados.

Leibniz e sua máquina de calcular mecânica

Um grande progresso na evolução histórica da computação vem em seguida, em 1671, proporcionado, agora, pelo gênio, matemático e filósofo alemão, Gottfried Wilhelm Leibniz (1646-1716), cerca de trinta anos depois do lançamento da Pascaline. Leibniz se destacou em diferentes áreas do conhecimento, produzindo grandes contribuições na Matemática, particularmente na área do Cálculo Diferencial e Integral, desenvolvendo um formalismo concorrente ao de Sir Isaac Newton. Além disso, deixou contribuições muitas as áreas do conhecimento na sua época: na física, na lógica, na psicologia, na teologia, na ciência aplicada, na economia, na medicina, na história etc. Na filosofia era conhecido como um dos maiores filósofos do racionalismo. Por tudo isso, foi considerado o último gênio universalista de todos os tempos.

QRCode 15 – Stepped (19)

SCAN QR-CODE

Como se não bastasse, Leibniz desenvolveu também sua própria calculadora mecânica. Entretanto, Leibniz, não partiu o zero, como Pascal. Alternativamente, optou por trabalhar nas deficiências da Pascaline, fazendo aperfeiçoamentos notáveis na calculadora de Pascal. Visite o QRCode 15. A máquina de calcular de Leibniz, além de somar e subtrair, também multiplicava e dividia, de uma forma muito mais prática do que a Pascaline.

A relevância histórica do trabalho de Leibniz foi tão grande que este se tornou uma referência até para os fabricantes de calculadoras do século XIX, os quais, a partir de sua contribuição, puderam trabalhar em outros aperfeiçoamentos. Leibniz construiu sua máquina de calcular, em muito motivado pelas discussões que travou com o grande astrônomo e matemático holandês, Christian Huygens, na ocasião de sua visita à Paris, em 1672. Decidiu então, definitivamente, desengavetar seus planos, pois acreditava firmemente que a tarefa de realizar cálculos aritméticos era indigna dos cérebros dos brilhantes cientistas, os quais deviam empregar seu tempo em atividades intelectualmente mais sofisticadas.

Acredita-se que Leibniz tenha contratado um artesão, em Paris, e que sua máquina tenha ficado pronta entre 1672 e 1674. Sua grande contribuição para o desenvolvimento das máquinas mecânicas de calcular foi aquilo que mais tarde ficou conhecido, como a roda de Leibniz, usada em calculadoras mecânicas até a invenção das calculadoras eletrônicas na década de 1970. A roda Leibniz tem nove dentes, para representar cada um dos números decimais de um dígito, de 1 a 9. Um segundo mecanismo então se engrena com os dentes da roda, dependendo da sua posição. A entrada é definida usando uma série de oito botões giratórios. Por meio de uma manivela, o cálculo podia ser executado e o resultado exibido em 16 janelas na parte posterior da máquina (20). Esse mecanismo funcionava com o componente móvel, para acelerar as adições repetitivas, resultantes das operações de multiplicação e divisão, de forma que a própria repetição tornava-se automatizada. Entretanto, devido aos altos custos de elaboração, bem como às dificuldades de construção de um dispositivo tão complicado, foram produzidas apenas três máquinas. A única versão sobrevivente da calculadora, que Leibniz denominava Stepped Reckoner, está em exibição em um museu em Hannover, na Alemanha, mas, infelizmente, é hoje uma relíquia inoperante.

E logo surgiram os Imitadores

A máquina de Leibniz podia não ser tão prática quanto se desejaria, pois necessitava de um extenso manual para ser utilizada. Então, quando submetida a um teste de qualidade, o Stepped Reckoner poderia deixar um pouco a desejar. De todo modo, era, tecnicamente, muito superior à Pascaline e foi considerada uma das maiores invenções do século XVII, inspirando uma série de imitadores em todo o mundo, a tal ponto que, quase todas as calculadoras mecânicas construídas nos 150 anos seguintes, foram baseadas no dispositivo de Leibniz. Sem dúvida nenhuma, o Stepped Reckoner foi uma máquina notável, cujos princípios de funcionamento levaram posteriormente ao desenvolvimento da primeira calculadora mecânica bem-sucedida.

QRCode 16 Stepped (21)

SCAN QR-CODE

De fato, a partir da sua contribuição, muitos modelos de calculadoras foram desenvolvidos, que funcionaram muito bem e capturaram a atenção do público em geral. Apesar de todos esses desenvolvimentos, a tecnologia de fabricação de peças e equipamentos ainda não estava bem amadurecida para a produção em massa de máquinas de calcular, pelo menos até o início dos anos de 1800. A primeira calculadora produzida em massa somente apareceu a partir de 1820, quando o francês Charles Xavier Thomas de Colmar (1785-1870), construiu uma peça de engenharia de primeira linha, baseada na roda de Leibniz, mas sem compacta, confiável, fácil de usar, que recebeu o nome de Aritmômetro. Thomas dirigia uma companhia de seguros em Paris, e devido à natureza matemática de seu trabalho, ele conhecia muito bem as dificuldades em trabalhar sem os benefícios de máquinas calculadoras, o que o levou a contemplar as ricas possibilidades do cálculo mecânico. Thomas não só sonhava com a idéia, como também se dispôs a executar a tarefa.

Os aritmômetros atraíram muita atenção em sua época, e cerca de mil e quinhentos modelos foram vendidos nos trinta anos seguintes, principalmente para bancos, companhias de seguros e outros negócios. Da mesma forma que aconteceu com a calculadora de Pascal e de Leibniz, o aritmômetro também teve muitos imitadores, de modo que a palavra aritmômetro passou para a linguagem popular como sendo um termo genérico para qualquer calculadora do tipo Thomas. O termo sobreviveu até o início dos anos de 1900, quando os aritmômetros se tornaram obsoletos, substituídos por calculadoras de teclado, muito mais fáceis de usar. O Aritmômetro era apenas uma das inúmeras invenções mecânicas trazidas com a revolução industrial, o que inspirou uma crença inabalável no poder das máquinas. No início dos anos de 1800, a revolução industrial estava a pleno vapor na Grã-Bretanha e se espalhava para o continente, particularmente na França. A rápida expansão da indústria e do comércio, juntamente com o crescimento da população e da educação, provocou a necessidade de estatísticas m todos os campos: ciência, indústria, negócios e governos, trazendo, com issso, a necessidade cada vez mais premente de melhores formas de calcular.

Questões, Exercícios, Atividades & Treinamento

Para a maioria das questões, pesquise na Internet, em diferentes fontes, para desenvolver sua *expertise*. Habitue-se, sempre, a anotar adequadamente a referência de onde extraiu as informações, usando de preferência as normas da ABNT mais atual, ou outra norma que preferir, como IEEE, por exemplo.

1) Estude e esboce o esquema da calculadora de Wilhelm Schickard, revelado nos rascunhos encontrados por Franz Hammer na Biblioteca de Tubingen.

2) Qual era o maior problema na época de Wilhelm Schickard para a construção de uma calculadora mecânica?

3) Como era a concepção técnica para o processo de transportar ou subir a casa das dezenas nas máquinas mecânicas? Como Schickard resolveu esse problema?

4) Como eram realizadas as operações de adição e subtração no Relógio de Calcular de Schickard?

5) Discuta as limitações do Relógio de Calcular de Schickard.

6) Quem primeiro reconstruiu o Relógio de Calcular de Schickard? Onde? Explique se a máquina funcionou bem.

7) Descreva como poderia ser feita a multiplicação 364 x 6 por meio da máquina de calcular de Schickard.

8) Descreva como poderia ser feita a divisão 364 ÷ 6 por meio da máquina de calcular de Schickard.

9) Que procedimento poderia ser realizado para multiplicar dois números grandes na máquina de calcular de Schickard?

10) Procure na internet uma máquina virtual de Schickard, estude e descreva a sua utilização.

11) Podemos encontrar uma amostra do Relógio de Calcular de Schickard, construído por ele, em algum museu? Explique sua resposta.

12) Descreva a solução detalhada do processo de SMCN para 9875543 – 651002.

13) A Pascaline era uma máquina mais avançada do que o Relógio de Calcular de Schickard? Explique.

14) Qual o método usado para efetuar a subtração na Pascaline?

15) A Pascaline realizava multiplicação e divisão? Discuta.

16) Discuta a frase: A Pascaline foi muito importante em sua época porque muitas pessoas puderam comprar essa calculadora e podiam realizar qualquer operação nela. Certo ou Errado?

17) Discuta a importância da Pascaline em sua época.

18) Por que Pascal ficava incomodado com os imitadores da Pascaline?

19) Imitadores têm algum papel no desenvolvimento tecnológico? Explique.

20) Dê exemplos de imitadores no contexto moderno. Estabeleça uma relação entre os imitadores das máquinas de Pascal e Leibniz e os desenvolvimentos tecnológicos na computação na segunda metade do século XX (HP, Apple, Xerox, etc.). Crie um texto ou um vídeo para divulgação desses conhecimentos pelas redes sociais.

21) Qual o principal papel que as primeiras máquinas de calcular mecânica desempenharam?

22) Como a Pascaline pode ter influenciado o trabalho de Leibniz?

23) Qual o avanço trazido pelo Stepped Reckoner de Leibniz, em comparação com a Pascaline?

24) Qual a origem do sucesso da máquina de calcular de Leibniz?

25) Porque Leibniz teria criado o Stepped Reckoner?

26) Leibniz conseguiu produzir a sua calculadora em grande número? Por quê?

27) Qual era o problema que existia na época de Leibniz que impedia a produção de calculadoras mecânicas em grande número?

28) Quem reconstruiu o Stepped Reckoner, recentemente?

29) Onde o Stepped Reckoner pode atualmente ser encontrado? E em que condições?

30) Visite o Stepped Reckoner em museus virtuais, e descreva seu funcionamento.

31) Quando e quem produziu em grande número a primeira calculadora mecânica de sucesso?

32) Por que a máquina de Leibniz é considerada a mãe das calculadoras mecânicas de sucesso do século XIX?

33) Por que a Revolução Industrial trouxe uma busca cada vez maior pelas mais eficientes formas de calcular? Discuta todas as questões envolvidas.

34) Calcule o CN dos números abaixo:

(a)	421
(b)	– 0.726
(c)	1500
(d)	59.411
(e)	1001
(f)	0.000345
(g)	501.333

35) Efetue a operação da subtração usando o Método do Complemento dos Nove para Subtração, para as diferenças abaixo:

(a)	232 – 147
(b)	1377 – 45
(c)	75 – 143
(d)	0.2378 – 0.7999
(e)	3.56 – 7.89
(f)	0.003499 – 1.345679
(g)	2345.456 – 1001.011

Capítulo 4 – Leibniz e o sistema de numeração binário

Neste capítulo, discutimos a contribuição de Gottfried Wilhelm Leibniz (1646-1716), para o desenvolvimento da matemática binária, contribuição esta que ficou por muito tempo esquecida, sendo redescoberta apenas muito recentemente. Neste capítulo, em um tributo ao trabalho de Leibniz, vamos discutir de que forma ele formalizou o sistema de numeração binário, em um artigo científico denominado "Explication de l'Arithmétique Binaire". Neste artigo, Leibniz apresentou a aritmética binária, a qual ele acreditava apresentar vantagens sobre o sistema de numeração decimal. Leibniz estava certo, estando cerca de trezentos anos adiantado, uma vez que o sistema numérico binário se tornou um dos desenvolvimentos mais importantes da história da tecnologia, sendo fundamental para a tecnologia de computação eletrônica. Aproveitamos os temas tratados e discutimos também os seguintes tópicos: representações numéricas e sistemas de numeração, o sistema binário, conversões decimal-binário, binário-decimal e aritmética binária, incluindo operações aritméticas de adição, subtração, multiplicação e divisão. Exemplos práticos de sistemas binários, no contexto moderno, também são discutidos.

Ao completar este capítulo, você estará apto a:

- Descrever as contribuições de Leibniz na Computação.
- Descrever os sistemas de numeração mais utilizados na atualidade, e apontar as aplicações mais comuns.
- Compreender o sistema de numeração binário.
- Explicar por que o sistema de numeração binário é tão importante para a ciência da computação.
- Converter números decimais em números binários, e vice-versa.
- Compreender a aritmética binária. Fazer operações aritméticas de adição, subtração, multiplicação e divisão de números binários.
- Estudar um artigo científico como "Explication de l'Arithmétique Binaire", de Leibniz, e explicar qual a importância desse artigo para o desenvolvimento da computação.
- Compreender como os computadores modernos realizam a operação de adição, entendendo a máquina binária de Leibniz.

Leibniz foi, provavelmente, um dos primeiros matemáticos ocidentais a estudar e descrever os números binários, um sistema de numeração, onde só existem dois dígitos, 0 e 1. Leibniz escreveu sobre o sistema numérico binário em um artigo chamado:

"Explication de l'Arithmétique Binaire"

ou

"Explanation of the Binary Arithmetic",

de 1703, onde discutiu os fundamentos do sistema binário de numeração, e incluiu exemplos de como pode ser simples efetuar operações aritméticas básicas, tais como adição, subtração, multiplicação e divisão, por meio deste sistema de numeração binário.

Redescobrindo Leibniz

Naquela época, o sistema binário de Leibniz era quase que uma forma de combinar sua filosofia de vida e suas crenças religiosas com a matemática, e não tinha nenhum outro propósito mais específico. Como muitos outros intelectuais da época, Leibniz passou grande parte de sua vida tentando conciliar seus conhecimentos sobre religião e filosofia com suas descobertas em matemática e ciências. Para Leibniz, a matemática binária tinha um significado mais religioso do que prático, e ele a considerava como uma espécie de prova natural da existência de Deus, argumentando que ela demonstrava que o Senhor criara o universo a partir do nada, ou seja, do número zero. Apesar de Leibniz demonstrar muito apreço pela matemática binária, vale mencionar que a sua máquina de calcular mecânica, o Stepped Reckoner, não empregava o sistema de numeração binário em sua concepção. Ao contrário, usava o sistema decimal de

QRCode 17 – "Explication de l'Arithmétique Binaire" (22)

SCAN QR-CODE

numeração, pois o amadurecimento técnico e científico da sua época não permitia associar o uso do sistema de numeração binária, recém-descoberto por ele, à uma máquina de computação. Este desdobramento só ocorreu séculos depois, embora Leibniz tenha tido um vislumbre futurista ao propor uma máquina binária empregando bolinhas de gude, que vamos discutir mais a frente, a qual encerra a essência de uma máquina de computação digital binária, em pleno século XVII.

Representações numéricas e sistemas de numeração

Muito frequentemente, em diversas áreas de atuação, estamos lidando com quantidades que, de alguma maneira, precisam ser manipuladas aritmeticamente.

Exemplo 46

Considere:
(a) Um feirante, que precise calcular as quantidades vendidas e as quantidades remanescentes de diferentes legumes em seu estoque, ou
(b) Um investidor, que deseje determinar o lucro resultante de um dado investimento bancário, ou
(c) Um enfermeiro que precise compreender as dosagens dos medicamentos prescritos por um médico, para um determinado paciente, ou
(d) Um atleta que pretenda cobrir uma certa distância em um determinado intervalo de tempo, ou
(e) Um cozinheiro, que deve lidar com as relações entre quantidades de ingredientes de uma receita.

A lista de exemplos em que lidamos com quantidades, no cotidiano, pode ser muito grande. Entretanto, em quaisquer dessas situações, uma característica permanece: é essencial que a representação dessas quantidades ocorra de uma forma exata e eficiente, que não permita imprecisões. Um número é um objeto matemático usado para representar tais quantidades. Com ele, pode-se contar, rotular e medir. Entende-se, por sistema de numeração, um sistema criado para expressar números por escrito, que, tal como uma linguagem, possa ser compartilhada por todos de uma sociedade, de modo que possam se entender entre si, e promover o progresso da vida em comunidade.

Cada povo da Antiguidade representava quantidades com os sistemas de numeração disponíveis em sua época e lugar. Muitos desses sistemas de numeração, como os conhecidos algarismos romanos não eram tão práticos quanto desejável na execução das operações matemáticas requeridas no dia a dia. Por outro lado, desde sua introdução na Índia, no século VI ou VII até os dias de hoje, o sistema de numeração decimal, um Sistema de Numeração de Valor Posicional (SNVP) representado pelos números de base 10, composto pelos algarismos hindu-arábicos, os dez dígitos ou símbolos,

$$0, 1, 2, 3, 4, 5, 6, 7, 8 \text{ e } 9,$$

forneceu uma notação numérica muito eficiente, favorável à realização de cálculos manuais e mentais. Durante muito tempo o sistema de numeração decimal dominou os processos de computação relacionados aos cálculos científicos e de Engenharia. Com o tempo, e principalmente depois do advento da computação eletrônica, outros sistemas de numeração passaram a ser utilizados, posto que se mostraram mais eficientes em diversas aplicações. Dentre elas, as mais comuns são:

(a) O sistema binário, ou Sistema de Numeração de Valor Posicional (SNVP) que representa os números em base 2,
(b) O sistema duodecimal, ou Sistema de Numeração de Valor Posicional (SNVP) que representa os números em base 12,
(c) O sistema hexadecimal, ou, Sistema de Numeração de Valor Posicional (SNVP) que representa os números em base 16.
(d) O sistema sexagesimal, ou, Sistema de Numeração de Valor Posicional (SNVP) que representa os números em base 60.

O sistema decimal de numeração é o sistema de numeração ao qual estamos mais acostumados, porque lidamos com ele no nosso dia a dia. Até mesmo as pessoas que não receberam educação formal acabam facilmente por absorver, ainda que de forma indireta, o funcionamento desse sistema, talvez o mais intuitivo, pois corresponde ao número de dedos das mãos. Os sistemas numéricos empregando outras bases são usados em aplicações onde estas alternativas podem oferecer algum tipo de vantagem. Por exemplo, o sistema numérico binário utiliza apenas dois símbolos, 0 e 1, e essa combinação torna o sistema de numeração binário ideal para a realização da computação moderna. O sistema duodecimal usa, como símbolos, os dez dígitos padrão do sistema decimal, de 0 a 9 e, adicionalmente, representa, o número dez pela letra A e o número onze pela letra B. O sistema duodecimal é útil devido à sua divisibilidade por 2, 3, 4 e 6. O sistema hexadecimal adiciona os símbolos adicionais das letras A à F aos símbolos do sistema decimal padrão.

Os números hexadecimais são frequentemente usados em ambientes de programação de computador para representar sistemas de cores. Os números hexadecimais são úteis na computação moderna por causa de sua fácil conversão em números binários, enquanto fornecem uma representação mais compacta. Por exemplo, vermelho pode ser representada em hexadecimal como FF0000, com cada par de dígitos representando a quantidade de cada cor primária: vermelha, azul e verde (sistema RGB). O numeral equivalente em decimal seria 16711680, e, em binário, 1111 1111 0000 0000 0000 0000. Os povos mesopotâmicos utilizavam a base sexagesimal, base 60, desfrutando das muitas vantagens que esse sistema de numeração oferece, para seus negócios e empreendimentos, como descoberto pelas recentes pesquisas arqueológicas e históricas nessa área.

Para compreender melhor as características dos sistemas de numeração, em geral, examinaremos as características do sistema decimal, que nos é mais familiar, e, a partir dessa análise, poderemos estender certas conclusões para outros sistemas de numeração de interesse.

Contagem decimal

Quando estamos muito habituados com certos procedimentos, imersos em um cotidiano em que as práticas comuns são operações aritméticas resolvidas por meio de calculadoras eletrônicas, não nos damos conta das dificuldades envolvidas, passando muitas delas despercebidas. No entanto, quando analisamos mais profundamente certos processos, temos a oportunidade de compreender melhor os conceitos envolvidos e estender este aprendizado para outros sistemas semelhantes, mesmo que mais complexos

Exemplo 47

Descreva como é realizado o processo de contagem no sistema decimal.

Contagens no sistema decimal são usualmente realizadas de forma quase instintiva. De todo modo, ao colocarmos em palavras, para realizar uma contagem no sistema decimal, começamos com o 0, na posição das unidades, com o peso dado pela representação na base 10: peso = 10^0, como mostrado na Figura 46. Em seguida, tomamos cada símbolo, sucessivamente, em progressão, até atingirmos o 9, o último número, na primeira coluna da Figura 46. Quando atingimos o 9, estão esgotados todos os algarismos diferentes disponíveis no sistema de numeração decimal para representar quantidades. Então, a opção que resta é repetir os algarismos que temos, usando a sistemática de adicionar algarismo 1 à posição de maior peso, no caso agora, a posição das dezenas, peso = 10^1, e repetir todo o

Figura 46 - Quadro de contagens.

10^0 ↓	10^1 ↓	10^2 ↓	10^3 ↓	← Pesos
0	10	100	1001	...
1	11	101	1002	...
2	12	102	1003	...
3	13	103	1004	...
4	14	104	1005	...
5	15	105	1006	...
6	16	106	1007	...
7	17	107	1008	...
8	18	108	1009	...
9	19	109	1010	...
	20	110	1011	...
	21	111	1012	...
	...	...	...	...
	...	...	...	...
	99	...	...	...
		999	...	...
			9999	...

Fonte: Própria (2022)

processo, para os números de 0 a 9, assim escrevendo os números na segunda coluna, na Figura 46, de 10 a 99. Em uma nova etapa, mais uma vez adicionamos algarismo 1 à posição de maior peso, agora a posição das centenas, peso = 10^2. Pode-se então repetir todo o processo, indefinidamente, até que seja atingio o número desejado.

Exemplo 48

Quais são as características mais importantes que podem ser extraídas a partir da análise do processo de contagem realizada no exercício anterior?

Na contagem decimal, a posição correspondente às unidades troca de valor a cada passo da contagem, enquanto a posição correspondente às dezenas muda a cada 10 passos da contagem, a posição correspondente as centenas muda a cada 100 passos, e assim por diante. Outra característica do sistema decimal é que, se utilizarmos dois dígitos, podemos contar até $10^2 = 100$ números diferentes, de 0 a 99. Utilizando-se 3 dígitos podemos contabilizar até mil números, de 0 a 999, e assim sucessivamente. De modo geral, com N dígitos podemos contar até 10^N números distintos, começando do zero, e incluindo-o na contagem. De maneira que o maior número possível para um dado número de dígitos, N, será sempre igual a $10^N - 1$.

O Sistema Binário

O sistema binário, assim como o sistema decimal, pode ser usado para representar qualquer quantidade, com a diferença a base binaria necessitará de um maior número dígitos binários para expressar um dado valor, quando comparada com o sistema decimal. Analogamente ao sistema decimal, o sistema binário também é um Sistema de Numeração de Valor Posicional (SNVP), em que cada dígito binário possui o seu respectivo peso, expresso como uma potência de dois. Posições à esquerda da vírgula na base binaria representam potências positivas de 2, enquanto as potências a direita representam as potências negativas de 2, de forma completamente análoga ao que ocorre no sistema decimal. Dessa forma, para encontrar o equivalente no sistema decimal de um número binário, simplesmente, podemos simplesmente efetuar a soma dos produtos de cada digito, 0 ou 1, pelo seu respectivo peso.

Contagem Binária

Efetuar uma contagem no sistema binário requer essencialmente a mesma sistemática de contagem que foi descrita na contagem para os números no sistema decimal, com a diferença de que, no caso do sistema binário, temos apenas dois algarismos, dois bits [3], se considerarmos a terminologia moderna.

Exemplo 49

Descreva como é realizado o processo de contagem no sistema binário.

Analogamente ao sistema decimal, começamos uma contagem no sistema binário com o 0 na posição de peso 2^0, representada na primeira linha da primeira coluna da Figura 47. Em seguida, tomamos o símbolo subsequente, que é o 1, o último número na primeira coluna da Figura 47. Quando atingimos o 1, entende-se que esgotaram-se todos os algarismos diferentes disponíveis no sistema de numeração binário para representar quantidades. Então, a única opção que resta para continuar efetuando contagens, é repetir os algarismos que temos, usando a sistemática de adicionar 1 à posição de maior peso, a qual, no caso agora, é a posição da representação, 2^1, repetindo todo o processo

Figura 47 - Quadro de contagens.

2^0	2^1	2^2	2^3	← Pesos
↓	↓	↓	↓	
0	10	100	1000	...
1	11	101	1001	...
		110	1010	...
		111	1011	...
			1100	...
			1101	...
			1110	...
			1111	...
				...

---

[3] A palavra bit, vem do inglês, binary digit, e refere-se à menor quantidade de informação que pode ser armazenada ou transmitida, em Teoria da Informação.

para os números de 0 a 1, e assim, escrevendo os números na segunda coluna, na Figura 47, de 10 a 11.

Fonte: Própria (2022)

É interessante notar que, na contagem binária, o bit das unidades, na posição correspondente a representação 2^0, troca de valor, de 0 para 1 ou de 1 para 0, a cada passo da contagem. Já o segundo bit, correspondente a posição de peso dois, 2^1, fica em 0 por duas contagens e depois em 1 por duas outras contagens, e assim sucessivamente. O terceiro bit fica em 0 por quatro contagens e depois permanece em 1 por quatro contagens, e assim sucessivamente. Percebe-se que esse comportamento apresenta um padrão que pode ser matematicamente descrito como alternâncias de sequências de 0s e 1s, alternando-se em grupos de 2^{N-1}, sendo N um número inteiro dado por N = 1,2,3, ...

Exemplo 50

Quais são as características mais importantes que podem ser extraídas, a partir da análise do processo de contagem realizado no exercício anterior?

Sugestão:

Uma característica do sistema binário, análoga ao sistema decimal, é que, se utilizarmos N bits para representar números, podemos contar até 2^N números distintos, começando do zero e incluindo-o na contagem, de maneira que o maior número possível para um dado número de dígitos, N, será sempre igual a 2^N - 1. Para efetuar rapidamente os cálculos em binário, é conveniente memorizar os valores mostrados na Tabela 21, assim como fazemos nos cálculos mentais no sistema decimal, 0, 10, 100, 1000 e etc.

Tabela 21 – Relação entre N e 2^N.

N	0	1	2	3	4	5	6	7	8
2^N	1	2	4	5	16	32	64	128	256

Exemplo 51

Qual é o maior número binário que pode ser representado por meio de 4 bits?

$2^4 - 1 = 15_{10} = 1111_2$

Exemplo 52

Qual é o maior número binário que pode ser representado por meio de 8 bits?

$2^N - 1 = 2^8 - 1 = 255_{10} = 11111111_2$

Conversões Binário-Decimal

Qualquer número binário pode ser convertido para o seu equivalente decimal simplesmente somando-se os pesos das várias posições que contiverem 1 no número binário.

Exemplo 53

Converta o número binário 10011_2 em seu número decimal equivalente.

Figura 48 - Esquema de conversão binário-decimal.

$$\begin{array}{ccccccc} 1 & 0 & 0 & 1 & 1_2 & & \leftarrow \text{binário} \\ \downarrow & \downarrow & \downarrow & \downarrow & \downarrow & & \downarrow \\ 2^4 + & 2^3 + & 2^2 + & 2^1 + & 2^0 & = 16 + 2 + 1 = 19_{10} & \leftarrow \text{decimal} \end{array}$$

Fonte: Própria (2022)

Exemplo 54

Suponha que, para uma determinada finalidade seja necessário encontrar o valor decimal correspondente do número binário, 1011.101_2. Converta o número binário para o seu valor correspondente decimal.

Considerando o número binário 1011.101, podemos decompô-lo da seguinte maneira:
$1011.101_2 = (1 \times 2^3) + (0 \times 2^2) + (1 \times 2^1) + (1 \times 2^0) + (1 \times 2^{-1}) + (0 \times 2^{-2}) + (1 \times 2^{-3}) = = 8 + 0 + 2 + 1 + 0.5 + 0 + 0.125 = 11.625_{10}$

Note que, uma convenção agora deve ser usada, para indicar em que base um número é representado. O índice 2 é usado para indicar a base binária, e o índice 10, usado para indicar a base decimal, assim, temos a equivalência dos números em bases diferentes:
$$1011.101_2 = 11.625_{10}$$
Esta convenção é muito útil e deve ser usada para evitar confusão sempre que estamos lidando com mais de um sistema de numeração. Assim como, no sistema decimal, o algarismo mais significativo de um número binário, é sempre o algarismo mais à esquerda, também, o de maior peso, enquanto, o algarismo menos significativo é o algarismo mais à direita, também o de menor peso.

Exemplo 55

No sistema binário, o termo digito binário é abreviado para bit, do inglês, *binary digit*. Se, cada dígito binário é chamado bit, assim, quantos bits possui o número binário 10110110 ? 8 bits.

Conversões Decimal-Binário

Instantaneamente, quando você digita um número decimal na calculadora ou no computador, o dispositivo converte o número decimal digitado, num valor binário. Nesta seção vamos aprender como realizar as conversões de números decimais para números binários. Analogamente ao realizado no procedimento anterior, para converter de binário-decimal, podemos também, encontrar as conversões, decimal-binário. O número decimal é representado como uma soma de potências de 2 e então, 1s e 0s são escritos nas posições de bits apropriadas.

Exemplo 56

Converta o número 57_{10} em seu número binário equivalente.

Figura 49 - Esquema de conversão decimal-binário.

$$\begin{array}{ccccccccc} 57_{10} & = & 2^5 + & 2^4 + & 2^3 + & 2^2 + & 2^1 + & 2^0 & \leftarrow \text{decimal} \\ & & \downarrow & \downarrow & \downarrow & \downarrow & \downarrow & \downarrow & \downarrow \\ & & 1 & 1 & 1 & 0 & 0 & 1_2 & \leftarrow \text{binário} \end{array}$$

Fonte: Própria (2022)

Neste caso, o maior número N possível é N = 5. Para que a soma, 57, seja garantida, note que, um 0 deve ser colocado nas posições relativas aos pesos de 2^2 e 2^1. O número binário resultante é
$$111001_2 = 57_{10}.$$

Exemplo 57

À medida que a contagem de números binários aumenta consideravelmente, a partir do zero, logo percebemos que os números binários se tornam rapidamente muito longos, prejudicando sua leitura visual. Felizmente, entretanto, para aplicações comuns envolvendo circuitos digitais, raramente é necessário ler mais do que 4 dígitos binários de cada vez nos contadores digitais. Construa uma tabela mostrando a correspondência entre os 16 primeiros números decimais e os respectivos correspondentes binários.

Tabela 22 - Conversão Decimal-Binário dos 16 primeiros números decimais.

Decimal	Binário	Decimal	Binário	Decimal	Binário	Decimal	Binário
0	0	4	100	8	1000	12	1100
1	1	5	101	9	1001	13	1101
2	10	6	110	10	1010	14	1110
3	11	7	111	11	1011	15	1111

A aritmética binaria de Leibniz

Leibniz em seu trabalho chamado "Explication de l'Arithmétique Binaire" já havia demonstrado que a aritmética binária é tão simples que acarreta muito menos erros, e é bem mais fácil de realizar porque tem somente 2 algarismos para manipular, embora, as operações em si, sejam efetuadas da mesma maneira, como no sistema decimal. Veja os exemplos das operações aritméticas, da adição, subtração, multiplicação e divisão, binárias, mostradas, a seguir.

Exemplo 58

Efetue a soma dos números binários abaixo:
$$1\,1 + 1\,0$$

Adição

Figura 50 - Soma de números binários

$$
\begin{array}{r}
1\ 1 \\
+\ 1\ 0 \\
\hline
1\ 0\ 1
\end{array}
\quad\rightarrow\quad
\begin{array}{l}
1 \times 2^1 + 1 \times 2^0 = 3 \\
1 \times 2^1 + 0 \times 2^0 = 2 \\
\hline
1 \times 2^2 + 0 \times 2^1 + 1 \times 2^0 = 5
\end{array}
$$

Fonte: Própria (2022)

Compare a adição binária com a adição decimal. O processo é essencialmente o mesmo.

Exemplo 59

Efetue a soma dos números binários: $1110 + 1001$

Adição

Figura 51 - Soma de números binários.

$$
\begin{array}{r}
1\ 1\ 1\ 0 \\
+\ 1\ 0\ 0\ 1 \\
\end{array}
\quad\rightarrow\quad
\begin{array}{l}
1 \times 2^3 + 1 \times 2^2 + 1 \times 2^1 + 0 \times 2^0 = 14 \\
1 \times 2^3 + 0 \times 2^2 + 0 \times 2^1 + 1 \times 2^0 = \underline{\ 9\ }
\end{array}
$$

$$1\ 0\ 1\ 1\ 1 \rightarrow 1 \times 2^4 + 0 \times 2^3 + 1 \times 2^2 + 1 \times 2^1 + 1 \times 2^0 = \overline{23}$$

Fonte: Própria (2022)

Exemplo 60

Efetue a subtração dos números binários: 1110 – 1001

Subtração

Figura 52 – Subtração de números binários

$$\begin{array}{rcl}
1\ 1\ 1\ 0 & \rightarrow & 1 \times 2^3 + 1 \times 2^2 + 1 \times 2^1 + 0 \times 2^0 = \ 14 \\
-\ 1\ 0\ 0\ 1 & \rightarrow & 1 \times 2^3 + 0 \times 2^2 + 0 \times 2^1 + 1 \times 2^0 = \ \underline{\ 9} \\
\hline
0\ 1\ 0\ 1 & \rightarrow & 0 \times 2^3 + 1 \times 2^2 + 0 \times 2^1 + 1 \times 2^0 = \ \overline{\ 5}
\end{array}$$

Fonte: Própria (2022)

Exemplo 61

Efetue a multiplicação dos números binários: 11 x 10

Multiplicação

Figura 53 - Multiplicação de números binários.

$$\begin{array}{rcl}
1\ 1 & \rightarrow & 1 \times 2^1 + 1 \times 2^0 = \ 3 \\
\times\ 1\ 0 & \rightarrow & 1 \times 2^1 + 0 \times 2^0 = \ \underline{2} \\
\hline
0\ 0 & & \\
1\ 1\ + & & \\
\hline
1\ 1\ 0 & \rightarrow & 1 \times 2^2 + 1 \times 2^1 + 0 \times 2^0 = \ \overline{6}
\end{array}$$

Fonte: Própria (2022)

Exemplo 62

Efetue a divisão dos números binários: 110 : 10

Divisão

Figura 54 - Divisão de números binários.

$$6\ \ 1 \times 2^2 + 1 \times 2^1 + 0 \times 2^0 \leftarrow 1\ 1\ 0\ |\underline{1\ 0}\ x \rightarrow 1 \times 2^1 + 0 \times 2^0 = 2$$
$$1\ 1\ \ \rightarrow 1 \times 2^1 + 1 \times 2^0 = 3$$

Fonte: Própria (2022)

Exemplos práticos de sistemas binários no contexto moderno

Antes de apresentarmos alguns exemplos de sistemas binários, vamos começar discutindo dois exemplos de sistemas não-binários, para facilitar a compreensão posterior.

Exemplo 63

Um dimmer de luz é um dispositivo utilizado para variar a intensidade de uma corrente elétrica média em uma carga, como ilustrado na Figura 55, um sistema não-binário, em que existem muitas posições, ou estados possíveis, entre o estado desligado, quando a lâmpada se encontra apagada, e o estado totalmente ligado, quando a lâmpada se encontra totalmente acesa, permitindo que a intensidade luminosa varra continuamente um espectro de frequências contínuas, podendo com ele, ajustar a intensidade de uma fonte luminosa, de acordo com o desejado. Note que, na Figura 55, não estão representados todos os estados possíveis, tratando-se de uma mera ilustração, pois há infinitos estados possíveis.

Figura 55 - Dimmer de luz.

Fonte: Própria (2022)

Exemplo 64

Um outro exemplo de sistema não-binário que estamos normalmente familiarizados é o botão analógico de uma caixa de som, que pode ajustar o volume de um som numa faixa contínua de níveis de volume possíveis, desde a posição sem som, até o nível mais alto que o sistema de som permite, analogamente, ao que acontece ao dimmer de luz.

Os exemplos anteriores são sistemas não-binários, quando um sistema pode estar em inúmeros estados possíveis, cobrindo um intervalo contínuo de valores disponíveis. Diferentemente, um sistema binário, em Ciência da Computação e Eletrônica, pode ser entendido como um sistema que pode ser encontrado em apenas um de dois estados possíveis, ou modos de operação possíveis. Esses dois modos de operação são representados frequentemente por 1 ou 0, às vezes também, por ON ou OFF, ou Verdadeiro ou Falso, em completa analogia com a aritmética dos números binários de Leibniz. Embora Leibniz em sua época, nem fizesse ideia da extensão das coisas que se podia fazer com os resultados de seus estudos sobre sistema binário, ele tinha uma vaga ideia da força contida nesse conhecimento, atribuindo então, muito do que não compreendia, ao caráter, essencialmente divino, que acreditava estar envolvido. Um único desses estados, 1 ou 0, é chamado de bit. Esse termo tem a origem da palavra associada ao acrônimo em inglês, binary digit. A palavra bit se tornou uma unidade básica de informação em Teoria da Informação, Computação e Comunicações Digitais. Há inúmeros exemplos de sistemas de caráter binário, que podem ser representados por apenas dois estados de operação. Alguns desses exemplos são apresentados na Tabela 23.

Tabela 23 – Exemplos de sistemas de caráter binário

	Exemplo de caráter binário	Estados binários possíveis
1	Uma chave elétrica ou um interruptor elétrico	Possui apenas dois estados possíveis: chave aberta ou chave fechada. Podemos arbitrar que uma chave aberta seja representada pelo dígito binário 0, enquanto, a chave fechada seja representada pelo dígito binário 1. Alternativamente, uma chave, ou um interruptor comum pode comutar qualquer sistema entre dois estados possíveis, ligado ou desligado, ON ou OFF.

2	Uma lâmpada elétrica	Uma lâmpada comum, pode estar apenas em dois estados possíveis, ou ela se encontra ligada, que no inglês é representado pela palavra ON, ou ela se encontra desligada, que no inglês é representado pela palavra OFF. Alternativamente, a lâmpada pode estar, acesa ou apagada.
3	Cartões perfurados	Possuem apenas dois estados possíveis: um furo no papel pode representar o binário 1, enquanto a ausência de furo, pode representar o dígito binário 0.
4	Um diodo semicondutor	Possui apenas dois estados possíveis: pode conduzir ou não corrente elétrica.
5	Um relé	Possui apenas dois estados possíveis: pode estar energizado ou não energizado.
6	Transistores	Possuem apenas dois estados possíveis: podem estar em corte ou saturados.
7	Uma célula fotoelétrica	Possui apenas dois estados possíveis: pode estar iluminada ou apagada.
8	Um termostato	Possui apenas dois estados possíveis: pode estar aberto ou fechado.
9	Um ponto específico de um disco magnético	Possui apenas dois estados possíveis: pode estar magnetizado ou desmagnetizado

Em sistemas digitais eletrônicos a informação binaria, 0 e 1, é representada por tensões ou correntes, que estão presentes nas entradas e saídas dos circuitos. Os circuitos digitais são projetados para responder de modo previsível a tensão de entrada que esteja dentro dos intervalos definidos para 0 e 1. Em geral, nos circuitos eletrônicos, os símbolos binários 0 e 1 são representados por dois níveis de tensão, 0 e 5V, respectivamente. Entretanto, como na prática ocorrem flutuações elétricas nos circuitos, é mais realista considerar que os binários 0 e 1 sejam representados preferivelmente por faixas de tensão, como mostrado na Figura 56, ao invés de atribuir um valor específico unicamente. Assim, é comum considerar que tensões na faixa entre 0 e 0.8 V representam o binário 0, enquanto qualquer tensão entre 2 V e 5 V representa o binário 1. Qualquer tensão na faixa intermediária, não representa nem um nem outro. Embora o sistema decimal se aplique muito convenientemente a muitas situações do cotidiano das pessoas, ele não é adequado para construir computadores, e os cientistas e engenheiros trabalhando nos primeiros computadores, nas primeiras décadas do século XX, logo perceberam isto. De fato, um dos grandes entraves à realização de grandes máquinas de calcular da história, tem relação com a insistência, em se usar em seus projetos, o sistema de numeração decimal. Não é difícil compreender, que é muito mais fácil implementar circuitos eletrônicos que operem apenas com dois níveis de tensão, do que projetar um equipamento eletrônico para operar com 10 níveis de tensão, diferentes. No caso de um sistema binário, com dois níveis de tensão, cada um dos níveis é destinado a representar um dos algarismos, 0 e 1, por outro lado, um equipamento projetado para trabalhar com números decimais, possui dez níveis de tensão, sendo um nível de tensão para cada um dos algarismos decimais, de 0 a 9. A simplicidade operacional do sistema binário, combinado com a facilidade de fabricação, diminuição de falhas e erros, fez com que, dispositivos baseados no sistema binário, roubasse a cena dos desenvolvimentos tecnológicos, e promovesse um caminho de progresso sem fim. Quando os primeiros computadores surgiram no início do século XX, na época da Segunda Guerra Mundial, os primeiros cientistas da computação usaram o sistema numérico binário para representar os 1's e 0's, ou, ON's e OFF's, de seus equipamentos eletrônicos, pois, eles precisavam de uma linguagem limitada para controlar suas funções. À medida que os computadores se tornaram cada vez mais sofisticados, o código binário se tornou, definitivamente, a linguagem mais usada. O sistema numérico binário foi um dos desenvolvimentos mais significativos da história da tecnologia, levando à criação de circuitos eletrônicos construídos usando portas lógicas, e desempenhando um papel fundamental no desenvolvimento dos computadores no século XX. Leibniz, sem fazer

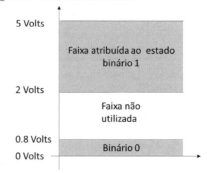

Figura 56 - Intervalos de tensão.

Fonte: Própria (2022)

a menor ideia da extensão de seu trabalho, publicou em 1703 um artigo sobre o sistema numérico binário, "Explication de l'Arithmétique Binaire", um assunto que viria a se tornar a base da linguagem dos computadores e dos dispositivos eletrônicos modernos, e a chave de todo o progresso científico e tecnológico que presenciamos na atualidade.

Máquina binária de somar de bolinha de gude de Leibniz

A máquina de calcular mecânica de Leibniz, chamada Stepped Reckoner, projetada para efetuar operações aritméticas básicas, deve ter sido concluída, por volta de 1674. Apesar de todo o desenvolvimento que tudo isso representou, sua máquina de calcular não era baseada no sistema de numeração binário, que Leibniz tanto estudou. Muitos estudos sobre as obras de Leibniz só vieram à luz mais recentemente, através de pesquisas históricas, que revelaram que Leibniz, em 1679, escreveu um outro trabalho, chamado "Progressione Dyadica", de 3 páginas, onde desenvolveu a ideia de uma "Machina arithmeticae dyadicae", descrevendo sua máquina operando no sistema binário, com os dígitos 0 e 1. Em seu manuscrito, Leibniz descreve sua máquina de calcular:

"Uma caixa deve ser provida de orifícios para que possam ser abertos e fechados. Deve ser aberta nos pontos que correspondem a 1 e permanecer fechada nos pontos que correspondem a 0. Através dos espaços abertos, bolinhas de gude podem passar".

Mais uma prova da genialidade de Leibniz. Uma máquina sem rodas ou cilindros, usando apenas bolas, orifícios, hastes e canaletas para o transporte das bolinhas, tipo bolinhas de gude. Leibniz imaginou algum tipo de objeto pequeno, nós aqui estamos abstraindo, e pensando em bolinhas de gude, que servem bem a esse propósito. Ele acreditava que esse tipo de cálculo binário podia ser implementado por uma máquina, com orifícios, que pudessem ser abertos e fechados. Bolinhas de gude podiam cair em canais pelos orifícios abertos, e pelos orifícios fechados nada devia cair. O arranjo dos orifícios mudava de coluna para coluna conforme necessário na multiplicação. Os canais deviam representar as colunas, e nenhuma bolinha devia ser capaz de passar de um canal a outro, exceto quando a máquina fosse colocada em movimento, quando, então, todas as bolinhas de gude corriam para o próximo canal, de modo que, sempre que uma bolinha caia em um buraco aberto, ela era removida.

Embora essa máquina, de fato, nunca tivesse sido criada por Leibniz, sua descrição descreve precisamente o funcionamento dos computadores eletrônicos, onde a gravidade e o movimento das bolinhas são substituídos por circuitos elétricos. O sonho de Leibniz se realizou em uma das criações do talentoso engenheiro-marceneiro canadense Matthias Wandel, que construiu a calculadora mecânica binária, movida à gravidade, e que usa alavancas e canais de madeira para fazer a contagem. Sabemos que os computadores modernos adicionam números binários constantemente, mas nunca vemos como eles o fazem. A máquina de Leibniz, construída por Matthias, faz as contas usando bolinhas de gude, e nos permite compreender de uma forma didática, como os computadores modernos realmente fazem as coisas. Visite o QRCode 19, (23).

QRCode 19 – Máquina binária

SCAN QR-CODE

* * *

Questões, Exercícios, Atividades & Treinamento

Para a maioria das questões, pesquise na Internet, em diferentes fontes, para desenvolver sua expertise. Habitue-se, sempre, a anotar adequadamente, a referência de onde extraiu as informações, usando de preferência as normas da ABNT mais atual, ou outra norma que preferir, como IEEE, por exemplo.

1) Qual o papel de Gottfried Wilhelm Leibniz na computação?

2) A Stepped Reckoner de Leibniz empregava o sistema de numeração binário? Explique.

3) Qual a influência de Leibniz na lógica?

4) Podemos dizer que Leibniz influenciou diretamente a computação moderna? Por quê? Argumente seu ponto de vista.

5) Quem foi um dos primeiros matemáticos ocidentais a estudar e escrever sobre o sistema binário de numeração?

6) Quais as vantagens da matemática binária na computação?

7) Leibniz empregou a matemática binária em sua máquina, o Stepped Reckoner? Explique.

8) Qual era a importância do sistema binário de numeração para Leibniz? Leibniz queria usar a matemática binária para construir calculadoras?

9) Por que muitos trabalhos de Leibniz somente foram publicados mais recentemente?

10) Que tipo de pesquisa foi realizada para se levantar as contribuições de Leibniz para a matemática binária?

11) Qual a importância do sistema de numeração binário para o desenvolvimento da computação moderna?

12) Por que dizemos que o sistema numérico binário foi a chave do grande desenvolvimento da computação eletrônica?

13) Qual foi o trabalho de Leibniz que formalizou o sistema de numeração binário?

14) Encontre na Internet uma cópia do trabalho de Leibniz intitulado "Explication de l'Arithmétique Binaire". Neste trabalho, Leibniz menciona como é fácil efetuar as operações aritméticas binárias, e dá exemplos de como se fazer a adição, subtração, multiplicação e divisão binárias. Usando esta referência, demonstre duas contas de cada uma das quatro operações, incluindo todas as explicações necessárias para o bom entendimento do procedimento.

15) Quais são os sistemas de numeração mais usuais na atualidade, e quais suas principais aplicações?

16) Por que dizemos que o sistema decimal é um sistema de valor posicional?

17) O sistema binário é um Sistema de Numeração de Valor Posicional (SNVP)? Explique.

18) Converta os seguintes números binários em números decimais:

a. 11001101_2
b. 11111_2
c. 10010_2
d. 11010110_2
e. 11110_2
f. 10000011_2
g. 110110111_2

19) Converta os seguintes números decimais em números binários:

a. 57_{10}
b. 73_{10}

c. 127_{10}
d. 253_{10}
e. 99_{10}
f. 524_{10}
g. 255_{10}

20) Some os números binários abaixo:
a. 1 + 1
b. 01 + 11
c. 11 + 11
d. 11 + 01
e. 101 + 10
f. 111 + 101
g. 1011 + 111

21) Subtraia os números binários abaixo?
a. 1 – 1
b. 11 – 01
c. 10 – 01
d. 11 – 10
e. 11 – 11
f.
g. 110 – 100
h. 111 - 101

22) Multiplique os números binários abaixo:
a. 1 x 1
b. 11 x 11
c. 11 x 10
d. 110 x 101
e. 1010 x 100
f. 1111 x 11
g. 1001 x 101

23) Divida os números binários abaixo:
a. 100/10
b. 101/11
c. 1001/110
d. 10011/11
e. 1110/110

24) Converta os seguintes números binários em números decimais:
a. 110011,1101
b. 100001,001
c. 11010011,011
d. 1101,101
e. 101010,1

25) Converta os seguintes números decimais em números binários equivalentes:
a. 17,86
b. 77,88
c. 26,16
d. 32,16
e. 11,13
f. 19,20

26) Leibniz construiu alguma máquina de calcular binária? Explique.

27) Ao que se refere basicamente o trabalho de Leibniz intitulado "Progressione Dyadica", de 1679?

28) Faça uma pesquisa na internet e encontre uma máquina de calcular binária de Leibniz moderna, como a criada pelo canadense Matthias Wandel, e esboce seu mecanismo de funcionamento para adições e subtrações Visite o QRCode 19.

29) Escreva um algoritmo para um programa de computador que faça a conversão de um número decimal para um número binário e vice-versa.

30) Qual é o maior número binário que pode ser representado usando-se 16 bits? Explique.

Capítulo 5 – O legado de Charles Babbage

Neste capítulo, vamos discutir sobre as novas necessidades matemáticas que surgiram, como resultado dos grandes desenvolvimentos trazidos pela Revolução Industrial. No século XIX, a tecnologia alcançada pelas fábricas da Europa e América do Norte, já era capaz de produzir calculadoras mecânicas eficientes para realização das operações aritméticas básicas, todavia, um outro tipo de necessidade matemática, surgia, cada vez mais no horizonte. A mecanização da produção de Tabelas Matemáticas. Neste contexto, discutimos, a problemática de se produzir Tabelas Matemáticas, a partir de processos puramente manuais, o que, gerava alguns valores com erros, apesar de todos os esforços, e, quais tipos de inconvenientes, isso podia acarretar. Uma personagem central nesta história, aqui se destaca, o britânico, Charles Babbage, que trabalhou em projetos de mecanização da produção de Tabelas Matemáticas, realizando contribuições muito significativas para o campo da computação. Babbage inventou três projetos, a Máquina Diferencial 1, a Máquina Analítica e a Máquina Diferencial 2, listadas aqui, na ordem em que foram criadas, representando as diferentes fases de evolução de suas ideias. Discorremos brevemente, sobre cada uma dessas máquinas, ao longo do capítulo. Neste capítulo, ainda, discutimos o salto intelectual que as máquinas de Babbage representaram, frente as máquinas mecânicas de cálculo aritmético desenvolvidas até sua época. Enquanto apresentamos a Evolução Histórica da Computação, aproveitamos para introduzir uma discussão sobre a modelagem matemática de problemas e a importância do uso de funções polinomiais para resolução de problemas diversos. Também, aproveitamos para contrastar dois tipos de cálculos usados para se calcular funções polinomiais (ou tabelar funções polinomiais): (1) um procedimento matemático executado de forma manual, ou convencional, com (2) um procedimento matemático, chamado Método das Diferenças Constantes (MDC), que pode ser mecanizado, e implementado por uma máquina. Um algoritmo para o MDC é apresentado, e exemplos de aplicação do MDC para tabelar funções polinomiais são discutidos. Adicionalmente, discutimos também, porque Babbage queria tanto construir uma calculadora de funções polinomiais. A partir disso, lançamos mão de uma ferramenta matemática muito importante para cálculos de inúmeras funções matemáticas transcendentais, de grande interesse, para se produzir Tabelas Matemáticas e resolver problemas de física, ciências e engenharia, mesmo num contexto, sem os recursos computacionais modernos: as Séries de Newton-Taylor. Por último, mas não menos importante, discutimos as contribuições de uma outra personagem muito influente, para o desenvolvimento da computação, a matemática, Ada Lovelace, que aponta, com propriedade, os elementos de programação da Máquina Analítica, de Babbage. Baseado nisso, fundamentamos nossas discussões sobre recursos de programabilidade, destacando, estruturas de controle sequencial, condicional e de looping, presentes, tanto na computação moderna, quanto na máquina de computação de Babbage. Exemplos diversos, abrangendo várias aplicações, usando essas estruturas são estudados, e algoritmos são desenvolvidos.

Após terminar este capítulo, você estará apto a:

- Compreender como eram produzidas as Tabelas Matemáticas no século XIX; porque eram encontrados tantos erros em seus valores; quais tipos de problemas isso acarretava; e porque, tudo isso teve que mudar.
- Distinguir entre problemas lineares e não lineares, com solução analítica exata.

- Aprender a fazer a modelagem matemática de problemas simples, desde problemas do cotidiano, como também, fenômenos importantes da natureza, utilizando funções lineares.
- Compreender como usar o Método das Diferenças Constantes para o cálculo de funções polinomiais, e construir algoritmos com ele.
- Utilizar as Séries de Newton-Taylor para encontrar soluções aproximadas de equações diversas.
- Entender o papel de Charles Babbage na computação e compreender o salto intelectual que as máquinas de Babbage representaram, frente as máquinas mecânicas de cálculo aritmético desenvolvidas até a época de Babbage.
- Utilizar recursos de programabilidade para construir algoritmos.
- Explicar as semelhanças entre a Máquina Analítica e o computador moderno.
- Fazer a distinção entre calculadora e computador.
- Descrever as contribuições de Babbage e Ada Lovelace para na computação.

O problema dos erros nas Tabelas Matemáticas e Babbage

Os séculos XVIII e XIX assistiram a inúmeras mudanças na sociedade, trazidas pela Revolução Industrial, levando a urbanização massiva e ao aumento dos níveis de produtividade, com grandes inovações e repercussões em diversas áreas, na economia, na política, nas ciências, na engenharia, que passaram a requisitar, o desenvolvimento de ferramentas matemáticas de computação cada vez mais eficientes e confiáveis. Como vimos no Capítulo 3, a invenção da roda de Leibniz, levou ao domínio da fabricação de máquinas de calcular mecânicas, por mais de duzentos anos, propiciando grandes avanços, no cenário global da sociedade. O Aritmômetro e equipamentos similares, foram muito uteis, durante muito tempo, e auxiliaram os cálculos aritméticos que eram necessários realizar.

QRCode 20 – Leibniz

SCAN QR-CODE

Não mais motivado pela tarefa de efetuar operações aritméticas, pois, as calculadoras mecânicas desenvolvidas até então, já eram responsáveis por essa demanda, o interesse se voltava agora, para outra direção. Em física, ciências e engenharia é muito comum aparecerem cálculos de funções matemáticas que exigem um alto grau de computação, e, nos tempos pré-computação moderna, esses cálculos só podiam ser realizados com o auxílio de consultas de valores em Tabelas Matemáticas, lista de números, com informações dos resultados das funções matemáticas mais usadas, tais como, os valores de raiz quadrada, raiz cúbica, logaritmo, seno, cosseno, exponenciais, hiperbólicas. Por essa razão, Tabelas Matemáticas eram indispensáveis, também, nas finanças, na navegação, na topografia, para calcular taxas de juros, constantes matemáticas, o número de Bernoulli etc. Todavia, tudo isso requeria o desenvolvimento de uma empresa voltada para essa finalidade, a fabricação sistemática de Tabelas Matemáticas, suficientemente precisas, para abastecer esse setor. O problema fundamental que havia naquela época, entretanto, é que, a fabricação dessas tabelas não era uma tarefa simples. Cada um único valor da tabela, poderia envolver inúmeros cálculos matemáticos, em uma tarefa exaustiva e muito tediosa, e que, apesar de todos os esforços, podiam ainda apresentar muitos erros nos resultados. Dessa forma, a fabricação de tabelas, que deveria varrer intermináveis milhares de valores de argumentos, transformava-se num empreendimento muito desafiador, nas eras pré-computador eletrônico, fazendo com que, frequentemente, muitas pessoas sonhassem com a invenção de ferramentas matemáticas poderosas, que, de alguma forma, auxiliassem os cálculos, seja, tornando-os mais rápidos, ou, diminuindo a taxa de erros envolvidas no processo. Por ferramentas matemáticas podemos entender, tanto dispositivos físicos, tais como ábaco, ossos de Napier, régua de cálculo, tabelas, calculadoras em geral, como dispositivos não-físicos, baseados em métodos matemáticos, como, o Método da Prosthaphaeresis (MP), os Método dos Logaritmos (ML), o Método do Complemento dos Nove (MCN), e o Método das Diferenças Constantes (MDC), que vamos apresentar neste capítulo. Os fabricantes de tabelas tinham um exército de pessoas, chamadas calculadoras, ou computadores humanos, trabalhando para eles, que realizavam todos os cálculos à mão, ou, no máximo, usando, algum tipo de ferramenta auxiliar, tais como, o ábaco, Ossos de Napier, régua de cálculo, ou, ainda, uma calculadora mecânica de mesa. Depois de confeccionadas, as tabelas precisavam ser conferidas e reconferidas, inúmeras vezes, na tentativa de diminuir os erros que eram frequentemente encontrados nelas, praticamente inevitáveis, pois os erros são inerentes ao trabalho humano. Nesse empreendimento, que se tornou uma questão de interesse internacional, na Europa, muitos matemáticos dedicaram grande parte de suas vidas. Também, o governo francês decidiu apoiar um projeto, por volta de 1784, para confecção de tabelas matemáticas, com o objetivo de suprir as necessidades de todos aqueles que trabalhavam com problemas de ciências e engenharia, negócios, finanças e o governo. O projeto, denominado Tabela de Cadastros, foi um grande empreendimento que durou cerca de dois anos e deu origem a duas cópias manuscritas de dezessete volumes de tabelas. Apesar de todos os esforços, e de todo o investimento do governo francês, a Tabela de Cadastros apresentava ainda, muitos erros tipográficos, e os seus volumes acabaram descansando nas prateleiras de uma biblioteca de Paris, não tendo sido, de fato, nunca publicados. Também, o governo britânico, resolveu contribuir nessa empreitada, mas, analogamente, ao empreendimento francês, o Almanaque Náutico Britânico, uma tabela matemática muito utilizada por navegadores, estava repleta de erros. O problema dos erros nas tabelas, não era uma questão ornamental, mas, poderia originar sérios problemas práticos e estar associado até mesmo, a acidentes fatais, quando navios e tripulações poderiam ser perdidos para sempre em alto-mar, como resultado de erros de cálculos nessas tabelas. Dada a importância das Tabelas Matemáticas na navegação, no século XIX, esse tema, tornou-se um assunto de prioridade fundamental, tanto na Grã-Bretanha quanto em outras nações marítimas, a tal ponto, que, os governos dessas nações, fariam qualquer coisa para tentar melhorar essa situação. Por volta de 1812, o problema dos erros nas Tabelas Matemáticas era um assunto constante, discutido muito calorosamente, entre os jovens intelectuais que frequentavam a Sociedade Analítica, um Clube de Matemática para estudantes de graduação da Universidade de Cambridge. Entre esses intelectuais, estava, o filho de um homem muito rico, o jovem inglês chamado Charles Babbage (1791-1871), também estudante em Cambridge. Quando Babbage olhava para aqueles livros de Tabelas Matemáticas sobre a mesa da biblioteca, parece que sonhava acordado com a possibilidade de que aqueles números pudessem um dia, serem calculados por uma máquina a vapor, uma vez que, em sua época, toda sorte de modernidade, era vislumbrada, desfrutando da mais nova tecnologia conhecida. Na época de Babbage, o desenvolvimento de projetos em ciências e engenharia era muito complicado, pois dependia do manejo de extensas tabelas matemáticas. Sem a capacidade de computação moderna, tudo precisava ser feito à mão, e, a resolução de problemas e a confecção de tabelas, ficava muito limitada, em geral, a aproximações por funções polinomiais.

A modelagem matemática de problemas

Neste ponto, introduzimos um tópico muito importante em computação, a modelagem matemática de problemas, e o uso de funções polinomiais para a resolução de problemas diversos. O processo no qual, é desenvolvido um modelo matemático que descreve a realidade, é chamado de modelagem, e consiste em buscar uma solução para um determinado problema, partindo das premissas da elaboração do pensamento computacional, estudado no Capítulo 3. Para relembrar, o já exposto anteriormente, algumas etapas envolvidas nesse processo, encontram-se resumidas abaixo:

(a) Qualquer que seja o sistema em estudo, é sempre necessário, uma análise do problema em questão, para se obter o domínio do assunto a ser modelado, por mais simples, que um problema possa parecer.
(b) Também, considerações que ajustam a realidade ao modelo matemático devem ser pesquisadas, sendo muitas vezes necessário fazer um levantamento de várias informações relevantes, para conduzir à solução do problema.
(c) Com base em todas as informações levantadas nas etapas anteriores, deve-se nesta etapa, escolher o método, ou métodos, que devem ser utilizados, a fim de se obter a solução desejada.
(d) Algoritmos podem ser elaborados para se sistematizar a solução do problema.

Neste volume, estamos interessados, particularmente, em dois tipos de modelagem de problemas: os que envolvem solução analítica exata, que vamos abordar, neste capítulo, e aqueles que abrangem solução analítica aproximada, que serão estudados no Capítulo 6. Em geral, funções polinomiais de graus diversos são extensamente usadas em várias aplicações, para modelar diversos tipos de problemas, por químicos, físicos, biólogos, cientistas sociais, economistas, arqueólogos, astrônomos, meteorologistas, engenheiros etc.

Definição 12
> Polinômios são funções matematicas numa variável real, x, de grau n, que podem conter, constantes reais, a_0, a_1, a_2, ..., a_n, e consistir de diversas somas e/ou subtações, de termos compostos por multiplicação entre constantes e potências de variáveis. De uma forma geral, podemos definir matemáticamente uma função polinomial de grau, n, como
> $$f(x) = a_0 x^0 + a_1 x^1 + a_2 x^2 + \ldots + a_n x^n,$$
> com $n \in \mathbb{N}$.

Exemplo 65

Nomeie as funções polinomiais abaixo:

(a) $f(x) = \dfrac{2x}{7} + 13$
(b) $f(x) = y^3 + 5y^2 + 2y - 13$
(c) $f(x) = 8x^6 - 12x^5 + 3x^2 + 17$

(a) Função polinomial linear, ou função polinomial de grau um, n = 1.
(b) Função polinomial cúbica, ou função polinomial de grau três, n = 3.
(c) Função polinomial sêxtupla, ou função polinomial de grau seis, n = 6.

Um problema particular, muito importante, que envolve o cálculo de funções polinomiais, ocorre quando,

$$f(x) = 0.$$

Este é o problema de encontrar os valores das raizes, x, da função polinomial, f(x), os quais tornam a função, f(x), nula. Pesquisadores e cientistas, frequentemente, se defrontam em seus trabalhos, com problemas dessa natureza. Considere a equação polinomial, de grau, n, com $n \in \mathbb{N}$, como apresentada na Equação (9),

$$a_0x^0 + a_1x^1 + a_2x^2 + \ldots + a_nx^n = 0. \tag{9}$$

Algumas vezes, o uso de técnicas de rearranjo de termos e fatoração, pode conduzir a simplificações bastante interessantes, para a solução de equações como a Eq. (9). Outras vezes, encontrar uma solução, pode ser algo, de fato, desafiador. Uma classe de problemas muito atraente, em física, ciências e engenharia, aqui se destaca, aquela que envolve uma dependência linear entre as variáveis principais de um determinado problema, constituindo num exemplo de função polinomial de primeiro grau, quando o grau, n, da equação, é $n = 1$. Devido à sua simplicidade matemática, ela fornece uma solução analítica exata, de uma forma muito fácil e direta, correspondendo, à função linear

$$f(x) = ax,$$

quando $a_0 = 0$ e $a_1 = a$, e, à função afim, quando, $a_0 = b$ e $a_1 = a$.

$$f(x) = b + ax$$

Exemplos de situações que se enquadram nessa categoria, serão estudados a seguir.

Modelando a realidade - problemas lineares

Usando-se polinômios de grau um, é possível modelar matematicamente inúmeros problemas da vida cotidiana e científica, realizando muitos desses cálculos, de forma puramente automática, por estarem esses mecanismos, incutidos, em nossos processos mentais de resolução de problemas. Para se obter o aproveitamento máximo de nossas capacidades, é necessário um treinamento matemático-computacional, adequado. Quanto mais estudarmos situações-problemas que possam ser matematizados, mais aumentamos nossa capacidade de resolver problemas diversos. Adicionalmente, como recurso didático adicional, a utilização de uma plataforma computacional moderna, neste caso, pode ser muito útil, para dar mais clareza sobre os processos matemáticos envolvidos.

Exemplo 66

Um confeiteiro de uma padaria recebeu uma encomenda de um aniversário, e precisa fazer três bolos diferentes. Um deles, de recheio e cobertura de morango, outro de chocolate, e um terceiro, de coco, mantendo, sempre, a mesma massa básica. A receita do confeiteiro serve 4 pessoas, para cada conjunto de quantidades:
(a) 2 xícaras de chá de farinha de trigo;
(b) 2 xícaras de chá de açucar;
(c) 1 xícara de chá de leite quente;
(d) 5 ovos;
(e) 1 colher de sopa de fermento químico em pó.

O bolo de morango deve servir 20 pessoas, o de chocolate, 30 pessoas, e o de coco, deve servir 40 pessoas. Ajude o confeiteiro a encontrar uma função para achar rapidamente, a relação entre, as quantidades de ingredientes e o número de pessoas. Construa um algoritmo que desempenhe toda essa tarefa.

Algoritmo 39

Passo	Descrição

1	Entender a natureza do problema. Este é um problema que pode ser aproximado por uma função linear, do tipo $$f(x) = ax$$ com, a, uma constante, que deve ser ajustada, dependendo das relações entre o valor da função e suas respectivas variáveis. Note que, muito desse tipo de raciocínio é realizado por nós, de forma bastante automática, centenas de vezes, diariamente, sem nos dar conta, de que estamos lidando com polinômios. Para matematizar a questão, chame a variável, x, de número de pessoas.
2	Construir uma tabela que relacione o nome da função, associada a cada porção de ingrediente, com sua representação matemática em termos de uma função linear. Tabela 24 – Nome da função e sua respectiva função matemática <table><tr><th>Nome da Função</th><th>Função</th></tr><tr><td>Número de xícaras de trigo</td><td>$f_{xic\_trigo}(x) = a_{xic\_trigo}x$</td></tr><tr><td>Número de xícaras de açúcar</td><td>$f_{xic\_acucar}(x) = a_{xic\_acucar}x$</td></tr><tr><td>Número de xícaras de leite quente</td><td>$f_{xic\_leite}(x) = a_{xic\_leite}x$</td></tr><tr><td>Número de ovos</td><td>$f_{ovos}(x) = a_{num\_ovos}x$</td></tr><tr><td>Número de colheres de sopa de fermento</td><td>$f_{fermento}(x) = a_{fermento}x$</td></tr></table>
3	Calcular as constantes do problema. Observar que, para a realização deste trabalho, precisamos encontrar cinco valores de constantes, $a_{xic\_trigo}, a_{xic\_acucar}, a_{xic\_leite}, a_{num\_ovos}$ e $a_{fermento}$, que podem ser encontradas, bastando-se usar as razões conhecidas entre as quantidades de ingredientes conhecidas que servem 4 pessoas. As constantes relacionam as variaríeis, aos respectivos valores das funções, e podem ser relacionadas como mostrado na Tabela 25. Tabela 25 – Quantidades conhecidas e as constates associadas <table><tr><th>Quantidades conhecidas</th><th>Constantes</th></tr><tr><td>2 xícaras de trigo</td><td>$a_{xic\_trigo} = \dfrac{f_{xic\_trigo}(x=4)}{x=4} = \dfrac{2}{4} = \dfrac{1}{2}$</td></tr><tr><td>2 xícaras de açúcar</td><td>Analogamente, à quantidade de trigo $a_{xic\_acucar} = a_{xic\_trigo} = \dfrac{1}{2}$</td></tr><tr><td>1 xícara de leite quente</td><td>$a_{xic\_leite} = \dfrac{f_{xic\_leite}(x=4)}{x=4} = \dfrac{1}{4}$</td></tr><tr><td>5 ovos</td><td>$a_{ovos} = \dfrac{f_{ovos}(x=4)}{x=4} = \dfrac{5}{4}$</td></tr><tr><td>1 colher de sopa de fermento</td><td>$a_{fermento} = \dfrac{f_{fermento}(x=4)}{x=4} = \dfrac{1}{4}$</td></tr></table>
4	Finalmente, encontrar as cinco funções lineares procuradas, com base nas relações estabelecidas na Tabela 25, e escrever as funções para cada quantidade, como mostrado na Tabela 26. Tabela 26 – Quantidades e respectivas funções. <table><tr><th>Nome da Função</th><th>Função</th></tr></table>

Número de xícaras de trigo	$f_{xic\_trigo}(x) = \frac{1}{2}x$
Número de xícaras de açúcar	$f_{xic\_acucar}(x) = \frac{1}{2}x$
Número de xícaras de leite quente	$f_{xic\_leite}(x) = \frac{1}{4}x$
Número de ovos	$f_{ovos}(x) = \frac{5}{4}x$
Número de colheres de sopa de fermento	$f_{fermento}(x) = \frac{1}{4}x$

Exemplo 67

Baseado nos resultados das funções obtidas no caso do bolo do confeiteiro obtenha um gráfico para melhor apresentar os resultados e facilitar a leitura das relações entre as quantidades de ingredientes, e o número de pessoas para o qual deve servir os bolos. Assim, o confeiteiro pode, mais facilmente, por exemplo, relacionar os custos para uma determinada encomenda. Prepare também uma tabela mostrando a relação entre quantidades de ingredientes e número de pessoas, considerando, os casos de encomendas para 20, 40 e 60, pessoas. Discuta também, melhores formas de apresentar os resultados.

Usando um ambiente computacional algébrico, podemos obter os resultados pedidos como apresentados a seguir.

TREINAMENTO COMPUTACIONAL 2

```
> #######################
> ### Nome do arquivo: Exemplo 67.mw
> #######################
> restart;
> xmin := 0; xmax := 100;
> fxictrigo := (1/2)*x;
> fxicacucar := (1/2)*x;
> fxicleite := (1/4)*x;
> fovos := 5*x*(1/4);
> ffermento := (1/4)*x;
> h0 := plot(fxictrigo, x = xmin .. xmax, color = black, style = point, symbol = diagonalcross, legend = "xícaras de trigo");
> h1 := plot(fxicacucar, x = xmin .. xmax, color = black, style = line, symbol = diagonalcross, legend = "xícaras de açúcar");
> h2 := plot(fxicleite, x = xmin .. xmax, color = black, style = point, symbol = circle, legend = "xícaras de leite");
> h3 := plot(fovos, x = xmin .. xmax, color = black, style = line, symbol = point, legend = "ovos");
> h4 := plot(ffermento, x = xmin .. xmax, color = black, style = line, symbol = circle, legend = "colher de sopa de fermento");
> plots[display]({h0, h1, h2, h3, h4}, axes = boxed, axis = [gridlines = [10, color = gray]], labels = ["Número de Pessoas", "Quantidade de Ingredientes"], labeldirections = ["horizontal", "vertical"], labelfont = ["TIMES", 14]);
> plots[display]({h0, h1, h2, h3, h4}, axes = boxed, axis = [gridlines = [10, color = gray]], labels = ["Número de Pessoas", "Quantidade de Ingredientes"], labeldirections = ["horizontal", "vertical"], labelfont = ["TIMES", 14], view = [0 .. 70, 0 .. 80]);
```

Uma tabela relacionando a quantidade de ingredientes e o número de pessoas, é mostrado na Tabela 27. O Exemplo 67 pode se tornar mais interessante, se por exemplo, os resultados obtidos forem usados para calcular custos envolvidos, lucros obtidos, e que possibilite outras análises, incorporando taxas que traduzam a possível inflação sofrida por cada ingrediente, e que se reflitam no resultado.

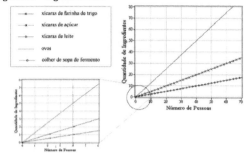

Figura 57 - Ingredientes.

Fonte: Própria (2022)

Tabela 27 - Relação entre quantidade de ingredientes e 4, 20, 40 e 60 pessoas.

Quantidade de ingredientes	4 Pessoas	20 Pessoas	40 Pessoas	60 Pessoas
Xícaras de farinha de trigo	2	10	20	30
Xícaras de açúcar	2	10	20	30
Xícaras de leite quente	1	5	10	15
Ovos	5	25	50	75
Colheres de sopa de fermento em pó	1	5	10	15

Polinômios são muito uteis em inúmeras áreas de trabalho, seja para fazer previsões, tirar conclusões, modelar sistemas, ou, entender questões que não eram bem compreendidas, antes, sem eles. Um outro exemplo de função linear em nosso dia a dia, é discutido a seguir.

Exemplo 68

Qual a melhor forma de apresentar os resultados de uma pesquisa: em forma de tabela, ou de forma gráfica? Explique as vantagens e desvantagens de cada uma, baseando-se nos resultados fornecidos no caso do confeiteiro. Analise essa pergunta em dois cenários diferentes: (a) Na época de Babbage; e (b) Na época atual.

Exemplo 69

Monica tem 7 gatinhos idosos, e os levou a uma consulta ao veterinário, que receitou para cada gatinho um medicamento que deve ser administrado via oral, obedecendo a quantidade de 1.85 ml de solução por quilo do animal. Ajude Mônica a encontrar uma maneira mais fácil de ler as quantidades que devem ser administradas para cada gatinho em função do peso de cada animal, e construa um algoritmo para ajudar nesta tarefa.

Algoritmo 40

Passo	Descrição
1	Entender a natureza do problema. Trata-se de um problema que pode ser aproximado por uma função linear, da seguinte forma: $f(x) = 1.85x$, sendo, a variável x, o peso do animal, em quilogramas.

2	Usando uma plataforma computacional algébrica, obtenha um gráfico como o apresentado na Figura 58, para facilitar a leitura da quantidade de medicamento, que deve ser administrado por peso do animal.	Figura 58 - Medicamento. 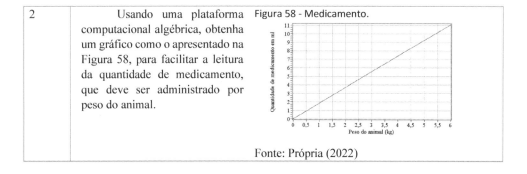

Fonte: Própria (2022)

TREINAMENTO COMPUTACIONAL 3

```
> #######################
> ### Nome do arquivo: Exemplo 69.mw
> #######################
> restart;
> xmin := 0; xmax := 8;
> f := 1.5*x;
> #######################
> h0 := plot(f, x = xmin .. xmax, color = black, style = line, symbol = point);
```

```
> #######################
> plots[display]({h0}, axes = boxed, axis = [gridlines = [16, color = gray]], labels = ["Peso do animal (kg)", "Quantidade de medicamento em ml "], labeldirections = ["horizontal", "vertical"], labelfont = ["TIMES", 16], tickmarks = [12, 40], font = ["TIMES", 16]);
> #######################
```

A sistemática que incentiva o treino constante, em matematizar problemas simples, favorece o mecanismo de aprendizagem para se modelar sistemas mais complicados. A seguir, vejamos mais um exemplo de uma função polinomial de grau um, n = 1, agora uma função afim, que trata de uma situação bem comum.

Exemplo 70

Uma pessoa foi estudar em um país cuja leitura habitual de temperatura é feita em Fahrenheit, e não em graus Ceusius. Por essa razão, ela sempre fica confusa, quando ouve alguem falar sobre a temperatura com ela. Como, ela pode compreender melhor a relação entre essas temperaturas? Construa um algoritmo que desempenhe toda essa tarefa.

Algoritmo 41

Passo	Descrição
1	Entender a natureza do problema. Esse é um tópico comum em ciências no ensino fundamental, ou em física no ensino médio, quando os professores apresentam aos estudantes a função afim, dada por: $$f_C(x) = 0.56x_F + 17.78 \ (°C),$$ em que, x_F, representa a temperatura em Fahrenheit (°F), que se quer converter, e $f_C(x)$, representa o respectivo valor, em graus Celsius (°C). Observe que, esta expressão fornece um resultado aproximado, mas suficiente, para a aplicação a qual se destina, uma vez que, apenas, para converter as temperaturas para o estudante, não é necessário alta precisão.

| 2 | Fazer uma apresentação gráfica para facilitar a compreensão da relação entre os valores de temperatura, numa escala, e noutra. | 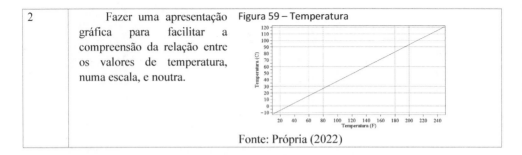
Figura 59 – Temperatura

Fonte: Própria (2022) |

TREINAMENTO COMPUTACIONAL 4

> ###################### > ### Nome do arquivo: Exemplo 70.mw > ### Desenvolvido por: Profa. R. Ragi > ### Data: 25/04/2022 > ###################### > restart; > ################# > xmin := 10; xmax := 250; > fC := (5*(xF-32))/(9.0); > #################	> h0 := plot(fC, xF = xmin .. xmax, color = black, style = line, symbol = point); > ################# > plots[display]({h0}, axes = boxed, axis = [gridlines = [16, color = gray]], labels = ["Temperatura (F)", "Temperatura (C)"], labeldirections = ["horizontal", "vertical"], labelfont = ["TIMES", 16], tickmarks = [12, 40], font = ["TIMES", 16]);

Com essa nova noção, quando alguém mencionar a temperatura em Fahrenheit, será muito mais fácil para o estudante compreender o que estão falando. Se, o seu caso for o contrário, e se você se familiarizar mais com a temperatura em Fahrenheit, faça o mesmo exercicio, ao contrário, para encontrar a conversão de temperatura para Fahrenheit.

* * *

Explorar problemas graficamente é uma excelente maneira de melhorar a nossa compreensão geral sobre um determinado assunto. Tente fazer isso, sempre que for possível, pois, essa sistemática pode auxiliar na análise e trazer insights[4] relevantes para o desenvolvimento de um determinado trabalho. Apesar da simplicidade, os exemplos de problemas de primeiro grau, discutidos aqui, nos dão uma boa noção de como matematizamos problemas simples do dia a dia. Tente a partir desses exemplos criar os seus próprios contextos matematizados. Além dos problemas cotidianos, funções polinomias de primeiro grau, tambem encontram lugar, nas salas de aula.

Exemplo 71

Suponha que, numa aula de física, o professor demonstra aos alunos um experimento simples, o sistema massa-mola suspenso, como mostrado na Figura 60, que apresenta grande aplicabilidade em diversos problemas de física, ciências e engenharia.

---

[4] Dar uma clareza de visão, ou uma epifania. O termo em inglês, muitas vezes é incorporado em nossa linguagem, por traduzir fortemente a ideia de se ter uma iluminação momentânea.

Tabela 28

i	m_i(g)	m_i(kg)	F_i(N)	Δx_i(cm)
1	25.0	0.025	0.25	5.0
2	50.0	0.050	0.50	10.0
3	75.0	0.075	0.75	15.0
4	100.0	0.100	1.00	20.0
5	125.0	0.125	1.25	25.0
6	150.0	0.150	1.50	30.0
7	175.0	0.175	1.75	35.0
8	200.0	0.200	2.00	40.0
9	250.0	0.250	2.25	45.0
10	255.0	0.255	2.50	50.0

Figura 60 – Sistema massa-mola

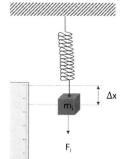

Fonte: Própria (2022)

Primeiramente, pode-se fazer um gráfico de força aplicada, $F_i = m_i g$, em Newtons, versus Δx_i, em centímetros, como mostrado na Figura 61, em que se nota, de forma muito clara, a relação linear, entre essas duas variáveis, F_i e Δx_i. De um modo geral, pode-se dizer que, este é um problema muito importante em ciências e engenharia, porque permite a verificação da Lei de Hooke, e a determinação da constante da mola, k. Neste experimento, o professor, pede para que os alunos, numa primeira etapa, observem, que, corpos de diferentes massas, m_i, penduradas em uma mola, provoca diferentes de

Figura 61 – Gráfico F_i x Δx_i.

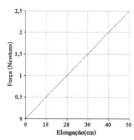

Fonte: Própria (2022)

deslocamento, Δx_i, medidos a partir de uma posição de equilíbrio, inicial, situação em que, nenhum peso é pendurado no sistema. O professor solicita aos alunos, que, numa segunda etapa, não apenas observem, mas que anotem esses valores, de massas e respectivos deslocamentos, para que possam relacioná-los entre si, numa terceira etapa. Os alunos então preparam a Tabela 28. Numa última etapa, o professor solicita, que os alunos busquem uma relação entre a força aplicada, $F_i = m_i g$, em Newtons, com o respectivo deslocamento sofrido pela mola, Δx_i, e que façam uma análise dos resultados, e forneçam uma conclusão para o experimento. Assumam, g = 10 m/s², a aceleração da gravidade.

TREINAMENTO COMPUTACIONAL 5

```
> #######################
> ### Nome do arquivo: Exemplo 71.mw
> #######################
> restart;
> with(Statistics); with(plots);
> Deltax := Vector([0.5e-1, .10, .15, .20, .25, .30, .35,
.40, .45, .50], datatype = float);
> F := Vector([.25, .50, .75, 1.00, 1.25, 1.50, 1.75,
2.00, 2.25, 2.50], datatype = float);
> #######################
```

```
(Newtons)"], labeldirections = ["horizontal",
"vertical"], labelfont = ["TIMES", 16], tickmarks = [4,
4], font = ["TIMES", 14]);
> #######################
> ### Buscando o melhor ajuste para os pontos, e
encontrando a constante da mola, k
> Fit(b*x, Deltax, F, x);
                    5.x
> #######################
> k := 5;
> #######################
```

```
> plot(Deltax, F, axis[1, 2] = [gridlines = [color = gray]], labels = ["Elongação(cm) ", "For&ccedil;a
```

Exemplo 72

Considere que, num laboratório, sejam levantadas as medidas de corrente-tensão, I × V$_R$, que relacionam as variáveis, tensão sobre o resistor, R, V$_R$, e a corrente, I, que atravessa o resistor, como representado esquematicamente, na Figura 62. Nessas condições, desde que tomadas as devidas medidas num laboratório, nota-se que o comportamento da tensão, V$_R$, com relação à corrente, I, como esboçado nesta mesma figura, Figura 62, é sempre linear, isto é:

$$V_R = RI$$

Discuta, por que dizemos que a Lei de Ohm é uma boa aproximação de um problema linear da natureza? O que a Lei de Ohm tem a ver com polinômios? Que semelhanças esse problema tem com o problema do sistema massa-mola?

Figura 62 - Diagrama esquemático de um circuito elétrico linear.

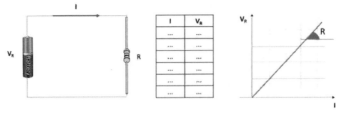

Fonte: Própria (2022)

Note que, desde que conhecido o valor da resistência R, pode-se conhecer o valor da tensão V$_R$ para qualquer valor de corrente I, simplesmente resolvendo-se uma equação de primeiro grau. Ou inversamente, de maneira análoga, podemos encontrar o valor da corrente I, a partir de qualquer valor de tensão V$_R$, pois as variáveis são governadas por relações lineares.

Exemplos de problemas não-lineares com solução analítica exata

Primeiramente, considere as equações quadráticas,

$$f(x) = ax^2 + bx + c$$

quando $a_0 = c$, $a_1 = b$, e $a_2 = a$. Felizmente, as equações polinomiais de segundo grau, quando n = 2, possui um método de solução rápida, que se tornou conhecido pelo nome de seu criador, o indiano do século XII, de nome, Bhāskara (1114–1185) (24). Atualmente, seu método é vastamente utilizado, bilhões de vezes por dia, sendo, comum nas práticas pedagógicas modernas, para estudantes de nível fundamental. A contribuição de Bhāskara é inestimável, dado o grau de usabilidade de sua invenção. Um exemplo de aplicação de equações de segundo grau, é o caso do estudo de movimento uniformemente variado, em física, um problema, dado aos alunos do ensino médio.

Exemplo 73

Considere a relação parabólica

$$s(t) = s_0 + v_0 t + \frac{gt^2}{2}$$

que envolve as variáveis de um movimento uniformemente variado para se determinar a posição no espaço, s, de um determinado ponto material em função do tempo, t, com, a posição inicial, denotada por s₀, a velocidade inicial, por v₀, e a aceleração da gravidade, por g. Discuta, se esse problema permite a solução inversa, ou seja, conhecendo-se a posição, s, encontrar, t.

Note que, a partir da relação parabólica, pode-se encontrar o tempo t para qualquer posição s(t) que se deseje, simplesmente resolvendo-se a equação de segundo grau, e, permitido obter uma solução exata para este tipo de problema.

A seguir, vamos considerar os polinômios de grau três, n = 3,

$$f(x) = ax^3 + bx^2 + cx + d$$

quando $a_0 = d, a_1 = c, a_2 = b,$ e $a_2 = a$, em geral não possuem solução simplificada, e, polinômios de grau quatro, n = 4,

$$f(x) = ax^4 + bx^3 + cx^2 + dx + e$$

quando $a_0 = e, a_1 = d, a_2 = c, a_3 = b,$ e $a_4 = a$, complicam ainda mais. Quando estamos tentando resolver um problema, e recaímos em polinômios de grau, n = 3 ou n = 4, algumas vezes, podemos usar os métodos analíticos de Girolamo Cardano (1501-1576), e Niccolò Fontana Tartaglia (1500-1557), ambos, matemáticos italianos, contemporaneos, que obtiveram bons resultados nesse terreno, fornecendo, através de seus métodos, expressões analíticas fechadas. Em alguns casos, pode até ser que exista uma solução analítica, para um determinado problema, mas, devido a complexidade da solução, uma dada sistemática de solução pode se tornar inviável, razão pela qual, sempre buscou-se por formas alternativas de resolução de problemas matemáticos. Para termos uma ideia melhor do que isso quer dizer, nos próximos exemplos, discutimos a solução de equações de terceiro e quarto grau.

Exemplo 74

Existe alguma maneira algébrica de se obter o resultado de equações de terceiro grau?

Sim. Usando-se as técnicas dos matemáticos italianos do século XVI, Cartano, Tartaglia, entre outros, algumas equação do tipo,

$$ax^3 + bx^2 + cx + d = 0$$

podem ser resolvidas, e as três raízes, podem ser escritas como:

$$x_1 = -\frac{s}{12a} + \frac{t}{3as} - \frac{b}{3a} - \frac{I\sqrt{3}}{2}\left(\frac{s}{6a} + \frac{2t}{3as}\right)$$

$$x_2 = -\frac{s}{12a} + \frac{t}{3as} - \frac{b}{3a} + \frac{I\sqrt{3}}{2}\left(\frac{s}{6a} + \frac{2t}{3as}\right)$$

$$x_3 = \frac{s}{6a} - \frac{2t}{3as} - \frac{b}{3a}$$

com

$$p = \sqrt{27a^2d^2 - 18abcd + 4ac^3 + 4db^3 - c^2b^2}$$
$$q = -108a^2d + 36abc - 8b^3$$
$$s = \left(12\sqrt{3}pa + q\right)^{1/3}$$
$$t = 3ac - b^2$$

Nos dias de hoje, as plataformas computacionais algébricas disponíveis, fornecem rapidamente esses resultados, sem nenhuma dificuldade. Mas, na época de Babbage, resolver problemas dessa natureza poderia representar um grande obstáculo. Use um ambiente computacional algébrico para obter esses resultados.

TREINAMENTO COMPUTACIONAL 6

```
> ########################
> ### Nome do arquivo: Exemplo 74.mw
> ########################
> restart;
> solve({a*x^3+b*x^2+c*x+d = 0},{x});
> ########################
> ### Analisando-se os resultados fornecidos
> ### por um sistema computacional algébrico
> ### para a solução de uma equação de
> ### terceiro grau, podemos concluir que:
> ### As raízes de uma equação de terceiro grau
> ### podem ser descritas por:
> ########################
> ### Com:
```

$> s := \left(12\sqrt{3}\, p\, a + q\right)^{1/3} :$

$> p$
$:= \left(27\, a^2\, d^2 - 18\, a\, b\, c\, d + 4\, a\, c^3 + 4\, d\, b^3 - c^2\, b^2\right)^{1/2} :$

$> q := -108\, a^2\, d + 36\, a\, b\, c - 8\, b^3 :$
$> t := \left(3\, a\, c - b^2\right) :$
$> \texttt{\#}$

$> \quad x1 := evalf\left(-\dfrac{s}{12\,a} + \dfrac{t}{3\,a\,s} - \dfrac{b}{3\,a} - \dfrac{I\sqrt{3}\left(\dfrac{s}{6\,a} + \dfrac{2\,t}{3\,a\,s}\right)}{2}\right)$

$\quad x2 := evalf\left(\left(-\dfrac{s}{12\,a} + \dfrac{t}{3\,a\,s} - \dfrac{b}{3\,a}\right) + \dfrac{I\sqrt{3}\left(\dfrac{s}{6\,a} + \dfrac{2\,t}{3\,a\,s}\right)}{2}\right)$

$> \quad x3 := evalf\left(\dfrac{s}{6\,a} - \dfrac{2\,t}{3\,a\,s} - \dfrac{b}{3\,a}\right)$

Exemplo 75

Usando uma plataforma de computação algébrica, obtenha o gráfico da função
$$f(x) = 2x^3 + 9x^2 + 13x + 6.$$
Baseado na análise do gráfico obtido, chute intervalos que contenham as raízes, $x_{min} \leq x \leq x_{max}$, com x_{min} o menor valor de x nesse intervalo, e x_{max}, o maior valor de x.

Com um ambiente computacional algébrico, podemos obter o gráfico para a função do enunciado, como mostrado na Figura 63. Observando-se esse gráfico, vê-se três raízes reais. A partir disso, pode-se realizar três possíveis chutes para as raízes:

$$-2.25 < x_1 < -1.85$$
$$-1.70 < x_2 < -1.35$$
$$-1.20 < x_3 < -0.50$$

TREINAMENTO COMPUTACIONAL 7

```
> ########################
> ### Nome do arquivo: Exemplo 75.mw
> ########################
> restart;
> a := 2;
> b := 9;
> c := 13;
> d := 6;
> ########################
> plot(a*x^3+b*x^2+c*x+d, x = -3 .. -.5, view = [-3
.. -.5, -1 .. 1], axes = normal, axis = [gridlines = [10,
color = gray]], labels = ["x", "f ( x )"], labeldirections
= ["horizontal", "vertical"], labelfont = ["TIMES",
14], tickmarks = [5, 10], font = ["TIMES", 13])
```

Figura 63 – Gráfico do Exemplo 75.mw

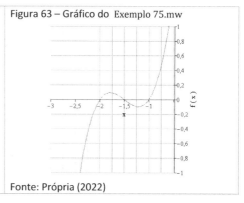

Fonte: Própria (2022)

Exemplo 76

Usando a formulação apresentada no exemplo anterior, encontre as raízes da equação de terceiro grau,
$$2x^3 + 9x^2 + 13x + 6 = 0$$
em uma plataforma algébrica computacional, e cheque os resultados. Discuta, se os intervalos chutados podem ser considerados adequados.

Com um ambiente computacional algébrico, podemos obter os resultados pedidos como apresentados a seguir.

TREINAMENTO COMPUTACIONAL 8

```
> ########################
> ### Nome do arquivo: Exemplo76.mw
> ########################
> restart;
> a := 2;
> b := 9;
> c := 13;
> d := 6;
> ########################
> p := sqrt(27*a^2*d^2-
18*a*b*c*d+4*a*c^3+4*d*b^3-c^2*b^2);
> q := -108*a^2*d+36*a*b*c-8*b^3;
> s := (12*sqrt(3)*p*a + q)^(1/3);
> t := 3*a*c-b^2;
> ########################
> x1 := factor(-s/(12*a)+t/(3*a*s)-b/(3*a)-
I*sqrt(3)*(s/(6*a)+2*t/(3*a*s))*(1/2));
> x2 := factor(-s/(12*a)+t/(3*a*s)-
b/(3*a)+I*sqrt(3)*(s/(6*a)+2*t/ (3*a*s)) *(1/2));
> x3 := factor(s/(6*a)-2*t/(3*a*s)-b/(3*a));
```

```
> ########################
```
$$x1 := -\frac{3}{2}$$
$$x2 := -2$$
$$x3 := -1$$
```
> solve({a*x^3+b*x^2+c*x+d = 0}, {x});
> ########################
```
$$\left\{x = -\frac{3}{2}\right\}, \{x = -2\}, \{x = -1\}$$
```
> ########################
```
Para verificarmos se os intervalos chutados foram adequados, construímos a Tabela 29.

Tabela 29 - Intervalos e respectivas raízes.

Intervalos	Raiz	Checagem
$-2.25 < x_1 < -1.85$	-2.0	✓
$-1.70 < x_2 < -1.35$	-1.5	✓
$-1.20 < x_3 < -0.50$	-1.0	✓

Como é possível verificar analisando-se a Tabela 29, os intervalos escolhidos a partir da análise gráfica, parecem satisfatórios.

Exemplo 77

Usando ainda a formulação apresentada anteriormente, encontre as raízes da equação de terceiro grau,

$$4x^3 - 2x^2 - 5x - 17 = 0$$

e cheque os resultados com os obtidos com um ambiente computacional algébrico. Analise também o gráfico da função para verificar as raízes obtidas.

Com um ambiente computacional algébrico, podemos obter os resultados pedidos como apresentados a seguir. Analisando-se o gráfico da Figura 64 nota-se que há apenas uma raiz real, como, de fato, verificado no programa Equacao_3.mw, as demais raízes, são complexas.

TREINAMENTO COMPUTACIONAL 9

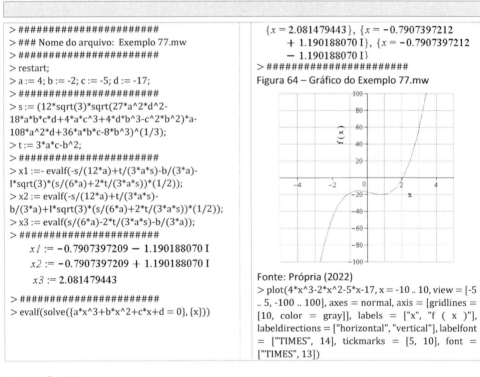

Exemplo 78

Em 1873, Van der Waals, com base em dados experimentais, e uma análise de dados termodinâmica rigorosa, propôs a seguinte relação,

$$p = \frac{RT}{V_m - b} - \frac{a}{V_m^2}$$

para estudar o comportamento PVT de várias substâncias. Nesta equação, a e b são constantes empíricas que variam para cada tipo de gás; R é a constante universal dos gases; T é a temperatura absoluta; e V_m é o volume molar de uma dada substância. Estude a equação de estado cúbica, para o volume,

$$pV_m{}^3 - (Pb + RT)V_m{}^2 - aV_m + ab$$

e verifique, se, existem, soluções analíticas, possíveis, para os diversos valores de pressão, p. Pesquise também, as diversas aplicações desse problema, em ciências e engenharia.

Exemplo 79

Usando o Método de Ferrari (25), encontre algebricamente, as raízes da equação de quarto grau,

$$x^4 + 2x^3 + 3x^2 - 2x - 1 = 0$$

e cheque os resultados, com os obtidos no ambiente computacional que preferir.

TREINAMENTO COMPUTACIONAL 10

```
> #######################
> ### Nome do arquivo: Exemplo 79.mw
> #######################
> ###   a·x^4 + b·x^3 + c·x^2 + d·x + e = 0
> a := 1;
> b := 2;
> c := 3;
> d := -2;
> e := -1;
> #######################
```

$$> h := -\frac{b}{4 \cdot a} :$$

$$> p := 6 \cdot h^2 + \frac{3 \cdot b}{a} \cdot h + \frac{c}{a} :$$

$$> q := 4 \cdot h^3 + \frac{3 \cdot b}{a} \cdot h^2 + \frac{2 \cdot c}{a} \cdot h + \frac{d}{a} :$$

$$> r := h^4 + \frac{b}{a} \cdot h^3 + \frac{c}{a} \cdot h^2 + \frac{d}{a} \cdot h + \frac{e}{a} :$$

```
> #######################
> ### Método utiliza uma equação cúbica auxiliar
> solve({8*alpha^3-4*p*alpha^2-8*r*alpha+4*p*r-q^2 = 0}, {alpha})
```

$$solve\left(\left\{8 \cdot \alpha^3 - 4 \cdot p \cdot \alpha^2 - 8 \cdot r \cdot \alpha + \left(4 \cdot p \cdot r - q^2\right) = 0\right\}, \{\alpha\}\right)$$

> ### Obtemos três raízes analíticas:

$$\left\{\alpha = \frac{\left(7 + 4\sqrt{3}\right)^{1/3}}{2} + \frac{1}{2\left(7 + 4\sqrt{3}\right)^{1/3}} + \frac{1}{4}\right\},$$

$$\left\{\alpha = -\frac{\left(7 + 4\sqrt{3}\right)^{1/3}}{4} - \frac{1}{4\left(7 + 4\sqrt{3}\right)^{1/3}} + \frac{1}{4}\right.$$

$$\left. + \frac{I\sqrt{3}\left(2\left(7 + 4\sqrt{3}\right)^{1/3} - \frac{2}{\left(7 + 4\sqrt{3}\right)^{1/3}}\right)}{8}\right\}$$

> ### Podemos usar uma das raízes nas
> ### expressões abaixo:

$$\alpha := \frac{\left(7 + 4\sqrt{3}\right)^{1/3}}{2} + \frac{1}{2\left(7 + 4\sqrt{3}\right)^{1/3}} + \frac{1}{4} :$$

> #######################

$$y1 := evalf\left(-\frac{1}{2} \cdot sqrt(2 \cdot \alpha - p) + \frac{1}{2} \cdot sqrt\left(-2 \cdot \alpha - p + \frac{2 \cdot q}{sqrt(2 \cdot \alpha - p)}\right)\right) :$$

$$y2 := evalf\left(-\frac{1}{2} \cdot sqrt(2 \cdot \alpha - p) - \frac{1}{2} \cdot sqrt\left(-2 \cdot \alpha - p + \frac{2 \cdot q}{sqrt(2 \cdot \alpha - p)}\right)\right) :$$

$$y3 := evalf\left(\frac{1}{2} \cdot sqrt(2 \cdot \alpha - p) + \frac{1}{2} \cdot sqrt\left(-2 \cdot \alpha - p - \frac{2 \cdot q}{sqrt(2 \cdot \alpha - p)}\right)\right) :$$

$$y4 := evalf\left(\frac{1}{2} \cdot sqrt(2 \cdot \alpha - p) - \frac{1}{2} \cdot sqrt\left(-2 \cdot \alpha - p - \frac{2 \cdot q}{sqrt(2 \cdot \alpha - p)}\right)\right) :$$

> ### As raízes da equação polinomial de quarto grau são:
> $x1 := y1 + h$
$\qquad x1 := -1.174840752 + 1.639280672\ I$
> $x2 := y2 + h$
$\qquad x2 := -1.174840752 - 1.639280672\ I$
> $x3 := y3 + h$
$\qquad x3 := 0.7005983370$
> $x4 := y4 + h$
$\qquad x4 := -0.3509168320$

Sendo duas raízes complexas e duas raízes reais

$$\left\{ \alpha = -\frac{(7+4\sqrt{3})^{1/3}}{4} - \frac{1}{4(7+4\sqrt{3})^{1/3}} + \frac{1}{4} - \frac{I\sqrt{3}\left(2(7+4\sqrt{3})^{1/3} - \frac{2}{(7+4\sqrt{3})^{1/3}}\right)}{8} \right\}$$

Exemplo 80

Usando o Método de Ferrari (25), encontre algebricamente, as raízes da equação de quarto grau,

$$x^4 + 2x^3 - 13x^2 - 14x + 24 = 0$$

e cheque os resultados, com o ambiente computacional que preferir.

TREINAMENTO COMPUTACIONAL 11

```
> #######################
> ### Nome do arquivo: Exemplo 80.mw
> #######################
> ###  a·x^4 + b·x^3 + c·x^2 + d·x + e = 0
> a := 1;
> b := 2;
> c := -13;
> d := -14;
> e := 24;
> #######################
> h := -b/(4·a) :
> p := 6·h^2 + (3·b/a)·h + c/a :
> q := 4·h^3 + (3·b/a)·h^2 + (2·c/a)·h + d/a :
> r := h^4 + (b/a)·h^3 + (c/a)·h^2 + (d/a)·h + e/a :
> #######################
> ### Método utiliza uma equação cúbica auxiliar
> solve({8*alpha^3-4*p*alpha^2-8*r*alpha+4*p*r-q^2 = 0},{alpha})
```

$$\left\{\alpha = -\frac{29}{4}\right\}, \left\{\alpha = -\frac{21}{4}\right\}, \left\{\alpha = \frac{21}{4}\right\}$$

```
> ### Podemos escolher uma das três raízes
> ### Escolhemos:
> α := -21/4 :
> ### E usar uma das raízes nas expressões
> ### abaixo:
> #######################
```

```
>
  y1 := evalf(-1/2·sqrt(2·α − p) + 1/2·sqrt(−2·α
         − p + 2·q/sqrt(2·α − p))) :
>
  y2 := evalf(-1/2·sqrt(2·α − p) − 1/2·sqrt(−2·α
         − p + 2·q/sqrt(2·α − p))) :
>
  y3 := evalf(1/2·sqrt(2·α − p) + 1/2·sqrt(−2·α
         − p − 2·q/sqrt(2·α − p))) :
>
  y4 := evalf(1/2·sqrt(2·α − p) − 1/2·sqrt(−2·α
         − p − 2·q/sqrt(2·α − p))) :
> ### As raízes da equação polinomial de quarto
> ### grau são:
> x1 := y1 + h
             x1 := 1.000000000
> x2 := y2 + h
             x2 := −4.000000000
> x3 := y3 + h
             x3 := 3.000000000
> x4 := y4 + h
             x4 := −2.000000000
> ### Sendo duas raízes complexas e duas reais.
```

Não é difícil compreender, porque, a solução de equações polinomiais de ordem superior a quatro, é mais complicada, ainda. Vale mencionar que, muitas vezes, um problema matemático pode até ser resolvido analiticamente, entretanto, devido a sua alta complexidade matemática, pode se tornar impraticável a solução manual do problema. Felizmente, as ferramentas computacionais algébricas disponíveis na atualidade, dispõem de recursos excelentes para resolver muitos dos problemas dessa categoria, sendo de fácil utilização e ajudam a fornecer um entendimento matemático adequado para estudantes de diversos cursos, de graduação e pós-graduação.

Exemplo 81

Pesquise métodos de solução algébrica de equações polinomiais de quinto e sexto grau, e responda:
(a) É possível obter resultados algébricos para esse tipo de problema?
(b) Discuta, se a expressão, "é difícil, mas não impossível", se aplica a esses casos.
(c) Quais são os tipos de solução usuais fornecidos pelas plataformas computacionais algebricas modernas, para este tipo de problema? Pesquise.

A seguir, vamos discutir um outro tipo de equação não-linear que apresenta solução analítica exata.

Exemplo 82

A equação abaixo,

$$x + x^2 = log\left(\frac{y(x)}{a}\right) - 7,$$

é uma equação não-linear, com, a, uma constante, $a = 0.001$.

(a) Essa equação é uma equação linear, e possui solução analítica exata? Explique.

(b) Usando uma plataforma computacional algébrica, construa o gráfico da função, $y(x)$.

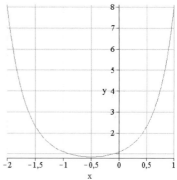

Figura 65 – Gráfico do Exemplo 82.

Fonte: Própria (2022)

(a) A equação acima é uma equação não-linear, pois possui termos não lineares em x, mas possui uma solução analítica exata, que pode ser obtida realizando-se algumas manipulações algébricas, como mostrado a seguir:

$$log\left(\frac{y}{a}\right) = x + x^2 + 7 \rightarrow \frac{y}{a} = e^{x+x^2+7}$$

$$y = ae^{x+x^2+7}$$

(b) O gráfico da função, $y(x) = ae^{x+x^2+7}$, é mostrado na Figura 65.

Este exemplo mostra que, mesmo uma equação não-linear, com termos transcendentais pode apresentar uma solução analítica exata, dependendo do caso.

TREINAMENTO COMPUTACIONAL 12

```
> #########################                        = [gridlines = [color = gray]], labels = ["x ", "y"],
> ### Nome do arquivo: Exemplo 82.mw               labeldirections   =   ["horizontal",   "horizontal"],
> #########################                        labelfont = ["TIMES", 16], tickmarks = [8, 6], font =
> restart;                                         ["TIMES", 14]);
> a := 0.001;                                      > #########################
> plot(a*exp(x^2+x+7), x = -2.0 .. 1.0, axis[1, 2]
```

Voltando à época de Babbage, podemos dizer que, os poucos recursos computacionais disponíveis, em seu tempo, obrigava que, apenas pudessem ser resolvidos, um numero muito limitado de problemas, sendo necessário muita criatividade para usar esses recursos. E, podemos dizer que criatividade não faltava no Senhor Babbage. Continuando com nossa tarefa de matematizar e sistematizar os recursos, vamos explorar um pouco a sistemática usada para produção de tabelas matemáticas na época de Babbage, e discutir um pouco acerca dos dois métodos usados para essa finalidade: o método convencional e o método baseado nas diferenças constantes.

Construindo Tabelas Matemáticas pelo método convencional

Nesta seção, vamos discutir, especificamente, sobre o problema de tabelar funções, partindo de um procedimento manual, ou convencional, em que, os valores das funções nas tabelas deviam ser calculados, um a um, por uma pessoa. Essa era a única maneira de fazer isso, antes da era pré-computadores modernos, uma forma cansativa e tediosa, que gerava muitos erros, inevitavelmente. Em seguida, considere o próximo exemplo, em que o método convencional é usado para se calcular uma função.

Exemplo 83

Apenas por questões hipotéticas, suponha que, um fabricante de tabelas, de séculos atras, desejasse tabelar a função polinomial, $f(x) = 2x$, considerando $x \in \mathbb{R}$, e $f(x) \in \mathbb{R}$. Em outras palavras, mais especificamente, isso significa criar uma tabela dessa função, num determinado intervalo, de x, estabelecido pelo fabricante. Tabelas matemáticas profissionais eram demasiadamente extensas, varrendo um longo domínio, de x. Todavia, para fins didáticos, crie uma tabela, à mão, considerando um pequeno intervalo para x, $51 \leq x \leq 57$, com um passo de uma unidade, simplesmente, para fornecer uma compreensão por trás desse processo.

O método convencional para criar uma tabela matemática, ou ainda, podemos dizer, tabelar uma função, consiste em calcular o valor da função, f(x), para todo valor de x num intervalo considerado, substituindo o valor de x na função f(x), e calculando o resultado à mão, ou usando alguma ferramenta matemática auxiliar, tal como, um ábaco, Ossos de Napier, régua de cálculo, calculadora mecânica, etc. No intervalo considerado, $x_{ini} \leq x \leq x_{fin}$, temos um valor inicial para x, que chamamos, x_{ini}, e um valor final para x, que chamamos, x_{fin}. Um índice i, sendo i $\in \mathbb{N}$, é usado para indicar a posição do elemento x_i no intervalo. Suponha que há N valores de x no intervalo considerado, e que, o primeiro elemento da sequência é rotulado pelo índice, i = 1, e representado por $x_1 = x_{ini}$, e o último elemento da sequência, é indicado por i = N, e representado por $x_N = x_{fin}$. Neste tipo de sequência a diferença entre qualquer elemento, x_i, e o seu antecessor, x_{i-1}, corresponde a um valor constante, uma quantidade fixa, que denominamos, passo da sequência. Para construirmos a tabela da função, consideramos todos os valores de x, inteiros, compreendidos no intervalo entre x_1

= 51 e x_N = 57, e calculamos explicitamente o valor correspondente da função $f(x_i)$ para todo valor de x_i do intervalo, como mostrado na Tabela 30.

Tabela 30 - Tabulação da função polinomial $f(x) = 2x$, para x no intervalo, $51 \leq x \leq 57$.

i	x_i	$f(x_i)$
1	51	120
2	52	104
3	53	106
4	54	108
5	55	110
6	56	112
7	57	114

Na época de Babbage, Tabelas Matemáticas eram uma ferramenta matemática indispensável, da qual dependia inúmeras outras profissões, tais como, arquitetos, astrônomos, engenheiros, etc., reduzindo o trabalho dessas pessoas, a, simplesmente, procurar numa tabela, o resultado que queriam, da mesma forma que procuramos uma palavra num dicionário. Então, Tabelas Matemáticas eram de grande ajuda, e aceleravam os cálculos matemáticos que eram necessários realizar, todavia, se houvesse erros nos valores dessas tabelas, isso poderia comprometer seriamente o resultado de um determinado trabalho. Por isso, cada vez que Babbage verificava erros nas Tabelas da Biblioteca da Sociedade Analítica, ele sonhava com uma máquina à vapor capaz de realizar todos esses tipos de cálculos, eliminando, assim, os erros cometidos no processo convencional, tal como o encontrado, por exemplo, na Tabela 30, quando i = 1, x_1 = 51 e $f(x_1)$ = 102, e não 120. A problemática de erros nas tabelas pode piorar, sobremaneira, se a função a ser tabelada for uma função mais complicada, ainda, aumentando, consequentemente, as chances de erros, durante os processos de cálculos. Veja o próximo exemplo.

Exemplo 84

Suponha que, um fabricante de tabelas desejasse tabelar a função polinomial:
$$f(x) = 3x^5 + 2x^4 + 7x^3 + x^2 + x + 32$$
Tabele a função, f(x), à mão, com no máximo, o auxílio de uma calculadora eletrônica simples, no intervalo, $0 \leq x \leq 0.5$, com um passo de 0.1. [5]

Tabela 31 - Tabulação da função polinomial $f(x) = 3x^5 + 2x^4 + 7x^3 + x^2 + x + 32$

i	x_i	$f(x_i)$
1	0.0	
2	0.1	
3	0.2	
4	0.3	
5	0.4	
6	0.5	

Como é possível ver no último exemplo discutido, o cálculo de uma função polinomial pode envolver muitas operações de multiplicação, e isso aumenta em muito, as chances de erros, durante

---

[5] O objetivo aqui é realmente experimentar o trabalho tedioso de ter que realizar todos os cálculos à mão, para proporcionar um melhor entendimento da necessidade de se procurar por maneiras melhores de calcular.

o processo de computação. Babbage acreditava que deveria existir uma forma mais prática de tabelar funções. Mas, qual? E essa dúvida ocupou a mente de Babbage, por muito tempo.

Construindo Tabelas Matemáticas pelo Método das Diferenças Constantes

De fato, era conhecido já a algum tempo, por matemáticos e fabricantes de tabelas do século XIX, um método matemático muito interessante, chamado, Método das Diferenças Constantes (MDC), que era um esquema para se obter os valores das funções polinomiais, sem ter que calcular as milhares de multiplicações e divisões imputadas pelo método convencional, mas, partindo de um outro ponto de vista, que envolvia menos contas matemáticas, e por isso, acarretava, em menos erros, e isso era muito bom para quem fabricava tabelas. Charles Babbage conhecia esse método, que substituía o processo convencional de tabelar uma função polinomial, pela construção, alternativa, de uma tabela chamada, Tabela Geradora (TG), a partir da qual, a função f(x), podia ser, totalmente, encontrada, em qualquer intervalo, $x_{ini} \leq x \leq x_{fin}$, que se desejasse, bastando conhecer-se, $f(x_i)$, para, i, no intervalo, $1 \leq i \leq n + 2$, com n sendo o grau do polinômio. Um algoritmo para tabelar uma função polinomial, pelo MDC, encontra-se descrito no Algoritmo 42. Com a aplicação deste método, somos capazes de tabelar qualquer função polinomial, conquanto que, n, não seja tão grande, para não tornar o trabalho manual, demasiadamente cansativo.

Algoritmo 42

Passos	Descrição
1	Inicialmente, definir:
	a n, o grau do polinômio que se quer tabelar.
	b Introduzir os valores de x_{ini} e x_{fin} do intervalo desejado, $x_{ini} \leq x \leq x_{fin}$,
	c Definir o passo, p, a diferença entre um valor x_i e o seu antecessor, x_{i-1}.
2	Encontrar o número de linhas da tabela, em geral dado pela relação, $$N_{linhas} = \frac{(x_{fin} - x_{ini} + 1)}{p}.$$
3	Encontrar o número total de colunas da tabela, que pode ser obtido pela relação, $$N_{colunas} = n + 3$$
4	Definir o intervalo para o índice, i, que rotula os valores na tabela: $$1 \leq i \leq N_{linhas}$$
5	Construir a estrutura da tabela inteira formada pelo número de linhas, N_{linhas}, e pelo número de colunas, $N_{colunas}$, e rotule as três primeiras colunas, da esquerda para a direita, nesta ordem: i, x_i e $f(x_i)$. As demais colunas da tabela, são denominadas, Colunas de Diferenças, e são rotuladas por Δ_j, com j = 1...,n, e nesta ordem, de colunas.
6	Preencher a primeira coluna da tabela com os valores de i: $1 \leq i \leq N_{linhas}$.
7	Preencher a segunda coluna da tabela com os valores de x_i: $x_{ini} \leq x_i \leq x_{fin}$.
8	Construir a Tabela Geradora (TG): (n + 2) linhas × (n + 3) colunas:
	a Preencha as (n + 2), primeiras linhas da tabela, na terceira coluna, com os valores da função $f(x_i)$, obtido pelo método convencional.
	b Em seguida, calcule a Coluna de Diferença, rotuladas por Δ_j, com o índice, j = 1..., n, para as (n + 2) primeiras linhas. As diferenças podem ser calculadas a partir da relação abaixo: $$(\Delta_j)_i = f(x_i) - f(x_{i-1})$$
	A partir da Tabela Geradora obtida no Passo 8, usar a relação a seguir, $$f(x_i) = f(x_{i-1}) + (\Delta_j)_i$$

| 9 | para encontrar todos os valores de $f(x_i)$ da tabela inteira que se quer produzir, no intervalo, $x_{ini} \leq x \leq x_{fin}$, bastando para isso, conhecer, somente os valores f(x_i) no intervalo, $1 \leq i \leq n + 2$. |

O método apresentado no Algoritmo 42 permite a construção de uma Tabela Geradora (TG), cujo tamanho, depende sempre do grau do polinômio, n, que se quer tabelar. Depois de calcular a TG, o método se reduz a calcular Colunas de Diferenças, até se encontrar uma coluna em que as diferenças sejam sempre constantes. Note que, para um polinômio de grau n, a Tabela Geradora apresentará, ($n + 2$) linhas, ($n + 3$) colunas, e n Colunas de Diferenças, sendo que, somente a última coluna da tabela, da esquerda para a direita, é a coluna denominada Coluna de Diferenças Constantes, Δ_n. A utilização desse método produz Tabelas Geradoras de tamanhos diferentes, dependendo do grau n do polinômio, como pode ser analisado na Tabela 32, quando foi considerado os três primeiros graus de polinômios.

Tabela 32 – Tamanho da TG para os primeiros três graus de polinômios.

n	Tamanho da tabela
1	Se tivermos um polinômio de grau 1, $n = 1$, devemos construir uma tabela com 3 linhas e 4 colunas, e considerar as colunas i, x_i, f(x_i) e $(\Delta_1)_i$, sendo $(\Delta_1)_i$ a coluna de Diferença Constante.
2	Se tivermos um polinômio de grau 2, $n = 2$, devemos construir uma tabela com 4 linhas e 5 colunas, e considerar as colunas i, x_i, f(x_i), $(\Delta_1)_i$ e $(\Delta_2)_i$, sendo $(\Delta_2)_i$ a coluna de Diferença Constante.
3	Se tivermos um polinômio de grau 3, $n = 3$, devemos construir uma tabela com 5 linhas e 6 colunas, sendo $(\Delta_3)_i$ a coluna de Diferença Constante.

A seguir vamos discutir três exemplos de tabulação de funções, pelo MDC, aplicando o passo a passo estabelecido no Algoritmo 42.

Exemplo 85

Construa um algoritmo para tabelar a função polinomial,
$$f(x) = 3x + 1,$$
no intervalo, $1 \leq x \leq 10$, com passo de uma unidade, pelo MDC.

Algoritmo 43

Passo	Descrição
1	Inicialmente, tomamos os valores de: (a) Grau, $n = 1$, (b) Intervalo, $x_{ini} = 1$, e $x_{fin} = 10$, (c) O passo, p = 1,
2	Encontrar o número de linhas total da tabela: $$N_{linhas} = \frac{((x_{fin} - x_{ini}) + 1)}{p} = \frac{((10 - 1) + 1)}{1} = 10$$ $$N_{linhas} = 10$$
3	Encontrar o número de colunas total da tabela: $$N_{colunas} = n + 3 = 4$$
4	Definir o intervalo para o índice, i, que rotula os valores na tabela: $$1 \leq \iota \leq 10$$

5	Construir a estrutura da tabela inteira formada pelo número de linhas, N$_{linhas}$ = 10 e pelo número de colunas, N$_{colunas}$ = 4, e rotular as três primeiras colunas, da esquerda para a direita, nesta ordem: i, x$_i$ e f(x$_i$). A última coluna é chamada de Coluna de Diferenças, e é rotulada por Δ$_1$. Tabela 33 – Tabulação. <table><tr><th>i</th><th>x$_i$</th><th>f(x$_i$) = 3x$_i$ + 1</th><th>Δ$_1$</th></tr><tr><td></td><td></td><td></td><td></td></tr></table>
6 e 7	Preencher a primeira e a segunda coluna da tabela. Tabela 34 – Tabulação <table><tr><th>i</th><th>x$_i$</th><th>f(x$_i$) = 3x$_i$ + 1</th><th>Δ$_1$</th></tr><tr><td>1</td><td>1</td><td></td><td></td></tr><tr><td>2</td><td>2</td><td></td><td></td></tr><tr><td>3</td><td>3</td><td></td><td></td></tr><tr><td>4</td><td>4</td><td></td><td></td></tr><tr><td>5</td><td>5</td><td></td><td></td></tr><tr><td>6</td><td>6</td><td></td><td></td></tr><tr><td>7</td><td>7</td><td></td><td></td></tr><tr><td>8</td><td>8</td><td></td><td></td></tr><tr><td>9</td><td>9</td><td></td><td></td></tr><tr><td>10</td><td>10</td><td></td><td></td></tr></table>
8	Construir a Tabela Geradora: $(n + 2)$ linhas × $(n + 3)$ colunas = 3 × 4 (a) Preencha as 3 primeiras linhas da tabela, na terceira coluna, com os valores da função f(x$_i$), obtido pelo método convencional. (b) Em seguida, calcule a Coluna de Diferença, rotuladas por Δ$_1$, para as 3 primeiras linhas. As diferenças podem ser calculadas a partir da relação abaixo: $$(\Delta_j)_i = f(x_i) - f(x_{i-1})$$ Tabela 35 – Tabela Geradora <table><tr><th>i</th><th>x$_i$</th><th>f(x$_i$) = 3x$_i$ + 1</th><th>Δ$_1$</th></tr><tr><td>1</td><td>1</td><td>4</td><td></td></tr><tr><td>2</td><td>2</td><td>7</td><td>3</td></tr><tr><td>3</td><td>3</td><td>10</td><td>3</td></tr><tr><td>4</td><td>4</td><td></td><td></td></tr><tr><td>5</td><td>5</td><td></td><td></td></tr><tr><td>6</td><td>6</td><td></td><td></td></tr><tr><td>7</td><td>7</td><td></td><td></td></tr><tr><td>8</td><td>8</td><td></td><td></td></tr></table>

	9	9	
	10	10	

A Tabela Geradora encontra-se pintada em cinza escuro.

9 | A partir da TG podemos encontrar a tabela inteira, somente usando a relação

$$f(x_i) = f(x_{i-1}) + (\Delta_j)_i$$

Tabela 36 – Tabulação da função, f(x) = 3x + 1.

i	x_i	$f(x_i) = 3x_i + 1$	$(\Delta_1)_i = f(x_i) - f(x_{i-1})$	$f(x_i) = f(x_{i-1}) + (\Delta_1)_i$
1	1	4	-	4
2	2	7	3	7
3	3	10	3	10
4	4	3.4 + 1 = 13	3	10 + 3 = 13
5	5	3.5 + 1 = 16	3	13 + 3 = 16
6	6	3.6 + 1 = 19	3	16 + 3 = 19
7	7	3.7 + 1 = 22	3	19 + 3 = 22
8	8	3.8 + 1 = 25	3	22 + 3 = 25
9	9	3.9 + 1 = 28	3	25 + 3 = 28
10	10	3.10 + 1 = 31	3	28 + 3 = 31

Na Tabela 36, o valor de f(x_i) na terceira coluna é obtido de forma convencional, substituindo o valor de x_i na função f(x_i), enquanto, na quinta coluna, o valor de f(x_i) é obtido a partir do MDC.

Como é fácil perceber, quando o grau do polinômio é $n = 1$, a aplicação do MDC é mais simples. No próximo exemplo, vamos tabular uma função quadrática, e aplicar o MDC a um polinômio de ordem $n = 2$.

Exemplo 86

Construa um algoritmo para tabelar a função polinomial,
$$f(x) = x^2 + 4x + 1,$$
no intervalo, $1 \leq x \leq 10$, com passo de uma unidade, pelo MDC.

Algoritmo 44

Passo	Descrição
1	Inicialmente, tomamos os valores de: (a) Grau, $n = 2$, (b) Intervalo, $x_{ini} = 1$, e $x_{fin} = 10$, (c) O passo, p = 1,
2	Encontrar o número de linhas total da tabela: $$N_{linhas} = \frac{\left((x_{fin} - x_{ini}) + 1\right)}{p} = \frac{((10-1)+1)}{1} = 10$$ $$N_{linhas} = 10$$
3	Encontrar o número de colunas total da tabela: $$N_{colunas} = n + 3 = 4$$
4	Definir o intervalo para o índice, i, que rotula os valores na tabela:

		$1 \leq i \leq 10$
5	Construir a estrutura da tabela inteira formada pelo número de linhas, $N_{linhas} = 10$ e pelo número de colunas, $N_{colunas} = n + 3 = 5$, e rotular as três primeiras colunas, da esquerda para a direita, nesta ordem: i, x_i e $f(x_i)$. Como $n = 2$, temos duas Colunas de Diferenças, e rotular por Δ_1 e Δ_2.	

Tabela 37 – Tabulação

i	x_i	$f(x_i)$	Δ_1	Δ_2
1	1			
2	2			
3	3			
4	4			
5	5			
6	6			
7	7			
8	8			
9	9			
10	10			

6 e 7	Preencha a primeira e a segunda coluna da tabela.
8	Construir a Tabela Geradora (TG): $(n + 2)$ linhas $\times$ $(n + 3)$ colunas $= 4 \times 5$ (a) Preencha as (n + 2), primeiras linhas da tabela, na terceira coluna, com os valores da função $f(x_i)$, obtido pelo método convencional. (b) Em seguida, calcule a Coluna de Diferença, rotuladas por Δ_j, com o índice, j = 1..., n, para as (n + 2) primeiras linhas. As diferenças podem ser calculadas a partir da relação abaixo: $$(\Delta_j)_i = f(x_i) - f(x_{i-1})$$

Tabela 38 – Tabela da função $f(x_i) = x^2 + 4x + 1$

i	x_i	$f(x_i)$	Δ_1	Δ_2
1	1	6	-	-
2	2	13	7	-
3	3	22	9	2
4	4	33	11	2
5	5			
6	6			
7	7			
8	8			
9	9			
10	10			

A Tabela Geradora encontra-se pintada em cinza mais escuro.

9	A partir da TG podemos usar a relação a seguir, $$f(x_i) = f(x_{i-1}) + \Delta_j$$ para encontrar todos os valores de $f(x_i)$ da tabela e criar a tabela inteira

Tabela 39 – Tabela da função $f(x_i) = x_i^2 + 4x_i + 1$

i	x_i	$f(x_i)$	$(\Delta_1)_i$	$(\Delta_2)_i$	$f(x_i) = f(x_{i-1}) + (\Delta_j)_i$
1	1	6	-	-	6
2	2	13	7	-	13

3	3	22	9	2	22
4	4	33	11	2	33
5	5	46	13	2	33 + 13 = 46
6	6	61	15	2	46 + 15 = 61
7	7	78	17	2	61 + 17 = 78
8	8	97	19	2	78 + 19 = 97
9	9	118	21	2	97 + 21 = 118
10	10	141	23	2	118 + 23 = 141

Diferentemente do que acontece quando um polinômio é de grau, $n = 1$, Δ_1 não é uma coluna de diferenças constante para todo i. Então, a quarta coluna,

$$(\Delta_2)_i = (\Delta_1)_i - (\Delta_1)_{i-1}$$

e não a terceira coluna, corresponde à Coluna de Diferenças Constantes.

No próximo exemplo, vamos tabular uma função cúbica.

Exemplo 87

Construa um algoritmo para tabelar a função polinomial,
$$f(x) = x^3 + 3x^2 + x + 4,$$
no intervalo, $1 \leq x \leq 10$, com passo de uma unidade, pelo MDC.

Algoritmo 45

Passo	Descrição
1	Inicialmente, tomamos os valores de: (a) Grau, n = 3, (b) Intervalo, x_{ini} = 1, e x_{fin} = 10, (c) O passo, p = 1,
2	Encontrar o número de linhas total da tabela: $$N_{linhas} = \frac{((x_{fin} - x_{ini}) + 1)}{p} = \frac{((10-1)+1)}{1} = 10$$ $$N_{linhas} = 10$$
3	Encontrar o número de colunas total da tabela: $$N_{colunas} = n + 3 = 6$$
4	Definir o intervalo para o índice, i, que rotula os valores na tabela: $$1 \leq i \leq 10$$
5	Construir a estrutura da tabela inteira formada pelo número de linhas, N_{linhas} = 10 e pelo número de colunas, $N_{colunas}$ = n + 3 = 6, e rotular as três primeiras colunas, da esquerda para a direita, nesta ordem: i, x_i e $f(x_i)$. Como n = 3, temos três Colunas de Diferenças, e serão rotuladas por Δ_1, Δ_2 e Δ_3. Tabela 40 – Tabulação | i	x_i	$f(x_i)$	Δ_1	Δ_2	Δ_3
---	---	---	---	---	---
1	1				
2	2				
3	3					

	4	4				
	5	5				
	6	6				
	7	7				
	8	8				
	9	9				
	10	10				
6 e 7	Preencher a primeira e a segunda coluna da tabela.						
8	Construir a Tabela Geradora (TG): (n + 2) linhas × (n + 3) colunas = 5 × 6 (a) Preencher as (n + 2), primeiras linhas da tabela, na terceira coluna, com os valores da função f(x_i), obtido pelo método convencional. (b) Em seguida, calcular a Coluna de Diferença, rotuladas por Δ_j, com o índice, j = 1..., n, para as (n + 2) primeiras linhas. As diferenças podem ser calculadas a partir da relação abaixo: $$(\Delta_j)_i = f(x_i) - f(x_{i-1})$$ Tabela 41 – Tabela Geradora da função f(x) = $x^3 + 3x^2 + x + 4$ | i	x_i	f(x_i)	Δ_1	Δ_2	Δ_3
---	---	---	---	---	---
1	1	9	-	-	-
2	2	26	17	-	-
3	3	61	35	18	-
4	4	120	59	24	6
5	5	209	89	30	6
6	6				
7	7				
8	8				
9	9				
10	10											
9	A partir da TG podemos usar a relação a seguir, $$f(x_i) = f(x_{i-1}) + \Delta_j$$ para encontrar todos os valores de $f(x_i)$ da tabela e criar a tabela inteira Tabela 42 – Tabulação da função f(x) = $x^3 + 3x^2 + x + 4$ 	i	x_i	f(x_i)	$(\Delta_1)_i$	$(\Delta_2)_i$	$(\Delta_3)_i$	f(x_i) = f(x_{i-1}) + $(\Delta_1)_i$
1	1	9	-	-	-	9
2	2	26	17	-	-	26
3	3	61	35	18	-	61
4	4	120	59	24	6	120
5	5	209	89	30	6	209
6	6	334	125	36	6	209+125=334
7	7	501	167	42	6	334+167=501
8	8	716	215	48	6	501+215=716
9	9	985	269	54	6	716+269=985
10	10	1314	329	60	6	985+329=1314							

Como é possível notar, a aplicação do MDC reduz, drasticamente, a quantidade de cálculo necessária para se tabular funções. No entanto, a aplicação manual do método, ainda, pode levar a muitos erros, embora, em menor número, se comparado com o método convencional. Baseado nisso, Babbage pensou em implementar o Método das Diferenças Constantes usando-se uma máquina mecânica, que funcionasse à base de energia à vapor, a tecnologia mais avançada de seu tempo. E, Babbage, que não era um homem só de sonhos, logo começou a elaborar plantas e planos para construir tal máquina, e, apesar de todas as dificuldades tecnológicas de seu tempo, estabeleceu um projeto de ação para a sua realização.

Por que Babbage queria uma calculadora para funções polinomiais?

Babbage, sonhava, não com uma calculadora aritmética comum, mas, com uma máquina que pudesse calcular funções, como, o cubo, o quadrado, a raiz quadrada, etc., de todos os números de 1 a 100.000, por exemplo. Charles pensava em algo incomum. Uma máquina projetada especificamente para fabricar tabelas (20), tabelas de funções transcendentais, tais como, tabelas de funções trigonométricas, fatoriais, exponenciais, logaritmos etc., tudo o que um cientista ou um engenheiro precisasse, para realizar seus trabalhos com tranquilidade.

Definição 13

> Chamamos de função transcendental, f(x), real, uma função que possui em sua composição termos de funções não polinomiais, em x, para todo x real. Ex.: sin(x), log(x), exp(x) etc.

Mas, alguém poderia perguntar: por que Babbage queria tanto, uma calculadora de funções polinomiais? A razão é simples. Especificamente, para o cálculo de qualquer função matemática, algum tipo de método deve ser utilizado, e se esse método for realizado, partindo-se de uma definição matemática, por exemplo, esse cálculo poderia ser muito demorado. Todavia, desde 1665, as séries infinitas introduzidas por Isaac Newton (1642-1727) ajudaram demasiadamente os fabricantes de tabela a encontrar os valores de algumas funções transcendentais, com elas. Durante um tempo Newton trabalhou na Universidade de Cambridge, e certamente deixou muito de seu conhecimento lá. Depois de Newton, os avanços matemáticos não paravam de acontecer. Um matemático inglês, chamado Brook Taylor (1685-1731), que estudou em Cambridge, fez durante sua vida, um número expressivo de contribuições à física, à matemática e as ciências. Pouco de seus trabalhos foram publicados, e o que se sabe sobre a obra de Taylor, vem da análise de cartas-correspondência, especialmente, as dirigidas a John Machin (1680-1751) and John Keill (1671-1721). Uma de suas contribuições mais notáveis é conhecida, atualmente, como Séries de Taylor, e foi introduzida em 1715, como uma reformatação e adaptação das Séries infinitas de Newton, anterior, incluindo uma forma própria, de estender os resultados anteriores de Newton, para outras situações, que considerou. Por isso, neste livro, nos referimos a elas, como Séries de Newton-Taylor, ao invés, de simplesmente, Séries de Taylor. Esse resultado é muito importante, até os dias de hoje, constituindo numa poderosa ferramenta matemática analítica, com aplicações vastíssimas na física, nas ciências e na engenharia. Taylor produziu o seguinte resultado:

Definição 14

> Uma função, f(x), real ou complexa, que fosse infinitamente diferenciável, em x = a, real ou complexo, podia ser escrita, como uma série de potências, numa soma infinita, em termos das derivadas da função, em x = a. Matematicamente, isso se traduz como:

$$f(x) = \sum_{j=0}^{n=\infty} \frac{f^j(a)}{j!}(x-a)^j \qquad (10)$$

com $f^j(a)$, a j-ésima derivada da função, f(x), em x = a, e j e n, são números naturais.

Desta forma, as Séries de Newton-Taylor permitem escrever uma função transcendental, em forma de polinômios, segundo a Definição 14. Por isso, era tão importante ter uma calculadora de funções polinomiais, porque então, você poderia obter, o sin(x), cos(x), log(x), etc., de forma mais simplificada, a partir das aproximações polinomiais fornecidas pelas Séries de Taylor. Esse resultado era extremamente importante na época de Babbage, e continua sendo, nos dias de hoje, porque permite encontrar aproximações, bem significativas, para as principais funções matemáticas transcendentais, mais usadas em física, ciências e engenharia.

Exemplo 88

Encontre a expansão, em torno de x = 0, da Séries de Newton-Taylor da função trigonométrica,
$$f(x) = sen(x).$$

Usando o resultado obtido na Equação (10), e considerando, a = 0, podemos escrever:

$$sin(x) = \sum_{n=0}^{\infty} \frac{(-1)^n}{(2n+1)!} x^{2n+1}$$

QRCode 21 - Mac Tutor, biografia de Brook Taylor (26)

SCAN QR-CODE

TREINAMENTO COMPUTACIONAL 13

> ####################### > ### Nome do arquivo: Exemplo 88.mw > ####################### > restart; > y := sin(x);	> convert(y, Sum, include = powers, x = 0, dummy = n); $$\sum_{n=0}^{\infty} \frac{(-1)^n x^{2n+1}}{(2n+1)!}$$

Particularmente, na época de Babbage, essa era uma maneira mais eficiente de produzir Tabelas Matemáticas de funções trigonométricas, exponenciais, logarítmicas etc. Babbage acreditava que, usando uma calculadora de funções polinomiais, na forma de uma máquina mecânica, de até seis ordens de diferença, que matematicamente se traduzia por uma equação polinomial de sexto grau, seria possível diminuir, de forma efetiva, as taxas de erros envolvidas no processo de computação convencional, de sua época. Note que, seis ordens de diferença, era mais do que suficiente para dar conta dos problemas que tinham que resolver na época de Babbage. A seguir, vamos discutir alguns exemplos, de como utilizar as Séries de Newton-Taylor para representar funções transcendentais, e explorar como trabalhar com elas, usando as plataformas computacionais modernas.

Exemplo 89

Encontre a expansão, em torno de x = 0, da Séries de Newton-Taylor da função trigonométrica,
$$f(x) = cos(x).$$

Usando o resultado obtido na Equação (10), e considerando, a = 0, podemos escrever:
$$cos(x) = \sum_{n=0}^{\infty} \frac{(-1)^n}{(2n)!} x^{2n}$$

TREINAMENTO COMPUTACIONAL 14

> #######################
> ### Nome do arquivo: Exemplo 89.mw
> #######################
> restart;
> y := cos(x);

> convert(y, Sum, include = powers, x = 0, dummy = n);

$$\sum_{n=0}^{\infty} \frac{(-1)^n x^{2n}}{(2n)!}$$

Exemplo 90

Encontre a expansão, em torno de x = 0, da Séries de Newton-Taylor da função hiperbólica,
$$f(x) = senh(x).$$

Usando o resultado obtido na Equação (10), e considerando, a = 0, podemos escrever:
$$sinh(x) = \sum_{n=0}^{\infty} \frac{x^{2n+1}}{(2n+1)!}$$

TREINAMENTO COMPUTACIONAL 15

> #######################
> ### Nome do arquivo: Exemplo 90.mw
> #######################
> restart;
> y := sinh(x);

> convert(y, Sum, include = powers, x = 0, dummy = n);

$$\sum_{n=0}^{\infty} \frac{x^{2n+1}}{(2n+1)!}$$

Exemplo 91

Encontre a expansão, em torno de x = 0, da Séries de Newton-Taylor da função exponencial,
$$f(x) = exp(x).$$

Usando o resultado obtido na Equação (10), e considerando, a = 0, podemos escrever:
$$exp(x) = \sum_{n=0}^{\infty} \frac{x^n}{n!}$$

TREINAMENTO COMPUTACIONAL 16

> #######################
> ### Nome do arquivo: Exemplo 91.mw
> #######################
> restart;
> y := exp(x);

> convert(y, Sum, include = powers, x = 0, dummy = n);

$$\sum_{n=0}^{\infty} \frac{x^n}{n!}$$

Exemplo 92

Encontre a expansão, em torno de x = a, com a ≠ 0, da Série de Newton-Taylor da função logarítmica,
$$f(x) = log(x).$$

Usando o resultado obtido na Equação (10), podemos escrever:
$$log(x) = log(a) + \sum_{n=0}^{\infty} \frac{(-\frac{1}{a})^n (x-a)^{n+1}}{(n+1)}$$

TREINAMENTO COMPUTACIONAL 17

```
> #######################
> ### Nome do arquivo: Exemplo 92.mw
> #######################
> restart;
> y := log(x);
```

> convert(y, Sum, include = powers, x = a, dummy = n);

$$\ln(a) + \sum_{n=0}^{\infty} \frac{\left(-\frac{1}{a}\right)^n (x-a)^{n+1}}{a(n+1)}$$

Exemplo 93

Encontre a expansão, em torno de x = a, da Série de Newton-Taylor da função seno
$$f(x) = sin(x).$$

Usando o resultado obtido na Equação (10), podemos escrever:

$$sin(x) = \sum_{n=0}^{\infty} \left(\frac{sin(a)(-1)^n (x-a)^{2n}}{(2n)!} + \frac{cos(a)(-1)^n (x-a)^{2n+1}}{(2n+1)!} \right)$$

TREINAMENTO COMPUTACIONAL 18

```
> #######################
> ### Nome do arquivo: Exemplo 93.mw
> #######################
> restart;
> y := sin(x);
> convert(y, Sum, x = a, include = powers, dummy = n);
```

$$\sum_{n=0}^{\infty} \left(\frac{sin(a)(-1)^n (x-a)^{2n}}{(2n)!} + \frac{cos(a)(-1)^n (x-a)^{2n+1}}{(2n+1)!} \right)$$

O caso particular da Séries de Newton-Taylor no qual $a = 0$, na Equação (10), em geral, na literatura científica, recebe o nome de Série de Maclaurin. Os resultados fornecidos por métodos analíticos aproximados, em geral, são resultados bem próximos do resultado exato de um problema, todavia, não corresponde a uma solução exata, por isso, é necessário quantificar esse processo, buscando-se conhecer quão aproximados são os resultados da solução exata.

Exemplo 94

Para que a expansão em Série de Newton-Taylor de uma função, f(x), represente exatamente uma função, é necessário considerar todos os termos da expansão, o que corresponderia a realizar uma soma infinita de termos, como indicado na Equação (10). Entretanto, isso parece impossível de alcançar. Então, como isso é resolvido na prática?

Não é difícil perceber, que realizar uma soma infinita de termos, como indicado na Equação (10), não é uma tarefa fácil, mas, podemos afirmar, que, baseado na experiencia, quanto mais termos considerarmos na expansão, mais próximo do valor exato, alcança o valor da aproximação. Uma breve análise, nos permite concluir que, para a maior parte das situações práticas de interesse, e de engenharia, principalmente, a aproximação

$$f(x) \sim \sum_{j=0}^{m} \frac{f^j(a)}{j!}(x-a)^j \qquad (11)$$

fornece bons resultados, com m $\in \mathbb{N}$, um número inteiro, não tão alto, facilitando em muito os cálculos que são necessários realizar. Todavia, é necessário analisar caso a caso, e avaliar a situação, baseado num alto conhecimento sobre o problema que está sendo investigado, e lançar mão de um instrumento de medida da precisão da aproximação obtida, como por exemplo, o cálculo do erro relativo, dado pela relação,

$$Erro_{relativo} = \left| \frac{f(x)_{exata} - f(x)_{aproximada}}{f(x)_{exata}} \right| \times 100\%$$

Com esse resultado em mãos pode-se verificar, se a precisão alcançada está dentro do considerado aceitável para o problema que se está tratando. Vale observar que, entendemos por valor exato, o valor da função, quando n = ∞, um valor considerado de referência, a partir do qual se avalia quão boa é a aproximação. Mas, como sabemos, esse é o caso ideal, e obviamente, na maioria das aplicações, não temos como obter o caso quando n = ∞. Então, algumas considerações podem ser realizadas para assumir um determinado valor como sendo um valor de referência. Por exemplo, os valores fornecidos por computadores modernos, podem, ser considerados como valor de referência, porque sua capacidade computacional permite levar em conta muitos termos da expansão, ou alternativamente, porque, possuem internamente, algum método que garante maior precisão. Nessas condições, valores de referência podem ser alcançados, com n = 10, 50, 100, ..., dependendo especificamente da natureza do trabalho em investigação.

Exemplo 95

Construa um algoritmo para obter três funções aproximadas para a função, $f(x) = senh(x)$, escritas como, $f_{aprox\_m}(x)$, com o índice, m = 1, 2 e 3, na Equação (11), e avalie graficamente as aproximações, usando uma plataforma computacional, considerando o intervalo, $-3 \leq x \leq 3$.

Podemos escrever três funções aproximadas, $f_{aprox\_1}, f_{aprox\_2}, f_{aprox\_3}$, para a função, $f(x) = senh(x)$, considerando, m = 1, 2 e 3, respectivamente, na Equação (11),

| $f_{aprox\_1} = x,$ | $f_{aprox\_2} = x + \dfrac{x^3}{6},$ | $f_{aprox\_3} = x + \dfrac{x^3}{6} + \dfrac{x^5}{120}.$ |

TREINAMENTO COMPUTACIONAL 19

```
> #########################
> ### Nome do arquivo: Exemplo 95.mw
> #########################
> restart :
> x0 := 3: xmin := -x0: xmax := x0:
> y0 := sinh(x)
> y1 := x:
> y3 := x+(1/6)*x^3 :
> y5 := x+(1/6)*x^3+(1/120)*x^5 :
> h1 := plot(y0, x = xmin .. xmax, color = blue, style
= line, symbol = circle, legend = senh(x)):
> h2 := plot(y1, x = xmin .. xmax, color = red, style
= point, symbol = circle, legend = aprox. linear):
> plots[display]({h1, h2}, axes = boxed, axis =
[gridlines = [10, color = gray]]):
```

Figura 66 – sinh(x) e f_{aprox_1}.

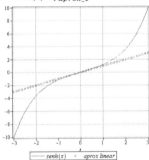

Fonte: Própria (2022)

```
> h3 := plot(y3, x = xmin .. xmax, color = red, style
= point, symbol = circle, legend = aprox. linear):
> plots[display]({h0, h3}, axes = boxed, axis =
[gridlines = [10, color = gray]])

> h5 := plot(y5, x = xmin .. xmax, color = red, style
= point, symbol = circle, legend = aprox. linear):
> plots[display]({h0, h5}, axes = boxed, axis =
[gridlines = [10, color = gray]])

> plots[display]({h0, h1, h3, h5}, axes = boxed, axis
= [gridlines = [10, color = gray]])
```

Figura 67 - sinh(x) e f_{aprox_2}.

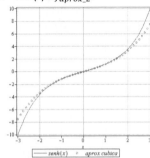

Fonte: Própria (2022)

Figura 68 - sinh(x) e f_{aprox_1}.

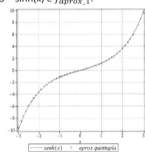

Fonte: Própria (2022)

Figura 69 – sinh(x) e f_{aprox_1}, f_{aprox_2}, e f_{aprox_3}.

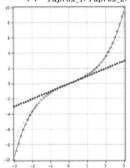

Fonte: Própria (2022)

Note, como as funções aproximadas, f_{aprox_1}, f_{aprox_2}, f_{aprox_3}, e a função exata, $f(x) = \sinh(x)$, vão convergindo, à medida que consideramos, na função aproximada, mais e mais termos da expansão em Série de Newton-Taylor, de modo que, em algumas situações práticas, tomando-se apenas alguns termos da série, já é suficiente para já obtermos bons resultados. A Figura 69 mostra todos os resultados, juntos, para que possamos avaliar melhor, qual o papel de se considerar cada vez mais e mais termos da Série de Newton-Taylor na aproximação da função. Além disso, uma análise gráfica como, o da Figura 69, é uma boa estratégia para desenvolver uma intuição a respeito do caminho a seguir para se resolver um determinado problema. Juntamente com a quantificação do erro cometido nos resultados obtidos, esse tipo de sistemática, pode fornecer soluções bastante interessantes para problemas variados.

Exemplo 96

Para o caso das três funções propostas no Exemplo 95, f_{aprox_1}, f_{aprox_2}, f_{aprox_3}, construa um algoritmo que permita o estudo gráfico comparativo do erro relativo das três funções aproximadas, usando uma plataforma computacional que preferir, e discuta os resultados obtidos.

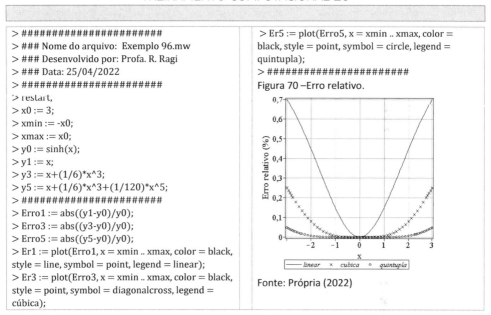

Fonte: Própria (2022)

A Máquina Diferencial 1

A primeira, das três máquinas construídas por Babbage, se chamava Máquina Diferencial 1, e começou a ser construída, em agosto ou setembro de 1823, visando, especificamente, tabelar funções polinomiais, implementando-se, mecanicamente, o Método de Diferenças Constantes (MDC). Assim a Máquina Diferencial 1, seria essencialmente uma calculadora de funções polinomiais. O ponto importante a se considerar aqui, é que, por se tratar de um processo repetitivo, o MDC se prestava muito bem às ações de uma máquina, e era exatamente essa característica do

MDC que Babbage tinha em mente, para mecanizar todo o processo e produzir automaticamente os milhares de valores das tabelas que se quisesse fabricar.

A Máquina Diferencial 1 de Babbage, recebeu esse nome, por causa do princípio matemático em que se baseia, o princípio das diferenças constantes, uma técnica simples, mas poderosa, para calcular progressões numéricas consistentes. Um aspecto muito interessante deste método é que ele usa apenas adição aritmética e elimina a necessidade de multiplicação e divisão que são as operações mais difíceis de se implementar mecanicamente. Babbage, imaginou uma maneira de implementar mecanicamente o Método das Diferenças Constantes (MDC), propondo uma engenharia perfeita, que produziria o que ele tinha em mente, e construiu sua máquina, de maneira que, um determinado arranjo particular entre engrenagens e eixos, escolhido previamente por um operador, levaria, após o acionamento da máquina, exatamente, à solução de um problema matemático específico.

QRCode 22 – Máquina Diferencial 1

SCAN QR-CODE

A Máquina Diferencial 1, de Babbage, era, na verdade, uma calculadora construída com rodas dentadas, e executada por uma manivela. Na linguagem moderna, o processo de escolher a posição correta entre engrenagens e eixos, é conhecido como, inserir os dados de ENTRADA numa máquina de computar, uma etapa fundamental, em qualquer processamento computacional, devendo produzir, como SAÍDA, tabelas pelo Método de Diferenças Constantes (MDC), gravando os resultados, numa placa de metal, eliminando, assim, os problemas de erros tipográficos, comuns, na confecção convencional de tabelas. Tratava-se mesmo, de uma proposta ambiciosa para o seu tempo, que esbarrava num problema fundamental, a condição precária da tecnologia de fabricação de ferramentas e máquinas, um problema, com o qual, Babbage teve que lidar, praticamente, durante toda sua vida. Naquela época, máquinas eram ainda uma visão incomum no cenário da sociedade, embora, certamente, houvesse fábricas em muitos lugares da Europa, mas, navios a vapor tinham acabado de aparecer e o surgimento da ferrovia, tinha apenas algumas décadas, e a Máquina Diferencial 1, seria muito mais complexa do que qualquer outra máquina já construída. Babbage escreveu um projeto e o submeteu ao *Royal Society of London*, organização científica da Grã-Bretanha, para que apoiassem seu projeto. Todavia, a maior parte de todos os seus projetos acabaram sendo financiados por recursos próprios, ficando Babbage frustrado, a maioria das vezes que solicitava recursos para órgãos do governo para a realização de seus empreendimentos. O projeto inicial de Babbage descrevia uma máquina para calcular uma série de valores e imprimir automaticamente os resultados em uma tabela. Babbage, talvez, tenha sido um dos primeiros a imaginar uma máquina de calcular com um acessório auxiliar, uma máquina de impressão, que imprimiria os resultados dos cálculos realizados, sendo isso, sem dúvida nenhuma, um avanço indiscutível. A Máquina Diferencial 1 de Babbage era um computador mecânico de uso especial, projetado, especificamente, para tabular funções polinomiais, e, uma vez que, funções transcendentais, tais como, logarítmicas, trigonométricas, exponenciais, hiperbólicas etc., podem ser aproximadas por polinômios, usando-se as Séries de Newton-Taylor, o Método de Diferenças Constantes (MDC), que calculava polinômios, era uma ferramenta muito mais espetacular, do que poderia parecer, à primeira vista, se provando um arsenal computacional poderoso para aqueles dias de computação manual. Importante observar que, a Máquina Diferencial funcionava a partir de um plano pré-estabelecido, que permitia, que um operador, alimentasse as várias diferenças na máquina, fornecendo assim, os dados de entrada. Como dados de saída, teríamos as respostas gravadas num certo tipo de impressora. Na Máquina Diferencial 1, como cada adição era baseada na anterior, o método continha em si um processo de verificação embutido, de modo que, se os últimos números em uma tabela estiverem corretos, todos os números posteriores estarão corretos também. Em 1832, quase dez anos após o início do projeto da Máquina Diferencial 1, um protótipo da máquina de Babbage ficou pronto, uma amostra de demonstração, composta por cerca de 2.000 peças, e que resolvia perfeitamente, equações até segunda ordem de diferença, produzindo resultados de seis dígitos. Incrível dizer que, isso funciona até os dias de hoje, sendo o primeiro dispositivo de cálculo automático bem-sucedido a incorporar regras matemáticas no seu mecanismo. Entretanto, apesar de todos os esforços de Babbage, a parte do projeto que ficou pronta correspondia, apenas, a uma fração bem pequena do seu projeto original, pois, a Máquina Diferencial 1 foi projetada para operar na sexta ordem de diferença. Babbage, sendo pioneiro nesse projeto, teve que aprender tudo com seus próprios erros, retardando em muito, a obtenção de resultados efetivos. A experiencia, o levou, tempos mais tarde, à ideia de controlar a máquina por meios inteiramente independentes, e fazê-la executar não apenas a adição, mas todos os processos de aritmética, em qualquer ordem e quantas vezes fosse necessário. Mas tudo isso, levava muito tempo e dinheiro. Vale lembrar que, diante de toda a dificuldade de solução de equações polinomiais, como discutimos anteriormente, a maior parte das aplicações de interesse na época de Babbage, não passavam de equações de sexto grau, e, por isso, Babbage pretendia construir uma máquina, que trabalhasse com até seis ordens de diferença.

Babbage teria sido o primeiro a pensar em uma máquina de calcular funções polinomiais?

Não. Por certo, deve ter existido diversas pessoas que pensaram nisso, mas, que haja registros sobre este fato, não temos muita coisa. Sabemos que, em Frankfurt, na Alemanha, no ano de 1786, E. Klipstein (8), (27), publicou um livro chamado Description of a Newly Invented Calculation Machine, que trazia informações sobre uma calculadora inventada por J. H. Muller, o capitão dos engenheiros do exército de Hesse. O livro inclui um apêndice que descreve essencialmente a Máquina Diferencial 1 de Babbage, embora, obviamente, Muller usasse outros termos. De acordo com Klipstein, se Muller conseguisse levantar os fundos necessários para execução do projeto, ele esperava construir uma máquina que calculasse tabelas usando o método de diferenças constantes, e por fim, imprimir os resultados diretamente no papel. Deve-se notar aqui, que o processo de impressão da Máquina Diferencial 1 era superior neste quesito, uma vez que a máquina de Babbage foi projetada para perfurar placas que poderiam ser usadas para imprimir qualquer número de cópias, que se quisesse, enquanto que a máquina de Muller imprimia os resultados no papel. Infelizmente, Muller não conseguiu encontrar fundos e nada veio de sua proposta. A Máquina Diferencial 1, de Babbage, foi projetada para operar até a sexta ordem de diferença, enquanto, a máquina de Muller teria lidado apenas com três ordens de diferença, e deveria imprimir quarenta e quatro dígitos por minuto.

A máquina baseada no MDC de Scheutz

A vida de Babbage, na época de sua madureza, fora muito conturbada, e muitos dos ocorridos atrapalharam em muito o andamento de seus projetos. Além disso, o atraso tecnológico para fabricação de peças e máquinas, em sua época, certamente, também contribuiu em muito para que, Babbage não conseguisse concluir apropriadamente todos os seus projetos. Mas, talvez, um dos motivos mais relevantes para isso, tenha sido, o seu excesso de perfeccionismo, que combinado com todos os outros, teria inviabilizado, de vez, uma conquista mais efetiva. Vale ressaltar que, embora,

Babbage não tenha concluído por completo seus projetos, seu trabalho, que ficou pronto, por si só, teria provado a viabilidade de execução de suas ideias, e a realização concreta de seus inventos seriam apenas uma questão de tempo. De fato, a notícia a respeito da Máquina Diferencial 1 viajou o continente e alcançou a Suécia, em 1834, há aproximadamente, 2.000 Km (1243 milhas) de distância, quando, o editor técnico, impressor e editor em Estocolmo, Pehr Georg Scheutz, leu um memorando sobre o projeto da Máquina Diferencial 1, na *Edinburgh Review*, e ficou fascinado com a proposta de Babbage. Scheutz entrou em contato com Babbage para obter mais informações. Em 1837, o filho de Scheutz, Edvard, um engenheiro que havia sido formado no Instituto Tecnológico Real da *Suécia*, juntou-se ao esforço do pai e os dois juntos decidiram construir uma máquina seguindo as ideias de Babbage. Em 1840, pai e filho, conseguiram produzir uma pequena máquina que operava com a primeira ordem de diferença. Dois anos depois, eles estenderam a máquina a três ordens de diferença e, um ano depois, adicionaram um mecanismo de impressão. Embora a máquina sueca causasse erros as vezes, pois não seguiam o alto grau de perfeccionismo de Babbage, chegou a operar até a quarta ordem de diferença, processar números de quinze dígitos, e imprimir os resultados, arredondados para oito dígitos, em placas de metal. Pode-se dizer que, o empreendimento sueco fora um sucesso, dentro de suas limitações, obviamente, e era mais uma demonstração da viabilidade do projeto de Babbage. Depois do sucesso sueco, diversas máquinas dos Scheutzs foram construídas na Suécia, Áustria, Estados Unidos e Inglaterra, para atender diversos públicos, desde o Observatório Dudley, em Albany, Nova York, até empresas do setor de seguros na Inglaterra, que se interessaram em ter uma máquina assim, que podia calcular e imprimir, tornando o trabalho matemático um pouco mais facilitado, embora exigisse ainda atenção constante, uma vez que, algumas poucas vezes, as máquinas dos Scheutzs eram sujeitas a erros. O sucesso dos Scheutzs parece não ter incomodado em nada Babbage, que fazia questão de se mostrar bem-humorado, diante das demonstrações públicas da dupla bem-sucedida de Estocolmo.

A Máquina Analítica

Uma máquina à vapor de calcular

Com o projeto de construção da Máquina Diferencial 1 paralisado por questões judiciais, relacionadas a disputas de bens e patentes, Babbage não podia mais ter acesso aos seus esquemas e materiais de trabalho, o que acabou pondo fim ao desenvolvimento do seu projeto original da Máquina Diferencial 1 (MD1), e isto fez com que ele, em 1833, começasse a desenvolver um novo projeto, mais ambicioso do que a Máquina Diferencial 1, e que se chamou mais tarde, de Máquina Analítica (MA). Inicialmente, Babbage pensou em inúmeras maneiras de aprimorar a Máquina Diferencial 1, generalizando o seu funcionamento de forma a ser capaz de realizar, não somente o que podia ser calculado pelo Método das Diferenças Constantes, mas qualquer cálculo que quisesse realizar. A MA deveria ser um computador digital mecânico automático de propósito geral, decimal, totalmente

QRCode 23 - Máq. Analítica (28).

SCAN QR-CODE

controlada por programa, desenvolvida, principalmente, visando atender as necessidades de sua época, calculando qualquer função. Por último, e não menos importante, deveria incluir todos os recentes aprendizados tecnológicos ocorridos ao se tentar construir a Máquina Diferencial 1. De fato, o projeto da MA era muito mais complexo do que qualquer mecanismo já construído até então.

Deveria ser uma gigantesca máquina à vapor de computação, com centenas de eixos verticais e milhares de rodas e engrenagens, e representaria, sem sombra de dúvida um grande salto intelectual para a humanidade. Babbage tinha 42 anos de idade, quando iniciou o projeto dos planos para construção da Máquina Analítica, e desenvolveu um total de 28 planos para ela. Babbage também criou um protótipo da MA, um modelo de teste, e deixou tudo documentado em centenas de anotações e manuscritos. Babbage perseguiu suas ideias por toda sua vida. Visite o QRCode 23 e QRCode 24.

A fã número um de Babbage

Em 1833, ainda, Babbage conheceu a jovem Augusta Ada Byron (1815-1852), que mais tarde se tornaria a Condessa de Lovelace, uma matemática amadora que ficou fascinada pelo trabalho de Babbage. A Condessa de Lovelace, que apreciava como ninguém a genialidade de Babbage, destacava que, diferentemente da Máquina Diferencial 1, que apenas poderia tabular funções polinomiais até sexta ordem, a MA tinha a capacidade de desenvolver e tabular qualquer função, se referindo à MA como uma evolução extraordinária da Máquina Diferencial 1. Em 1843, por sugestão de um amigo em comum, Ada traduziu para o inglês um artigo em francês sobre a Máquina Analítica, escrito pelo matemático italiano Luigi Federico Menabrea (1809-1896). Além da tradução do artigo de Menabrea, Ada adicionou muitas páginas de notas explicativas, pessoais, incluindo, a notável, Nota G, onde discutiu um algoritmo e escreveu um programa, argumentando brilhantemente maneiras de como a MA poderia ser usada para calcular, por exemplo, os números de Bernoulli. Visite o QRCode 25. A tradução de Ada, incluindo suas notas, foram publicadas em uma revista científica popular, e se tornou uma referência importante para os estudos sobre a Máquina Analítica e, os estudos sobre diversos outros aspectos da computação, sendo provavelmente, o relato mais amplamente divulgado da Máquina Analítica [6]. Curioso observar que, muito do que sabemos sobre o potencial de programação das máquinas de Babbage, vem desse notável artigo escrito por Ada, em que algumas das idéias mais importantes da computação são destacadas. Ademais, Ada, também, escreveu alguns programas para rodar na máquina de Babbage, e suas notas incluem o que é reconhecido como um dos primeiros algoritmos destinado a ser executado por máquina, com uma sequência passo a passo de operações para resolver problemas matemáticos. Sem sombra de dúvida, não é sem razão, que Ada, é considerada a primeira programadora de todos os tempos. O trabalho de Ada foi reconhecido muito tempo depois, e atualmente há um dia internacional para comemorar o dia de Ada Lovelace, o dia 12 de Outubro, para ajudar a despertar o interesse e incentivar meninas e mulheres a, também seguirem a carreira da Ciência da Computação. A origem da ideia de se programar uma máquina veio historicamente da necessidade que as máquinas de tecelagem da indústria têxtil tinham de produzir padrões de cores diferentes quando os teares manuais eram largamente utilizados, no início dos anos de 1800. Impulsionada pelas grandes mudanças trazidas pela Revolução industrial, nos séculos XVIII e XIX, particularmente com a substituição do trabalho artesanal pelo trabalho assalariado, e o desenvolvimento de máquinas para substituir o trabalho humano e aumentar a produtividade, a automação dos teares na indústria têxtil, era só uma questão de tempo. Joseph Marie Jacquard (1752-1834) era filho de tecelões, e desde seus dez anos de idade, já era aprendiz têxtil. Como sempre, a história se repete.

---

[6] Vale a pena ressaltar a importância do estudo deste artigo para se compreender melhor o papel de Ada Lovelace na computação.

A origem da ideia de se programar uma máquina

Jacquard sentiu-se incomodado com a monótona tarefa que lhe fora confiada desde a adolescência: alimentar os teares com novelos de linhas coloridas para formar os desenhos no pano que estavam sendo fiados. Como toda a operação era manual, a tarefa de Jacquard era interminável, sendo que, a cada instante, ele tinha que mudar o novelo, seguindo as determinações do cliente. Com o tempo, Jacquard foi percebendo que as mudanças eram sempre sequenciais, isto é, apresentavam um padrão, e assim, inventou um processo simples, baseado em cartões perfurados, onde o cliente poderia determinar, ponto a ponto, a receita para a confecção de um tecido, isto é, o algoritmo. Dessa forma, Jacquard[7], em 1801, construiu um tear automático, capaz de ler os cartões e executar as operações na sequência programada, sendo, portanto, controlado por cartões perfurados, podendo fazer desenhos muito complicados, controlando, assim, a coordenação de cores e padrões na tecelagem de tecidos. Neste tear, enquanto os cartões, que eram amarrados juntos em uma espécie de fita, passavam por um leitor mecânico, êmbolos de madeira passavam pelos orifícios, regendo a operação da máquina, em outras palavras, controlando-a. A habilidade do tear era por todos admirada. Ciente de todas as inovações tecnológicas de seu tempo, Babbage teve a ideia de usar os cartões da indústria têxtil em seus empreendimentos.

QRCode 24 - Máq. Analítica (29)

SCAN QR-CODE

Aproveitando-se os cartões perfurados de Jacquard na computação

Os mesmos cartões perfurados de Jacquard, que mudaram a rotina da indústria têxtil, teriam, poucos anos depois, uma decisiva influência no ramo da computação. No tear, as hastes eram ligadas a ganchos de arame, cada um dos quais podia erguer um dos fios longitudinais presos entre a armação. As hastes eram agrupadas em um pacote retangular, e os cartões eram pressionados um de cada vez contra as extremidades da haste. Se um buraco coincidisse com uma haste, a haste passaria pelo cartão e nenhuma ação seria tomada. Se não houvesse buraco, o cartão pressionava a haste para ativar um gancho que levantava a linha associada, permitindo que a lançadeira que transportava a linha cruzada passasse por baixo. Um sistema que permitia a escolha entre duas opções lógicas. Os cartões eram amarrados juntos com dobradiças de arame, fita, e ventoinha, dobrada em grandes pilhas para formar sequências longas. Os teares costumavam ser maciços e o operador do tear sentava-se dentro do quadro, sequenciando os cartões um de cada vez por meio de um pedal ou de uma alavanca manual. O arranjo dos buracos nos cartões determinava o padrão da trama. Os furos representavam os desenhos do tecido, e o tear era, portanto, um processador das informações relativas à padronagem do tecido. Curiosamente, Jacquard era de um ramo que não tinha nada a ver com números e calculadoras: a tecelagem. Mas, ainda assim, a ideia de Jacquard atravessou o Canal da Mancha, e

---

[7] É claro que Jacquard não concebeu seu invento de forma absolutamente isolada. Teares já estavam sendo usados aqui e acolá, uns com menos sucesso do que outros. Mas, de repente, a semente de uma idéia pode germinar e se desenvolver. Por isso é tão importante registrar suas idéias e invenções, devidamente, em formas de artigos científicos, congressos ou patentes.

inspirou Charles Babbage a desenvolver uma máquina de "tecer números", uma máquina de calcular em que a forma de calcular também pudesse ser controlada por cartões perfurados.

Algumas palavras de Ada:
"Podemos dizer com mais propriedade que a Máquina Analítica tece padrões algébricos assim como o tear de Jacquard tece flores e folhas".

Tudo começou com a tentativa de se desenvolver uma máquina capaz de calcular polinômios usando-se o Método das Diferenças Constantes, a Máquina Diferencial 1. Enquanto trabalhava na sua Máquina Diferencial, a ideia de Jacquard fez com que Babbage imaginasse uma nova e mais complexa máquina, a Máquina Analítica, máquina que, sem sombra de dúvidas, possui diversos elementos que nos remetem aos computadores atuais.

QRCode 25 – LOVELACE. (30)

SCAN QR-CODE

Composição da Máquina Analítica

Didaticamente, é muito comum usarmos uma descrição pictórica, bastante assertiva, da Máquina Analítica, criada pela artista gráfica, Melina Sidney Pádua, que a descreve como uma gigantesca máquina mecânica de calcular, que é alimentada por energia a vapor, e que lembra uma locomotiva. Lembre-se que, naquela época, locomotivas à vapor eram o deleite da tecnologia. Na parte da frente da Máquina Analítica, na visão de Sidney Pádua, ficavam o Moinho (Mill), os Barris (Barrels), a Impressora (Printer), e, também, a parte de programação da máquina, composta por dispositivos leitores de cartões: Cartões de Operação (Operation Cards), Cartões de Variáveis (Variable Cards) e Cartões de Números (Number Cards). Ao longo de um extenso corredor da máquina, ficava o Armazém, onde podia-se guardar, tanto os números dados pelos cartões de entrada, quanto, se podiam armazenar os números de resultados de operações executadas no Moinho. Note que, na MA, o Moinho e o Armazém eram separados. A Tabela 43 descreve suscintamente as partes básicas da MA.

Tabela 43 – Partes que compõem a Máquina Analítica

Parte da MA	Descrição
Moinho (Mill)	O Moinho, ou, em inglês, Mill, era onde os números eram processados. Trava-se da parte principal da máquina, um conjunto de rodas dentadas, capaz de somar com a precisão de até 50 casas decimais. Babbage deu esse nome, Moinho, provavelmente, em analogia às máquinas que moíam o milho por exemplo. Em analogia, na MA, o Moinho era onde os números eram triturados, ou, processados.
Armazém (Store)	Babbage imaginou um dispositivo de memória, na MA, que ele chamou de Armazém, ou em inglês, Store, para guardar números, em analogia com os armazéns em que se guardam os produtos manufaturados da indústria. No Armazém, podiam ser mantidos, tanto números quanto resultados intermediários, e deveria ser grande o suficiente, capaz de conter um banco de dados com 1000 registradores, isto é, guardar 1.000 números, de 50 dígitos. Isso era maior do que a capacidade de armazenamento de qualquer computador construído antes de 1960. Para Babbage a memória era basicamente os eixos numéricos no Armazém, embora ele também tenha

	desenvolvido a ideia de um sistema de memória hierárquica usando cartões perfurados para resultados intermediários adicionais que não cabiam na loja.
Dispositivos de Entrada	A entrada de dados na Máquina Analítica era realizada usando-se cartões perfurados, utilizando a tecnologia de leitura de cartões do tear Jacquard, um dispositivo-leitor de dados, um mecanismo básico para inserir dados numéricos e instruções na máquina, sobre como manipulá-los. Ao ler os cartões perfurados, que continham informações de entrada, os dados ou as instruções, a máquina, de alguma forma, sabia o que fazer com os dados.
Dispositivos de Saída	Babbage imaginou uma variedade de dispositivos de saída para a MA, incluindo cópia impressa, cartões perfurados, plotagem de gráficos e a produção automática de estereótipos, bandejas de material macio nas quais os resultados eram impressos e podiam ser usados como moldes para a produção de chapas de impressão.
Máquina à Vapor	A fonte de energia disponível na época de Babbage, era a energia a vapor, a qual deveria ser a fonte para fazer funcionar a MA.

Recursos de programabilidade da Máquina Analítica

A programação na MA era assegurada por um programa externo. De fato, a MA era programável, mas não podia armazenar programas, como um computador moderno é capaz. Todavia, pode-se dizer que era uma forma rudimentar de computador. Visite o QRCode 26. O mecanismo de controle da Máquina Analítica deveria executar automaticamente as operações matemáticas que se desejasse, e consistia basicamente em duas partes: o mecanismo de controle de nível inferior, controlado por tambores maciços chamados Barris (Barrels), e o mecanismo de controle de nível superior, controlado por cartões perfurados. Os barris juntamente com o moinho deveriam executar as 4 operações aritméticas básicas, adição, subtração, multiplicação e divisão. As instruções deveriam ser inseridas na MA usando-se cartões perfurados, que eram codificados por meio de orifícios no cartão. Os cartões deveriam ser lidos, decodificados por um leitor, um dispositivo de entrada, e armazenados, para futuras referências, em um banco de 1000 registradores. Cada um dos registradores seria capaz de armazenar um número de cinquenta dígitos, que poderiam ser colocados lá por meio de cartões a partir do resultado de um dos cálculos do moinho. Em seguida, esses dados passavam para os Barris que podiam definir uma sequência de operações menores que depois eram executadas pelo Moinho. Os dados de entrada podiam ser carregados no Armazém com os Cartões de Número e os resultados podiam ser impressos em um dispositivo de impressão. Os dados do programa deveriam ficar armazenados no Armazém, onde no total 1000 números decimais, com 50 dígitos cada, poderiam ser salvos. Cada número é implementado por uma pilha de 50 engrenagens e possui um número de coluna exclusivo que é usado para endereçamento. Os números deveriam ser carregados no Moinho por comandos de transferência que eram codificados nos Cartões Variáveis, que continham as instruções Carregar/Armazenar para transferir números usando as prateleiras entre o Armazém e o Moinho. A Tabela 44 apresenta os tipos de cartões usados na MA.

Tabela 44 - Tipos de Cartões utilizados para operar a MA.

Tipos de Cartões	Descrição
Cartões de Operação (Operation cards)	Esses cartões continham as instruções, e deveriam ser processados por um dispositivo de leitura, que definia quais instruções aritméticas deveriam ser feitas pela máquina, uma após a outra. Dessa forma, esse mecanismo permitia programar a máquina, informando-a qual tipo de

	operação deveria ser realizada, se adição, subtração, multiplicação ou divisão.
Cartão de Variáveis (Variable Cards)	Esse tipo de cartão guardava os símbolos das variáveis de uma equação, tais como x, y, etc., o valor numérico das variáveis e certas constantes numéricas. Além disso, indicavam para a máquina as colunas nas quais os resultados deveriam ser representados
Cartão de Números (Number Cards)	Esses cartões continham os dados de entradas, as constantes e as tabelas matemáticas, como logaritmos e funções trigonométricas. Analogamente, aos dados inseridos pelos teclados atuais, onde um usuário digita os números para o programa. Com os Cartões de Número, podemos alimentar dados no Armazém.

Curiosamente, a MA continha muitos dos recursos encontrados nos computadores modernos, incluindo recursos de programação. Enquanto, a Máquina Diferencial 1 era uma máquina de uso específico, que podia resolver apenas problemas baseados em diferenças constantes, a Máquina Analítica ia muito além, sendo um mecanismo de computação programável e de uso geral, capaz de resolver qualquer problema matemático. Vale observar que, está é essencialmente a descrição de um computador moderno. Em 1833, aos quarenta e dois anos de idade, Babbage parece ter tido uma visão do futuro, viajado no túnel do tempo a uns cem anos à frente, na primeira metade do século XX, pois, ao desenvolver o projeto da MA, ele enfrentou, todos os tipos de problemas técnicos que os primeiros engenheiros de computação, do início do século XX, também enfrentaram, e muitas vezes, chegavam à mesma solução que Babbage, embora, muitos deles, nem se dessem conta do trabalho de Babbage.

De um modo geral, pode-se dizer que, a estrutura lógica da Máquina Analítica era essencialmente a mesma que dominou o projeto de computadores no início do século XX. Fazendo-se uma comparação com os termos atuais, na Máquina Analítica, o Moinho era a Unidade Central de Processamento, ou CPU, do inglês, Central Processing Unit, enquanto, o Armazém era a memória. Também temos, a separação da memória, o Armazém, do processador central, o Moinho. Como um computador moderno, que permite a operação serial usando um ciclo de instrução e recursos para Entrada e Saída de dados e instruções, a Máquina Analítica tinha a capacidade de tomar decisões, podendo adotar um, de dois caminhos alternativos de ação, baseados nos resultados de seus cálculos, embora, essa capacidade fosse ainda, bastante

QRCode 26 – Lovelace (31)

SCAN QR-CODE

limitada, e os cartões de operação pudessem apenas ordenar a máquina para adicionar dois números e, se os resultados fossem menores que zero, deveria prosseguir para um cartão específico e executar a instrução indicada. Este é um elemento importante da programabilidade da MA, sua capacidade de executar instruções, não somente na ordem sequencial. Conhecido como ramificação condicional ou salto condicional, a capacidade de pular para uma instrução diferente dependendo do valor de alguns dados, este é um dos atributos mais importantes de um computador moderno, e, definitivamente, uma das características que o distingue de uma calculadora comum. Assim, os Cartões de Operação na MA, podiam instruir a máquina a repetir um determinado conjunto de instruções quantas vezes quisesse ou realizar um desvio em um programa geral. Ambos os recursos são ferramentas muito importantes na programação. A Máquina Analítica era capaz de realizar inúmeras funções para as quais atribuímos nomes modernos, embora Babbage em nenhum lugar usasse esses termos. Vale mencionar que, apesar, desse recurso extremamente poderoso estar presente na MA, não era encontrado em muitos dos primeiros computadores do século XX. Assim como na Máquina Analítica, o programa externo, na maioria dos computadores das décadas de 1950 e 1960, era ainda fornecido por cartões perfurados. Os recursos de programabilidade na MA, como nos computadores modernos, baseiam-se em três estruturas básicas de controle, os algoritmos Sequencial, Condicional e de Looping.

Estrutura de Controle Sequencial

A Estrutura de Controle Sequencial permite que ocorra uma operação serial na Máquina Analítica, usando um conjunto de instruções em sequência. Nesta estrutura, para se chegar a um determinado resultado desejado, as instruções devem ser executadas, na ordem estrita em que são apresentadas. Uma forma geral de uma Estrutura de Controle Sequencial é a mostrada na Tabela 45. A Tabela 45 mostra uma sequência de n instruções, com n ∈ ℕ, que devem ser executadas, uma após a outra, em ordem crescente, de maneira que, a instrução i+1 só será executada, após a instrução de ordem, i, tiver sido executada.

Tabela 45 – Controle Sequencial

Ordem	i-ésima Instrução
1	Instrução-1
2	Instrução-2
3	Instrução-3
...	...
i	Instrução-(i)
i+1	Instrução-(i+1)
...	...
n	Instrução-(n)

Considere i um número natural, i ∈ ℕ. Assim, também, a instrução 3 só será executada depois que a instrução 2, tiver sido executada. A Estrutura de Controle Sequencial é aplicada em problemas cuja solução possa ser decomposta em diversos passos individuais. Em ciências temos inúmeros exemplos de problemas desse tipo. A seguir, vamos discutir alguns deles para ilustrar o que queremos dizer.

Exemplo 97

Escreva um algoritmo, usando a Estrutura de Controle Sequencial, para calcular a energia, E, em elétron-Volts, do fóton da luz vermelha, que tem um comprimento de onda, $\lambda = 6.5 \times 10^{-7}$ m. A energia da partícula é dada pela relação matemática,

$$E = \frac{h \times c}{\lambda}. \qquad (12)$$

A constante de Planck, h, e a velocidade da luz, c, são conhecidas, e dadas por: $h = 4.14 \times 10^{-15}\ eV.s, c = 3 \times 10^8\ m/s$.

Este problema poderia ser resolvido em uma máquina de computação como a Máquina Analítica, utilizando a Estrutura de Controle Sequencial, como a mostrada no Algoritmo 46, que poderia ser implementado, por exemplo, através do uso de cartões perfurados, ou, modernamente, com outro meio, com a mesma finalidade.

Algoritmo 46

Passo	Instrução
1	Atribuir os valores às constantes do problema: $\lambda = 6.5 \times 10^{-7}$ $h = 4.14 \times 10^{-15}$ $c = 3 \times 10^8$
2	Usando a fórmula da Equação (12),

$$E = \frac{h \times c}{\lambda}$$
calcular E
$$E = \frac{4.14 \times 10^{-15} \times 3 \times 10^8}{6.5 \times 10^{-7}}$$

O recurso mais extraordinário da Máquina Analítica era a capacidade de alterar sua operação usando as instruções contidas nos cartões perfurados, o que a tornava programável. A MA deveria fornecer seus resultados nas colunas da máquina. Por tudo isso, foi certamente, a primeira máquina da história da ciência que mereceu ser chamada, de fato, de computador, com a definição moderna do termo. Todas as demais, eram apenas calculadoras. Para finalizar, pesquise como os cartões da Máquina Analítica poderiam ser empregados para encontrar a energia do fóton da luz vermelha?

TREINAMENTO COMPUTACIONAL 21

```
> #######################
> ### Nome do arquivo: Exemplo 97.mw
> #######################
> lambda := 0.65e-6;
> h := 0.414e-14;
```

```
> c := 0.3e9;
> E := h*c/lambda;
              1.910769231
> ### E = 1.9 eV
> #######################
```

Exemplo 98

Escreva um algoritmo, usando a Estrutura de Controle Sequencial, para resolver um sistema linear simples de duas incógnitas,
$$\begin{cases} a_1 x + a_2 y = a_0 \\ b_1 x + b_2 y = b_0 \end{cases}$$

Algoritmo 47

Passo	Descrição
1	Entrar com o valor das constantes, $a_0, a_1, a_2, b_0, b_1, b_2$
2	Entrar com as expressões da solução algébrica para os valores de x e y: $x = \dfrac{a_0 b_2 - a_2 b_0}{a_1 b_2 - b_1 a_2}, \quad y = -\dfrac{b_1 a_0 - a_1 b_0}{a_1 b_2 - b_1 a_2}$

Como os cartões perfurados na Máquina Analítica poderiam ser usados para encontrar essa solução.

TREINAMENTO COMPUTACIONAL 22

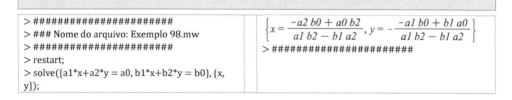

Exemplo 99

Escreva um algoritmo, usando a Estrutura de Controle Sequencial, para calcular a velocidade de escape de um foguete, dada pela relação, $v = \sqrt{2GM/R}$. A massa e o raio do planeta são fornecidos, juntamente com a Constante de Gravitação Universal: $G = 6.67 \times 10^{-11} Nm^2/kg^2$, $M = 5.98 \times 10^{24} kg$ e $R = 6.38 \times 10^6\ m$.

Algoritmo 48

Passo	Descrição
1	Entre com os valores das constantes: $G = 6.67 \times 10^{-11}, M = 5.98 \times 10^{24} kg, R = 6.38 \times 10^6\ m$
2	Entrar com a expressão para a velocidade de escape de um foguete: $v = \sqrt{2GM/R} = 11.2\ km/s$

Pesquise: Como os cartões perfurados na Máquina Analítica poderiam ser usados para encontrar essa solução.

TREINAMENTO COMPUTACIONAL 23

```
> #######################
> ### Nome do arquivo: Exemplo 99.mw
> #######################
> restart
> M := 0.598e25;
> R := 0.638e7;
```

```
> v := sqrt(2*G*M/R);
            v := 11181.96600
> ###
> ### velocidade de escape é igual a 11.2 km por segundo
> #######################
```

A estrutura de controle Sequencial é a mais simples das estruturas dos recursos de programabilidade, mas permite que muitos problemas sejam resolvidos através dela, estando muitas vezes presente, também, dentro das outras estruturas de controle de programação.

Estrutura de Controle Condicional

A Estrutura de Controle Condicional pode ser usada sempre que há a necessidade de se testar alguma condição e em função do resultado desse teste, tomar uma atitude, a respeito. Dessa forma, esse tipo de estrutura ocorre sempre à subordinação da execução de uma ou mais instruções à veracidade de uma condição. O Esquema 2 mostra a Estrutura de Controle Condicional, Se ... Então ... . Se CONDIÇÃO 1 VERDADEIRA, Então, executa Instrução-i, Instrução-j, ... Se CONDIÇÃO 2 VERDADEIRA, Então, executa Instrução-s, Instrução-t, ..., e assim por diante.

Esquema 2 - Esquema da Estrutura de Controle Condicional Se ... Então ...

SE CONDIÇÃO 1 VERDADEIRA	Então, executa	Instrução-i Instrução-j ...
SE CONDIÇÃO 2 VERDADEIRA	Então, executa	Instrução-s Instrução-t ...
...		

SE CONDIÇÃO n VERDADEIRA	Então, executa	Instrução-v Instrução-x ...

Exemplo 100

Escreva um algoritmo, usando a Estrutura de Controle Condicional, para obter três funções aproximadas, $f_1(x)$, $f_2(x)$, e $f_3(x)$, para a função, $sin(x)$, obtidas a partir das três primeiras ordens da Séries de Newton-Taylor, $m = 1$, 2 e 3, e expandida em torno de $x = a$.

Algoritmo 49

Passo	Descrição
1	Escrever a Séries de Newton-Taylor, da função sin(x), expandida em torno de $x = a$: $sin(x) = \sum_{n=0}^{\infty} \left(\frac{\sin(a)(-1)^n}{(2n)!} (x-a)^{2n} + \frac{\cos(a)(-1)^n}{(2n+1)!} (x-a)^{2n+1} \right)$,
2	Usar a Estrutura Condicional, Se ... Então ..., para encontrar as três funções, $f_1(x)$, $f_2(x)$, e $f_3(x)$,, pedidas no enunciado, com $m = 1, 2\ e\ 3$: {| Se m = 1	Então,	$f_1(x) = \sin(a) + \cos(a)(x-a)$
Se m = 2	Então,	$f_2(x) = \sin(a) + \cos(a)(x-a) - \frac{1}{2}\sin(a)(x-a)^2$
Se m = 3	Então,	$f_3(x) = \sin(a) + \cos(a)(x-a) - \frac{1}{2}\sin(a)(x-a)^2 + \frac{1}{24}\sin(a)(x-a)^3$	}

TREINAMENTO COMPUTACIONAL 24

```
> #######################
> ### Nome do arquivo: Exemplo 100.mw
> #######################
> restart
> y := sin(x);
> convert(y, Sum, x = a, include = powers, dummy = n);
```

$$\sum_{n=0}^{\infty} \left(\frac{\sin(a)(-1)^n (x-a)^{2n}}{(2n)!} + \frac{\cos(a)(-1)^n (x-a)^{2n+1}}{(2n+1)!} \right)$$

O Esquema 3 mostra o esquema da Estrutura Condicional Se ... Então ... Se não .... Neste caso, se CONDIÇÃO for verdadeira ou satisfeita, ENTÃO serão executadas a sequência de instruções, Instrução-1 até a Instrução-i. SE NÃO, se, CONDIÇÃO não for satisfeita, então as instruções que serão executadas serão, as instruções, Instrução-j até Instrução-n. Lembre-se, i, j, e n são todos números inteiros, pertencentes ao conjunto dos naturais.

No nosso dia a dia estão inúmeros exemplos de situações em que usamos a Estrutura Condicional, mesmo sem nos darmos conta disso. Alguns exemplos:

(1) SE, o almoço terminar tarde, ENTÃO, vou direto para o trabalho, SE NÃO, vou, antes, a academia, e depois ao Shopping.

(2) SE, o exame de gravidez de Sueli der positivo, ENTÃO, ela ficará com as roupas de nenê da Silmara, SE NÃO, Sueli irá levá-las a um brechó.
(3) SE, meu time de basquete ganhar essa noite, ENTÃO, vou comprar o bilhete para assistir ao jogo no estádio, SE NÃO, vou assistir ao jogo, em casa mesmo.

Esquema 3 - Esquema da Estrutura de Controle Condicional Se ... Então ... Se não ...

SE CONDIÇÃO VERDADEIRA	Então, executa	Instrução-1 Instrução-2 ... Instrução-i
	Se não, executa	Instrução-j ... ... Instrução-n

Exemplo 101

Escreva um algoritmo, usando a Estrutura de Controle Condicional, Se... Então.. , para encontrar, a função por partes abaixo:

$$f(x) = \begin{cases} x^3 + 7x, & x \leq 3 \\ x^2, & x > 3 \end{cases}$$

e construa o gráfico da função, num ambiente computacional algébrico.

Algoritmo 50

Passo	Descrição
1	Entre com o valor de x que se deseja calcular a função, f(x)
2	SE $x \leq 3$ — Então — $f(x) = x^3 + 7x$ Se não — $f(x) = x^2$

Em geral, as funções por partes podem ser programadas usando-se a estrutura condicional Se ... Então ... Se não .... , mostrada no Algoritmo 50.

TREINAMENTO COMPUTACIONAL 25

```
> #######################
> ### Nome do arquivo: Exemplo 101.mw
> #######################
> restart;
> f := piecewise(x <= 3, x^3+7*x, x > 3, x^2);
> plot(f, x = -3 .. 8, axes = boxed, axis = [gridlines = [10, color = gray]], labels = ["x", "f"], labeldirections = ["horizontal", "vertical"], labelfont = ["TIMES", 14], tickmarks = [10, 40], font = ["TIMES", 13]);
```

Figura 71 Gráfico da função por partes.

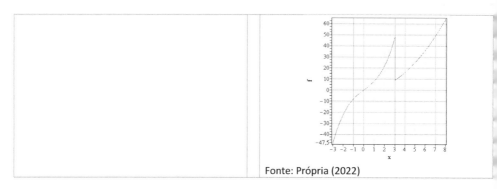

Fonte: Própria (2022)

Exemplo 102

Escreva um algoritmo, para encontrar as raízes de uma equação de segundo grau,

$$ax^2 + bx + c = 0,$$

com a, b e c, reais, usando a Estrutura de Controle Condicional, Se... Então... Se $a = 0$, o algoritmo deve avisar que a equação não é quadrática, e sim, linear.

Algoritmo 51

Passo	Descrição
1	Entre com os valores das constantes, a, b e c.
2	SE $a \neq 0$ Então $\begin{cases} \Delta = b^2 - 4ac \\ x_1 = \dfrac{-b + \sqrt{\Delta}}{2a} \\ x_2 = \dfrac{-b - \sqrt{\Delta}}{2a} \end{cases}$
	Se não $\{$ Imprima: A função é linear

TREINAMENTO COMPUTACIONAL 26

```
> #######################
> ### Nome do arquivo: Exemplo 102.mw
> #######################
> restart;
> solve({a*x^2 + b*x + c = 0}, {x});
```

$$\left\{ x = \frac{1}{2} \frac{-b + \sqrt{b^2 - 4ac}}{a} \right\},$$
$$\left\{ x = -\frac{1}{2} \frac{b + \sqrt{b^2 - 4ac}}{a} \right\}$$

Exemplo 103

(a) Escreva um algoritmo, capaz de dizer, se as raízes de uma equação de terceiro grau
$$ax^3 + bx^2 + cx + d = 0$$
são reais e/ou complexas, com base nos valores dos coeficientes a, b, c e d, usando a Estrutura de Controle Condicional, Se... Então...

(b) Usando o sistema computacional que preferir, cheque os resultados com as seguintes equações:
I -) $4x^3 - 2x^2 - 5x - 17 = 0$
II -) $5x^3 - 8x^2 + 13x + 2 = 0$
III-) $2x^3 + 9x^2 + 13x + 6 = 0$

Analisando os resultados das equações de terceiro grau, estudadas no Exemplo 74,

$$x_1 = -\frac{s}{12a} + \frac{t}{3as} - \frac{b}{3a} - \frac{I\sqrt{3}}{2}\left(\frac{s}{6a} + \frac{2t}{3as}\right)$$
$$x_2 = -\frac{s}{12a} + \frac{t}{3as} - \frac{b}{3a} + \frac{I\sqrt{3}}{2}\left(\frac{s}{6a} + \frac{2t}{3as}\right)$$
$$x_3 = \frac{s}{6a} - \frac{2t}{3as} - \frac{b}{3a}$$

com

$$s = \left(12\sqrt{3}pa + q\right)^{1/3}$$
$$t = 3ac - b^2$$
$$p = \sqrt{27a^2d^2 - 18abcd + 4ac^3 + 4db^3 - c^2b^2}$$
$$q = -108a^2d + 36abc - 8b^3$$

percebemos que, as raízes, x_1, x_2 e x_3, podem ser reais ou complexas, em função da seguinte condição: Se $(27a^2d^2 - 18abcd + 4ac^3 + 4db^3 - c^2b^2) < 0$, então as raízes, x_1, x_2 e x_3, são todas raízes reais. Caso contrário, temos uma raiz real, e duas raízes complexas. O Algoritmo 52 foi elaborado para poder resolver esse problema.

Algoritmo 52

Passo	Descrição
1	Entre com os valores de a, b, c e d
2	SE $(27a^2d^2 - 18abcd + 4ac^3 + 4db^3 - c^2b^2) < 0$ — Então: Três raízes reais; Se não: Uma raiz real e duas raízes complexas

Utilizando o Algoritmo 52, pode-se obter os resultados apresentados na Tabela 46, para os três casos pedidos, I, II e III, com as respectivas conclusões.

Tabela 46 – Tipos de raízes de uma equação de terceiro grau.

Caso	$27a^2d^2 - 18abcd + 4ac^3 + 4db^3 - c^2b^2$	Conclusão
I	135532	Uma raiz real e duas raízes complexas
II	50448	Uma raiz real e duas raízes complexas
III	-1	Três raízes reais

TREINAMENTO COMPUTACIONAL 27

```
> #######################
> ### Nome do arquivo: Exemplo 103.mw
> #######################
> ### CASO I
> restart;
> a := 4; b := -2; c := -5; d := -17;
> #######################
> s := (12*sqrt(3)*sqrt(27*a^2*d^2-
18*a*b*c*d+4*a*c^3+4*d*b^3-c^2*b^2)*a-108*
a^2 *d+36*a*b*c-8*b^3)^(1/3);
> t := 3*a*c-b^2;
> #######################
> x1 := evalf(-s/(12*a)+t/(3*a*s)-b/(3*a)-
I*sqrt(3)*(s/(6*a)+2*t/(3*a*s))*(1/2));
> x2 := evalf(-s/(12*a)+t/(3*a*s)-
b/(3*a)+I*sqrt(3)*(s/(6*a)+2*t/(3*a*s))*(1/2));
> x3 := evalf(s/(6*a)-2*t/(3*a*s)-b/(3*a));
> #######################
```
$x1 := -0.7907397209 - 1.190188070\ I$
$x2 := -0.7907397209 + 1.190188070\ I$
$x3 := 2.081479443$
```
> p := 27*a^2*d^2-18*a*b*c*d+4*a*c^3+4*d*b^3-
c^2*b^2
```
$p := 135532$
```
> evalf(solve({a*x^3+b*x^2+c*x+d = 0}, {x}))
```
$\{x = 2.081479443\}, \{x = -0.7907397212 + 1.190188070\ I\}, \{x = -0.7907397212 - 1.190188070\ I\}$

```
> #######################
> ### CASO 2
> #######################
> a := 5; b := -8; c := 13; d := 2;
> #######################
```
$x1 := 0.8703050153 - 1.444754793\ I$
$x2 := 0.8703050153 + 1.444754793\ I$
$x3 := -0.1406100314$
$p := 50448$
```
> evalf(solve({a*x^3+b*x^2+c*x+d = 0}, {x}))
```
$\{x = -0.1406100319\}, \{x = 0.8703050160 - 1.444754793\ I\}, \{x = 0.8703050160 + 1.444754793\ I\}$
```
> #######################
> ### CASO 3
> #######################
> restart;
> a := 2; b := 9; c := 13; d := 6;
> #######################
```
$x1 := -\dfrac{3}{2}$
$x2 := -2$
$x3 := -1$
$p := -1$
```
> evalf(solve({a*x^3+b*x^2+c*x+d = 0}, {x}))
```
$\{x = -1.500000000\}, \{x = -2.\}, \{x = -1.\}$

Estrutura de Controle de Looping

A Estrutura de Controle de Looping é caracterizada pela repetição de um determinado número de instruções, tantas vezes quantas uma condição lógica permita. Cada repetição é chamada também de iteração. O termo em inglês refere-se exatamente a ideia de se repetir uma tarefa um número muito grande de vezes. No dia a dia é muito comum usarmos essa expressão lógica em muitas situações diferentes.

(a) O rapaz vai fazer exame de motorista até passar.
(b) O esportista vai fazer o exame de Covid-19 até dar negativo.
(c) Karina vai fazer vestibular de Medicina até passar.
(d) O médico disse para passar o creme no rosto até não aparecerem mais manchas.

Exemplo 104

Escreva um algoritmo para efetuar o cálculo do fatorial de um número inteiro, N, N!.

Algoritmo 53

Passo	Descrição
1	Escolher o valor de N que se quer calcular o fatorial. Por exemplo, N = 8.

2	Criar uma variável auxiliar chamada fatorial, com o valor inicial, fatorial = 1.				
3	Repita,	de i = 1 até N		
		produto = i*fatorial fatorial = produto	i	fatorial	produto
			1	1	1
			2	2	2
			3	6	6
			4	24	24
			5	120	120
			6	720	720
			7	5040	5040
			8	40320	40320
4	Imprimir o resultado: 8! = 40320				

Por último, quais são os tipos de problemas da natureza que a Série de Fibonacci é capaz de modelar?

TREINAMENTO COMPUTACIONAL 28

> ###################### > ### Nome do arquivo: Exemplo 104.mw > ###################### > restart; > N := 8;	> fatorial := 1; > for i from 1 to N do produto := i*fatorial; fatorial := produto end do > N!

Exemplo 105

Sabendo que, a Série de Fibonacci obedece a seguinte relação
$$F_n = F_{n-1} + F_{n-2}$$
com $F_0 = F_1 = 1$, escreva um algoritmo que calcule os N primeiros números de Fibonacci, de uma série. Adicionalmente, calcule também a soma dos N primeiros números de Fibonacci.

Algoritmo 54

Passo	Descrição
1	# # Entre na máquina com os valores das constantes: F(0) = 1 F(1) = 1 N # # Forneça algum valor inteiro para N
2	Repita, de i = 3 até N $F(i) = F(i-1) + F(i-2)$
3	Imprimir os resultados

TREINAMENTO COMPUTACIONAL 29

> ###################### > ### Nome do arquivo: Exemplo 105.mw > ######################	> F[1] := F0: > F[2] := F1:

> restart; > N := 15: > F0 := 1: > F1 := 1:	> for i from 3 to N do F[i] := F[i-1]+F[i-2]; ii[i] := i-1 end do: > k := seq(ii[i], i = 1 .. N): > Fibonacci := seq(F[i], i = 1 .. N);

Exemplo 106

Escreva um algoritmo que calcule a soma dos N primeiros números de Fibonacci, de uma série, e teste-o, para vários valores de N, usando uma plataforma computacional.

A utilização das estruturas de controle, Sequencial, Condicional e de Looping, combinadas, permite expressarmos a solução de inúmeros problemas de naturezas diversas, em física, ciências e engenharia. O próximo exemplo celebra um problema da atualidade, a modelagem analítica de transistores MOSFET. Então, reunindo tudo que aprendemos até agora, e partindo das expressões matemáticas desse modelo, fornecidas no enunciado desse exemplo, propomos, que, se obtenha um gráfico da curva $I_{ds} \times V_{ds}$ desse dispositivo, utilizando a plataforma computacional que preferir.

Exemplo 107

O transistor da família MOSFET, esquematizado na Figura 72, é um dos dispositivos semicondutores chave mais amplamente usados em eletrônica, consistindo no bloco de construção básico de circuitos digitais, analógicos e de memória. Quando integrado, ocupa menos área do que o transistor bipolar, e por isso, é amplamente utilizado em integração em larga escala (LSI). Quando uma tensão V_{ds} é aplicada entre os terminais de fonte (S – Source em inglês) e dreno (D – Drain em inglês), a corrente de fonte-dreno, I_{ds}, do dispositivo é dada pela seguinte função por partes:

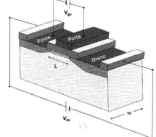

Fonte: Própria (2022)

$$I_{ds} = \begin{cases} \dfrac{W}{L}\mu_n c_{ox}\left(V_{gs} - V_t - \dfrac{m}{2}V_{ds}\right), & se\ V_{ds} \leq V_{dssat} \\ \dfrac{W}{2mL}\mu_n c_{ox}(V_{gs} - V_t)^2, & se\ V_{ds} > V_{dssat}(V_{gs}) \end{cases}$$

com

$$V_{dssat}(V_{gs}) = \frac{V_{gs} - V_t}{m},$$

em que, W é a largura do canal, L é o comprimento de porta, μ_n é a mobilidade eletrônica no material, c_{ox} é a capacitância do óxido, V_{gs} é a tensão de gate-fonte, V_t é a tensão de limiar, ou tensão de threshold, m é um parâmetro de ajuste, típicamente da ordem de 1.3, e V_{dssat} é a tensão dreno-fonte, de saturação. Escreva um algoritmo, usando as Estruturas de Controle Condicional e de Looping, para obter um gráfico da curva $I_{ds} \times V_{ds}$ de um dispositivo com as expressões de corrente-tensão, dadas acima. Adicionalmente, usando o ambiente computacional que preferir, obtenha a curva, $I_{ds} \times V_{ds}$, para quatro tensões de porta diferentes, V_{gs} = 0.5, 1.0, 1.5 e 2.0 Volts.

Algoritmo 55

Passo	Descrição

1	Encontrar todos os valores de constantes do problema.
2	Reunir todas as expressões matemáticas que serão usadas no problema: $$\varepsilon_{ox} = k_d \varepsilon_0, \; c_{ox} = \frac{\varepsilon_{ox}}{T_{ox}}, \; V_{dssat}(V_{gs}) = \frac{V_{gs} - V_t}{m}$$ $$I_{dssat}(V_{gs}) = \frac{W}{2mL} \mu_n c_{ox} (V_{gs} - V_t)^2$$
3	Criar um vetor de quatro elementos chamado Vgs = [Vgs1 Vgs2 Vgs3 Vgs4] = [0.5 1.0 1.5 2.0]
4	Criar os vetores de quatro elementos, Vdssat(Vgs) e Idssat(Vgs)
5	Criar um vetor de N elementos, chamado Vds = [0 .. VdsMAX]

6	Criar um vetor de N elementos chamado I_{ds}
	Repita, de k = 1 até 4
	   Repita, de i = 1 até N
	      SE $V_{ds} \leq V_{dssat}$ Então Calcular $I_{ds}(V_{gs}, V_{ds})$
	      Se não $V_{dssat}(V_{gs}) = \frac{V_{gs} - V_t}{m}$

7	Fazer um gráfico de $V_{ds} \times I_{ds}$ para quatro tensões de porta diferentes, V_{gs} = 0.5, 1.0, 1.5 e 2.0 Volts.

TREINAMENTO COMPUTACIONAL 30

```
> #######################
> ### Nome do arquivo: Exemplo 107.mw
> #######################
> restart
> #######################
> ### Constantes
> #######################
> epsilon_0 := 0.8854187187e-11;
> kd := 11.8;
> kd_ox := 3.9;
> Lg := 0.1e-4;
> Toxe := 0.4e-8;
> W := 0.1e-4;
> Vt := .3;
> m := 1.3;
> mi_n := 0.2e-1;
> #######################
> eps_oxd := epsilon_0*kd_ox;
> coxe := eps_oxd/Toxe;
> #######################
> ### Valor de entrada das tensões de porta Vgs
> Vgs[1] := .5; Vgs[2] := 1.0; Vgs[3] := 1.5; Vgs[4] := 2.0;
> #######################
> ### Cálculo da tensão e da corrente de saturação
```

Figura 73 - Gráfico corrente-tensão.

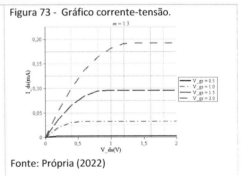

Fonte: Própria (2022)

```
> plot1 := plot([Vd], [Id[1]]*0.1e4, color = black,
style = line, linestyle = solid, symbol = circle,
legend = ["V_gs = 0.5 "], legendstyle = [font =
["TIMES", 14], location = right], thickness = 3);
> #######################
> plot2 := plot([Vd], [Id[2]]*0.1e4, color = red,
style = line, linestyle = dashdot, symbol = circle,
legend = ["V_gs = 1.0 "], legendstyle = [font =
["TIMES", 14], location = right], thickness = 3);
> #######################
```

```
> for i to 4 do Vdssat[i] := (Vgs[i]-Vt)/m; Idssat[i]
:= coxe*mi_n*W*(Vgs[i]-Vt)^2/(2*m*Lg) end do;
> ########################
> ### Construindo o Vetor Vds
> VdsMAX := 2;
> deltaVDS := .2;
> Vds[1] := 0;
> N := round((VdsMAX-Vds[1])/deltaVDS)+1;
> ########################
> for i from 2 to N do Vds[i] := Vds[i-1]+deltaVDS
end do;
> ########################
> for k to 4 do for i to N do if Vds[i] <= Vdssat[k]
then A[k] := Vgs[k]-Vt-(1/2)*m*Vds[i]; Ids[i] :=
coxe*mi_n*W*A[k]*Vds[i]/Lg else Ids[i] := Idssat[k]
end if end do; Id[k] := seq(Ids[i], i = 1 .. N) end do;
> ########################
> Vd := seq(Vds[i], i = 1 .. N);
> ########################
```
```
> plot3 := plot([Vd], [Id[3]]*0.1e4, color = blue,
style = line, linestyle = longdash, symbol = circle,
legend = ["V_gs = 1.5 "], legendstyle = [font =
["TIMES", 14], location = right], thickness = 3);
> ########################
> plot4 := plot([Vd], [Id[4]]*0.1e4, color =
magenta, style = line, linestyle = spacedash, symbol
= circle, legend = ["V_gs = 2.0 "], legendstyle =
[font = ["TIMES", 14], location = right], thickness =
3);
> ########################
> plots[display]({plot1, plot2, plot3, plot4}, axes =
normal, axis = [gridlines = [10, color = gray]],
labels = ["V_ds(V)", "I_ds(mA)"], labeldirections =
["horizontal", "vertical"], labelfont = ["TIMES", 14],
tickmarks = [5, 5], font = ["TIMES", 13], view = [0 ..
2, 0 .. .225], title = ['m = 1.3']);
```

Voltando ao problema da Máquina Analítica, podemos finalizar, dizendo, que foi uma das maiores criações humanas, uma construção teórica, que ocorreu, em meio à explosão da Revolução Industrial, e cujo destino, sempre foi muito maior, do que a pretensão de ser uma simples calculadora. A Máquina Analítica marcou a evolução do cálculo aritmético mecanizado para a computação de propósito geral, e Babbage, em pleno século XIX, nem fazia ideia, mas, dava os primeiros passos, em direção a uma grande realização, que era muito parecido com o que conhecemos hoje de um computador moderno. Embora, muitos aspectos, em tecnologia, evoluam com o tempo, estamos sempre inventando coisas novas, baseando-nos em coisas velhas, mesmo que não o percebamos. Apesar de não usarmos mais cartões perfurados, o paradigma da programação, ainda não mudou, e a forma de programação, em sua essência, ainda continua a mesma, dos seus primórdios, apesar das vastas sofisticações que sofreu dentro desse paradigma. Muitas pesquisas são realizadas em Ciência da Computação, nesse sentido, mas enquanto algo novo não vem, devemos fazer o melhor que pudermos, com o que temos até então.

Máquina Diferencial 2

Com o trabalho inovador da Máquina Analítica ainda em andamento, em 1840, Babbage começou a considerar uma nova Máquina Diferencial, e entre 1847 e 1849, ele completou o projeto da Máquina Diferencial 2, uma versão melhorada da máquina original. Este mecanismo calculava com números de trinta e um dígitos e podia tabular qualquer polinômio até a sétima ordem. Seu *design* era elegantemente simples e exigia apenas cerca de um terço das peças necessárias na Máquina Diferencial 1, enquanto permitia capacidade computacional similar. A Máquina Diferencial 2 e a Máquina Analítica compartilham o mesmo design para a impressora, um dispositivo de saída com recursos notáveis, não apenas produzindo cópias impressas no papel, mas também impressionava automaticamente os resultados em material macio, gesso por exemplo, que podia ser usado como um molde a partir do qual uma placa de impressão podia ser produzida. O aparelho digitalizava resultados automaticamente e permitia a formatação programável, isto é, permitia ao operador pré-configurar o layout dos resultados na página. Os recursos que podiam ser alterados pelo usuário incluem altura de linha variável, números variáveis de colunas, margens de coluna variáveis, quebra automática de linha ou quebra automática de colunas e deixar linhas em branco em várias linhas para facilitar a leitura.

Embora Babbage eventualmente tivesse percebido que nem a Máquina Diferencial 2 nem a Máquina Analítica seriam completamente construídas durante sua vida, ele continuou a elaborar suas plantas e planos, para ambas as máquinas, com grande despesa pessoal. Quando, no final de sua vida, Babbage desistiu de construir suas máquinas, ele viveu na esperança de que alguém um dia assumisse seu sonho após sua morte e o construísse usando seus planos e projetos. Babbage fez grandes avanços até bem perto de quando ele morreu, e seu filho, Henry, criou uma parte da Máquina Diferencial 2, em 1889. O sonho de Babbage se realizou mais de um século depois, quando, em 2002, o Museu de Ciências de Londres, e em 2008, o Museu de História da Computação, CA, Estados Unidos, construíram réplicas da Máquina Diferencial 2, e mostraram que, de fato, o sonho de Babbage era possível. Por estas e tantas outras razões, Babbage é considerado um dos pioneiros na computação. Hoje, partes de sua máquina podem ser visitadas no Museu Britânico, ou em alguma exposição itinerante do museu.

Calculadora x Computador

Dissemos que a Máquina Diferencial 1 é uma calculadora de funções polinomiais. Neste ponto, gostaríamos de discutir uma dúvida frequente, que aparece entre os que iniciam o estudo da computação. Calculadora é o mesmo que computador? Embora já tenhamos discutido essa questão, anteriormente, gostaríamos, de mais uma vez retornar ao assunto. Note que, estamos nos referindo à computador, como um dispositivo de computação associado a acepção moderna do termo. Para responder isso, vamos primeiramente recorrer a Definição 15.

Definição 15

Uma calculadora mecânica é uma máquina construída para calcular, é um computador mecânico, e um dispositivo projetado para realizar um cálculo matemático específico, podendo apenas realizar os cálculos para os quais foi projetada para executar.

Exemplos de calculadoras mecânicas para efetuar cálculos aritméticos, são, a calculadora de Schickard, de Pascal, de Leibniz, o Aritmômetro e as diversas calculadoras mecânicas que foram lançadas, baseada na roda de Leibniz, e aperfeiçoadas a partir destas ultimas.

Figura 74 - Esquema do computador mecânico da Máquina Diferencial 1.

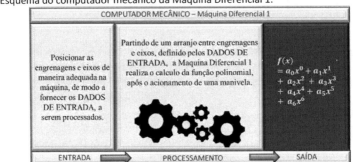

Fonte: Própria (2022)

A Máquina de Diferencial de Babbage, por outro lado, era uma calculadora mecânica, que calculava apenas funções polinomiais, projetada para tabelar funções até sexta ordem de diferenças. Dizemos que uma calculadora é um computador, baseado na seguinte definição:

Definição 16
> Um computador é uma máquina de processamento de informações, que processa dados de entrada, e produz, a partir desses dados, dados de saída.

Uma calculadora é um caso particular de um computador. A Figura 74 mostra um esquema de um computador mecânico. Na Máquina Diferencial 1, os dados de entrada são inseridos, através do posicionamento adequado entre engrenagens e eixos, que reproduz os valores numéricos de entrada. O processamento na Máquina Diferencial 1 ocorre a partir do acionamento de uma manivela, que por fim realiza a mágica, que produz os resultados de saída da máquina. Mas, sendo uma calculadora, a Máquina Diferencial 1, somente é capaz de calcular funções polinomiais de até sexto grau. Não pode por exemplo, realizar cálculos aritméticos, de subtração, multiplicação e divisão.

* * *

Os três projetos de Babbage, na ordem em que foram criados, representam as diferentes fases de evolução de suas ideias. Certamente, Ada Lovelace e Charles Babbage estavam avançados demais para o seu tempo. Estavam, pelo menos, uns cem anos, à frente de seu tempo, uma vez que, até a década de 1940, quase nada se inventou parecido com a Máquina Analítica.

Questões, Exercícios, Atividades & Treinamento

Para a maioria das questões, pesquise na Internet, em diferentes fontes, para desenvolver sua expertise. Habitue-se, sempre, a anotar adequadamente, a referência de onde extraiu as informações, usando de preferência as normas da ABNT mais atual, ou outra norma que preferir, como IEEE, por exemplo.

1) As Máquinas de Babbage lembram uma calculadora ou um computador? Discuta.

2) É certo dizer que as máquinas de cálculo de Babbage são máquinas digitais decimais? Em que sentido?

3) Em linguagem simples, para que servia a Máquina Analítica?

4) Porque Babbage inventou a Máquina Analítica?

5) Em linguagem moderna, como podemos comparar a Máquina Analítica com o computador digital moderno?

6) Como a Máquina Analítica se parece com o computador moderno?

7) Como era o Mecanismo de controle da Máquina Analítica?

8) Como era a estrutura lógica da Máquina Analítica?

9) Porque Charles Babbage é considerado um dos pioneiros da computação?

10) Qual a semelhança entre a Máquina Analítica e os primeiros computadores?

11) A Máquina Analítica era um computador? Ou uma calculadora. Explique.

12) Qual o método usado por Babbage na concepção da Máquina Diferencial 1?

13) Porque Babbage chamou dois de seus projetos de Máquinas Diferenciais?

14) Qual a característica fundamental do método das diferenças constantes que a torna tão importante para a computação?

15) Qual a grande vantagem em se empregar o método de diferenças constantes nas máquinas diferenciais de Babbage?

16) Quais as razões pelas quais levaram o governo britânico a não continuar financiando os projetos de Babbage?

17) Porque muitas vezes as máquinas diferenciais de Babbage são referidas no plural?

18) Babbage acreditava que tinha sido o primeiro a conceber a Máquina Diferencial 1. Isto é verdade?

19) Babbage conseguiu terminar seus projetos em vida?

20) Quem construiu muito tempo depois uma réplica do trabalho de Babbage?

21) Faça uma lista de lugares que atualmente possuem uma réplica das máquinas de Babbage.

22) Por que Babbage estava tão interessado em produzir uma máquina diferencial para calcular polinômios?

23) Jacquard foi o primeiro a conceber os teares automatizados?

24) Faça uma comparação entre os trabalhos de Babbage e o computador moderno.

25) Visite Museus Virtuais e faça uma relação dos que possuem uma réplica das máquinas de Babbage.

26) Qual a diferença entre a Máquina Diferencial 1 e Máquina Diferencial 2?

27) Qual de seus empreendimentos Babbage conseguiu terminar em vida? Explique.

28) Porque dizem que o excesso de perfeccionismo de Babbage impediu que terminasse seus projetos? Explique.

29) Qual foi o problema que Babbage teve durante a execução do projeto da Máquina Diferencial 1, que o levou a um processo judicial que inviabilizou a conclusão do projeto?

30) Por que os Scheutz tiveram mais sucesso no Tabulating Machine?

31) Compare o tempo de execução dos projetos de Babbage e os dos Scheutz?

32) Descreva o dispositivo de impressão das máquinas de Babbage e faça um paralelo com os dispositivos modernos.

33) Qual o papel de Ada Lovelace na computação?

34) Promova nas redes sociais, formas de divulgação da contribuição de Ada Lovelace na computação.

Bibliografia

1. Ishango. [Online] ADIA-RBINS, 2018. https://ishango.naturalsciences.be/.

2. Swetz, Frank J. Mathematical Treasure: Ishango Bone. *Mathematical Association of America.* [Online] https://www.maa.org/press/periodicals/convergence/mathematical-treasure-ishango-bone.

3. A complete new view of Stonehenge's landscape. *Hexagon.* [Online] [Citado em: 5 de Maio de 2022.] https://leica-geosystems.com/about-us/news-room/customer-magazine/reporter-81/a-complete-new-view-of-stonehenges-landscape.

4. Gutiérrez, Renata Barradas . A complete new view of Stonehenge's landscape. *Leica Geosystems.* [Online] [Citado em: 09 de Agosto de 2022.] https://leica-geosystems.com/about-us/news-room/customer-magazine/reporter-81/a-complete-new-view-of-stonehenges-landscape.

5. Darvill, T. Keeping time at Stonehenge, Antiquity, 96(386), 319-335. [Online] 2022. [Citado em: 10 de Agosto de 2022.] https://www.cambridge.org/core/journals/antiquity/article/keeping-time-at-stonehenge/792A5E8E091C8B7CB9C26B4A35A6B399.

6. Arqueología El Dolmen de Guadalperal volverá a quedar cubierto bajo las aguas del pantano de Valdecañas. [Online] RTVE.es MINISTERIO DE CULTURA Y DEPORTE, 19 de Setembro de 2019. https://www.rtve.es/noticias/20190919/dolmen-guadalperal-volvera-quedar-cubierto-bajo-aguas/1979632.shtml.

7. n.c. L'os d'Ishango. *Bibnum.* [Online] 2010. http://www.bibnum.education.fr/mathematiques/algebre/l-os-d-ishango.

8. Bit by Bit | A course resource for the History of Mechanized Thought. [Online] Ds-wordpress.haverford.edu. http://ds-wordpress.haverford.edu/bitbybit/.

9. Museum, National Archaeological. A versatile Mycenaean scribe. [Online] https://www.namuseum.gr/en/monthly_artefact/a-versatile-mycenaean-scribe/.

10. Mansfield, Daniel Francis . Plimpton 322: A Study of Rectangles. *Foundations of Science.* 2021, Vol. 26, pp. 977–1005.

11. The Earliest Surviving Analog Computer: the Antikythera Mechanism. *HistoryofInformation.com.* [Online] https://historyofinformation.com/detail.php?id=120.

12. Stonehenge funcionava como calendário solar, sugere pesquisador. *Galileu.* [Online] 2 de março de 2022. https://revistagalileu.globo.com/Ciencia/Arqueologia/noticia/2022/03/stonehenge-funcionava-como-calendario-solar-sugere-pesquisador.html.

13. Katscher, Friedrich . Extraindo Raízes Quadradas Fácil: Um Método Medieval Pouco Conhecido - Descrição do Método de Al-Hassar. *MAA - Mathematical Association of America.* [Online] Novembro de 2010. https://www.maa.org/press/periodicals/convergence/extracting-square-roots-made-easy-a-little-known-medieval-method-al-hassar-s-description-of-the-0.

14. James Pryde, F.E.I.S. Science Museum Group. *Mathematical tables, MADE: 1904 in London.* [Online] The Board of Trustees of the Science Museum. https://collection.sciencemuseumgroup.org.uk/objects/co8005506/mathematical-tables-book,%20folheia%20no%20site%20e%20descreva%20qual%20o%20seu%20uso%20mais%20prov%C3%A1vel..

15. [Online] http://ds-wordpress.haverford.edu/bitbybit/bit-by-bit-contents/chapter-one/3-napiers-logs-and-napiers-rods/.

16. The Editors of Encyclopaedia Britannica, revised and updated by Kenneth Pletcher. Wilhelm Schickard - German astronomer, mathematician, and cartographer. [Online] Britannica, 18 de Abril de 2022. https://www.britannica.com/biography/Wilhelm-Schickard.

17. O'Connor , J J e Robertson, E F. Wilhelm Schickard. *Mac Tutor.* [Online] Mathshistory, Abril de 2009. https://mathshistory.st-andrews.ac.uk/Biographies/Schickard/.

18. Darvill, Timothy . Keeping time at Stonehenge. *Antiquity.* 2 de Março de 2022, Vol. 96, 386, pp. 319 - 335.

19. Leibniz Invents the Stepped Drum Gear Calculator. *Jeremy Norman's .* [Online] HistoryofInformation.com. https://historyofinformation.com/index.php?str=Leibniz#entry_394.

20. Augarten, Stan. *Bit by Bit: An Illustrated History of Computers.* s.l. : Houghton Mifflin Harcourt, 1984.

21. Leibniz, Gottfried Wilhelm. La machine à calculer de Leibniz. [Online] http://www.bibnum.education.fr/calculinformatique/calcul/la-machine-calculer-de-leibniz.

22. EXPLANATION OF BINARY ARITHMETIC. *http://www.leibniz-translations.com/.* [Online] 2007. http://www.leibniz-translations.com/binary.htm.

23. [Online] https://www.youtube.com/watch?v=GcDshWmhF4A.

24. Britannica, Editores da Encyclopaedia. Bhaskara II. *Encyclopaedia Britannica*. [Online] Britannica, 1 de janeiro de 2022. [Citado em: 25 de abril de 2022.] https://www.britannica.com/biography/Bhaskara-II.

25. [Online] https://problemasteoremas.wordpress.com/2010/05/20/resolucao-da-equacao-do-4-%C2%BA-grau-ou-quartica/.

26. O'Connor , J J e Robertson, E F. Brook Taylor. *Mac Tutor*. [Online] Maio de 2000. [Citado em: 28 de Abril de 2022.] https://mathshistory.st-andrews.ac.uk/Biographies/Taylor/.

27. Augarten, S. *Bit by bit*. London : Allen & Unwin, 1985.

28. [Online] http://www.bibnum.education.fr/calcul-informatique/calcul/notions-sur-la-machine-analytique-de-m-charles-babbage.

29. Holzheu, Michael. Charles Babbage's Analytical Engine. *Youtube*. [Online] https://www.youtube.com/watch?v=eMy4vSZ-J_I.

30. Sketch of The Analytical Enginee Invented by Charles Babbage, With notes upon the Memoir by the Translator. *Fourmilab*. [Online] Bibliothèque Universelle de Genève, Outubro de 1842. https://www.fourmilab.ch/babbage/sketch.html.

31. Tibees. The First Computer Program. *Youtube*. [Online] https://www.youtube.com/watch?v=_JVwyW4zxQ4&t=543s.

32. Celino, Daniel , Romero, Murilo A. e Ragi, R. Accurate and fully analytical expressions for quantum energy levels in finite potential wells for nanoelectronic compact modeling. *Journal of Computational Electronics*. 2021, Vol. 20, pp. 2411–2419.

33. Ragi, R. e Romero, Murilo. Fully Analytical Compact Model for the I–V Characteristics of Large Radius Junctionless Nanowire FETs. *IEEE Transactions on Nanotechnology*. 2019, Vol. 18, pp. 762-769.

34. Ramey, Karehka. WHAT IS TECHNOLOGY – MEANING OF TECHNOLOGY AND ITS USE. *useoftechnology*. [Online] 2017. https://www.useoftechnology.com/what-is-technology/.

35. Campbell-Kelly, Martin , et al. *The History of Mathematical Tables, From Sumer to Spreadsheets*.

36. [Online] http://www.penobscotmarinemuseum.org/pbho-1/history-of-navigation/navigation-american-explorers-15th-17th-centuries.

37. [Online] https://www.thocp.net/reference/sciences/mathematics/logarithm_hist.htm.

38. [Online] http://ds-wordpress.haverford.edu/bitbybit/bit-by-bit-contents/chapter-one/3-napiers-logs-and-napiers-rods/ .

39. Estatística, Escola de Matemática e. Wilhelm Schickard. *Universidade de St Andrews, Escócia* . [Online] abril de 2009. [Citado em: 09 de 09 de 2019.] http://www-history.mcs.st-and.ac.uk/Biographies/Schickard.html.

40. DAS RÄTSEL DER SCHICKARD-MASCHINE. [Online] HNF-Blog . https://blog.hnf.de/das-raetsel-der-schickardschen-rechenmaschine/.

41. [Online] http://ds-wordpress.haverford.edu/bitbybit/bit-by-bit-contents/chapter-one/1-8-leibniz-and-the-stepped-reckoner/.

42. Vannevar Bush's Differential Analyzer. [Online] Computer Museum - University of Amsterdam / The Netherlands, 24 de Abril de 2017. https://ub.fnwi.uva.nl/computermuseum/vbush_tbl.html.

43. The ABC of John Atanasoff and Clifford Berry. [Online] History-Computer.com. [Citado em: 5 de Janeiro de 2021.] https://history-computer.com/ModernComputer/Electronic/Atanasoff.html.

44. British Artillery Fire Controll. [Online] http://nigelef.tripod.com/fc_ballistics.htm.

45. Randell, Edited by Brian, [ed.]. *Texts and Monographs in Computer Science, The Origins of Digital Computers, Selected Papers* . Third Edition. s.l. : Springer-Verlag Berlin Heidelberg GmbH, 1982.

46. [Online] https://www.lucidchart.com/pages/what-is-a-flowchart-tutorial.

47. [Online] https://www.computerhistory.org/siliconengine/discovery-of-the-p-n-junction/.

48. [Online] https://www.computerhistory.org/siliconengine/people/.

49. [Online] https://www.computerhistory.org/siliconengine/invention-of-the-planar-manufacturing-process/.

50. [Online] http://www.intel4004.com/index.htm.

51. [Online] https://www.computerhistory.org/siliconengine/microprocessor-integrates-cpu-function-onto-a-single-chip/.

52. [Online] https://newsroom.intel.com.br/news-releases/intel-50-anos-microprocessador-8080-ensligh-

only/?wapkw=Faggin#gs.x3pnv9.

53. [Online] https://sites.google.com/site/istoriarazvitiaevm111/home/istoria-razvitia-evm/princip-raboty-evm-pervogo-pokolenia/evm-vtorogo-pokolenia-susestvennye-otlicia/trete-pokolenie-evm/masiny-cetvertogo-pokolenia/patoe-pokolenie-evm.

54. [Online] http://bourabai.kz/toe/computer_generations.htm.

55. [Online] https://kotobank.jp/word/%E7%AC%AC%E4%BA%94%E4%B8%96%E4%BB%A3%E3%82%B3%E3%83%B3%E3%83%94%E3%83%A5%E3%83%BC%E3%82%BF%E3%83%BC-556987.

56. PREHISTORIC MATHEMATICS. [Online] The Story of Mathmatics. https://web.archive.org/web/20190914033438/http://storyofmathematics.com/prehistoric.html.

57. Ishango bone. [Online] Wikipedia. [Citado em: 06 de Maio de 2021.] https://en.wikipedia.org/wiki/Ishango_bone.

58. Pinto, Tales dos Santos. O que é Paleolítico? [Online] Brasil Escola. [Citado em: 06 de Maio de 2021.] https://brasilescola.uol.com.br/o-que-e/historia/o-que-e-paleolitico.htm.

59. LAFRANCE, ADRIENNE. TECHNOLOGY - The Most Mysterious Object in the History of Technology. [Online] The Atlantic, 20 de Junho de 2016. [Citado em: 11 de Fevereiro de 2021.] https://www.theatlantic.com/technology/archive/2016/06/antikythera-mechanism-whoa/487832/.

60. Encyclopædia Britannica. [Online] https://www.britannica.com/.

61. [Online] https://americanhistory.si.edu/collections/object-groups/planimeters.

62. [Online] https://americanhistory.si.edu/collections/object-groups/planimeters.

63. [Online] https://en.wikipedia.org/wiki/Ball-and-disk_integrator.

64. 7 Examples of Analogue Computers in Real Life. *StudiousGuy*. [Online] [Citado em: 17 de Fevereiro de 2021.] https://studiousguy.com/analog-computers-examples/.

65. 7 Examples of Digital Computers in Real Life. *StudiousGuy*. [Online] [Citado em: 30 de Março de 2021.] https://studiousguy.com/digital-computers-examples/.

66. 7 Examples of Hybrid Computers in Real Life. *StudiousGuy*. [Online] [Citado em: 30 de Março de 2021.] https://studiousguy.com/hybrid-computers-examples/.

67. ARTIFACT DETAILS. *CHM Computer History Museum*. [Online] [Citado em: 30 de Março de 2021.] https://www.computerhistory.org/collections/catalog/102646194.

68. Charles Babbage Analytical Engine Explained – Everything You Need To Know. [Online] History Computer, 4 de Janeiro de 2021. https://history-computer.com/charles-babbage-analytical-engine/.

69. The Salamis Tablet, the Earliest Surviving Counting Board. *Jeremy Norman's HistoryofInformation.com Exploring the History of Information and Media through Timelines*. [Online] https://historyofinformation.com/detail.php?id=1360.

70. The Earliest Surviving Analog Computer: the Antikythera Mechanism. *HistoryofInformation.com*. [Online]

71. *Leibniz Central*. [Online] http://dokumente.leibnizcentral.de/index.php?id=2.

72. onlinelibrary.wiley.com. *Explication de l'Arithmétique Binaire*. [Online] https://onlinelibrary.wiley.com/doi/epdf/10.1002/phbl.19700260603.

73. [Online] http://www.bibnum.education.fr/calcul-informatique/calcul/notions-sur-la-machine-analytique-de-m-charles-babbage.

74. [Online] https://problemasteoremas.wordpress.com/2010/05/20/resolucao-da-equacao-do-4-%C2%BA-grau-ou-quartica/.